新时代高校思想政治教育研究丛书

王 涛 主编

新时代高校
思想政治教育亲和力研究

屈 桃 著

陕西师范大学出版总社

图书代号　JY22N1629

图书在版编目(CIP)数据

新时代高校思想政治教育亲和力研究／屈桃著. —西安：陕西师范大学出版总社有限公司，2022.11
（新时代高校思想政治教育研究丛书／王涛主编）
ISBN 978-7-5695-3192-3

Ⅰ.①新… Ⅱ.①屈… Ⅲ.①高等学校—思想政治教育—研究—中国　Ⅳ.①G641

中国版本图书馆CIP数据核字（2022）第180239号

新时代高校思想政治教育亲和力研究
XINSHIDAI GAOXIAO SIXIANG ZHENGZHI JIAOYU QINHELI YANJIU

屈　桃　著

出 版 人	刘东风
选题策划	郭永新　郑　萍
责任编辑	郑若萍
责任校对	彭　燕
装帧设计	张潇伊
出版发行	陕西师范大学出版总社
	（西安市长安南路199号　邮编710062）
网　　址	http://www.snupg.com
印　　刷	西安市建明工贸有限责任公司
开　　本	720 mm×1020 mm　1/16
印　　张	18
插　　页	2
字　　数	251千
版　　次	2022年11月第1版
印　　次	2022年11月第1次印刷
书　　号	ISBN 978-7-5695-3192-3
定　　价	58.00元

读者购书、书店添货或发现印刷装订问题，请与本公司营销部联系、调换。
电话：(029)85307864　85303629　传真：(029)85303879

总　　序

　　思想政治工作是我们党的优良传统和政治优势，是我们党治党治国的重要方式，是党团结带领全体人民战胜各种艰难险阻、不断从胜利走向更大胜利的重要法宝。在全面推进高校思想政治工作高质量发展、以优异成绩迎接党的二十大胜利召开前夕，由陕西师范大学马克思主义学院和教育部高校思想政治工作队伍培训研修中心（陕西师范大学）共同策划编撰的"新时代高校思想政治教育研究"丛书与大家见面了。作为本套丛书的审读者和出版的见证者，我感到非常高兴和欣慰。

　　中国特色社会主义进入新时代以来，以习近平同志为核心的党中央高度重视高校思想政治工作，先后召开了全国高校思想政治工作会议、全国教育大会、学校思想政治理论课教师座谈会。在此期间，习近平总书记还视察多所高校，与广大师生座谈讨论，就加强和改进高校思想政治工作发表了一系列重要讲话和重要论述，为我们推进新时代高校思想政治工作高质量发展指明了时代方向，提供了理论遵循。在习近平总书记关于高校思想政治工作系列重要讲话和重要论述的指引下，中共中央国务院印发了《关于加强和改进新形势下高校思想政治工作的意见》，中办、国办以及中央宣传部、教育部等部门先后颁布了《关于进一步加强和改进新形势下高校宣传思想工作的意见》《关于深化新时代学校思想政治理论课改革创新的若干意见》《新时代高等学校思想政治理论课教师队伍建设规定》《高校思想政治工作质量提升工程实施纲要》《教育部等八部门关于加快构建高校思想政治工作体系的意见》等一系列重要文件,采取了一系列切实有效的措施,对加强和改进新时代高校思想政治工作作出了重大部署。由此,高校思想政治工作进入了创新发展、质量提升、精准施策的新阶段。

为适应新时代高校思想政治工作的新形势和新任务,陕西师范大学马克思主义学院以崇高的使命感和责任担当意识,立足"学习研究宣传马克思主义的主阵地"和"用习近平新时代中国特色社会主义思想铸魂育人的主渠道",全面贯彻落实立德树人根本任务,在推进高水平学科建设、队伍建设、努力提升人才培养质量、理直气壮开好思想政治理论课的基础上,积极推进高校思想政治工作的内涵建设,在创新发展和质量提升上下功夫。学院先后成立了"马克思'经典'理论问题研究""中国特色社会主义理论与实践问题研究""新时代高校思想政治教育质量提升与精准施策研究""党的建设与国家治理研究"等学术研究团队,同时依托教育部高校思想政治工作队伍培训研修中心(陕西师范大学)和设在本院的陕西省思想政治工作重点研究基地,致力于新时代新形势下高校思想政治教育和思想政治工作的研究与探索,推出了一系列研究成果,也培养和锻炼了一批中青年学术骨干和思想政治工作骨干。"新时代高校思想政治教育研究"丛书就是学院几位专兼职青年教师结合学习工作实践,致力于新时代高校思想政治教育和思想政治工作质量提升与创新发展的研究成果。

这套丛书在内容建构和表现形式方面,体现出以下特点:

其一，紧紧围绕用习近平新时代中国特色社会主义思想铸魂育人这条主线，突出了对新时代新思想新理论的学理探讨、阐释和运用。

做好高校思想政治教育工作，最根本的就是要深入学习贯彻习近平新时代中国特色社会主义思想，落实立德树人的根本任务，努力培养堪当民族复兴重任的时代新人，培养德智体美劳全面发展的社会主义建设者和接班人。丛书以习近平新时代中国特色社会主义思想为指导，以全面贯彻落实习近平总书记关于高校思想政治工作系列重要讲话和中共中央国务院《关于加强和改进新形势下高校思想政治工作的意见》为着力点，系统地研究论述了新时代青年工作的理论与实践、全面依法治国方略与大学生法治教育、大学生主体性思想政治教育、高校思想政治教育亲和力，以及高校辅导员职业能力、马克思主义职业选择理论与大学生就业等高校思想政治教育的基础性、前沿性问题和新形势下大学生思想政治教育的热点问题，以体系性的研究呈现出对新时代新思想新理论的学习与思考、落实与践行。

其二，聚焦高校思想政治教育基本问题、自身特点和内在规律的研究，既注重内在逻辑的系统性，更突出了研究论域的创新性。

高等学校肩负着人才培养、科学研究、社会服务、文化传承与创新、国际交流与合作的重要使命。"培养什么人、怎样培养人、为谁培养人"是教育的根本问题。丛书聚焦新时代青年大学生的健康成长，思想政治教育工作者的能力素质以及教育内容、方法的拓展创新等基本问题和热点问题，在内容建构方面既注重内在逻辑的系统性，更突出了研究论域的创新性。内在逻辑的系统性体现在每一本书既是独立的论域，但同时又组成了一个统一的整体。比如，关于新时代青年工作的理论与实践、全面依法治国方略与大学生法治教育，重在对新时代新思想新理论的形成、发展与践行的研究和探讨，突出了对新思想新理论的追本溯源、探赜析微；大学生主体性思想政治教育实践研究、高校思想政治教育亲和力研究、高校辅导员职业能力建设研究，聚焦新时代高校思想政治教育的主体对象和基本问题，突出了对教育对象、教育者自身特点、能力素质以及新时代思想政治教育特点和内在规律的研究；马克思主义职业选择理论与大学生就业问题研究，则着眼于理论对实践的指导作用，突出了解决学生的思想问题与解决现实问题的结合。这些研究都紧紧围绕高校立德树人和用习近平新时代中国特色社会主义思想铸魂育人这个核心，从而构成了其内在逻辑的系统性。在研究论域的创新性方面，既有对高校思想政治工作面临的新形势新任务新挑战的学理分析，更注重对新时代思想政治工作特点和规律及其高质量发展的深度思考与探究。

其三，坚持理论与实践相结合、解决思想问题与解决实际问题相结合，在注重理论探讨的同时，结合工作实践突出了策略方法的针对性和解决现实问题的有效管用。

习近平总书记在全国高校思想政治工作会议上指出："思想政治工作从根本上说是做人的工作，必须围绕学生、关照学生、服务学生，不断提高学生思想水平、政治觉悟、道德品质、文化素养，让学生成为德才兼备、全面发展的人才。"这一重要论述深刻揭示了高校思想政治工作的本质特征，对高校思想政治工作的方法途径和价值目标提出了明确要求。丛书立足高校实际，在关注青年工作、青年学生主体性、大学生法治意识、思想政治教育亲和力的同时，把处于学生工作一线的辅导员专业素质和职业能力以及马克思主义职业选择理论与大学生就业问题作为研究对象，体现了对高校思想政治工作队伍和大学生切身利益等具体问题的关注与关切。将马克思主义理论运用到学生就业和职业发展的具体实践中,把解决思想问题和解决实际问题相结合,体现了思想政治教育知与行的统一。辅导员职业能力建设研究不仅对提升辅导员自身职业能力有重要的理论价值和实践价值,而且对推进高校思想政治工作队伍建设具有重要的启示和指导作用。

思想政治教育是一项政治性、思想性、专业性很强的实践活动,建设一支高素质的学生思想政治工作队伍是落实立德树人根本任务的重要保证。丛书的六位作者都有从事学生辅导员工作的经历,在学生思想政治教育和日常思想政治工作方面有一定的积累。书中所阐发的观点既是他们理论学习的心得和体悟,也是他们日常工作实践的亲身经历和经验总结。从这个意义上来说,丛书所展示的是一幅幅大学生思想政治教育的真实画面,是一帧帧教育者与受教育者交流互动的鲜活场景,具有很强的感染力、可读性,对做好高校思想政治教育工作具有重要的借鉴意义和指导价值。

近年来,在习近平新时代中国特色社会主义思想的指导下,高校思想政治教育工作取得了显著的成绩,展示了中国特色社会主义大学的制度优势和独特魅力。2021年7月,中共中央国务院又印发了《关于新时代加强和改进思想政治工作的意见》,对加强和改进新时代思想政治工作作出了全面部署,提出了新的要求,这无疑将对高校思想政治工作产生积极而又深远的影响。希望本套丛书的出版能为高校思想政治教育研究的繁荣创新尽绵薄之力。

需要特别说明的是,本套丛书是在陕西师范大学副校长、马克思主义学院前院长任晓伟教授的精心策划和具体指导下完成的。从选题立项到编辑出版,从内容体例到写作规范,包括马列经典著作的版本,晓伟校长都给予了悉心指导。从这个意义上来说,本套丛书既是教育部高校思想政治工作队伍培训研修中心(陕西师范大学)

人才培养的回顾和小结，也是马克思主义学院人才培养成果的展示，更是对我们今后在高层次专门人才培养和科学研究中如何瞄准前沿、凝结集体智慧和成果的有益探索。当然，鉴于理论水平和研究能力所限，丛书还存在诸多不足，还需要进一步深入研究。比如，如何拓展研究的理论视域及其深度广度，在注重实效性的同时进一步突出学理性；如何处理好工作经验与科学研究的关系，把经验上升为理论，从而更好地指导实践。这些都需要在今后的研究中进一步完善提高。

在审阅书稿的日子里，我脑海中不时浮现出当年申报教育部高校辅导员培训和研修基地的情景，以及成为全国首批"高校辅导员在职攻读博士学位专项计划"招生单位以来，我校思想政治教育学科和思想政治工作队伍建设发展进步的一幕幕场景。借此机会，我要特别感谢长期以来对马克思主义学院和教育部高校思想政治工作队伍培训研修中心（陕西师范大学）学科建设、队伍建设、高层次人才培养等工作给予帮助、指导和支持的各位领导和专家学者！同时也感谢陕西师范大学出版总社刘东风社长、大众文化出版中心郭永新主任和郑萍编辑为本丛书的付梓所给予的大力支持和悉心指导！在本丛书的修改和出版过程中，我们深刻感受到了陕西师范大学出版人的学术素养和敬业精神。

是为序。

王　涛

2022 年 8 月

前　言

　　高校思想政治教育伴随中国特色社会主义进入新时代而迈上新的征程，面临前所未有的新形势、新任务、新挑战。习近平总书记在全国高校思想政治工作会议上强调，做好高校思想政治工作，要"提升思想政治教育亲和力和针对性，满足学生成长发展需求和期待"。这是一个重大的理论命题，需要我们从政治上、理论上和实践上加以理解和阐释。那么，如何深刻理解思想政治教育亲和力的理论内涵与时代意蕴？如何科学把握思想政治教育亲和力的构成要素与内在结构？当前高校思想政治教育亲和力的具体表现、问题和破局之道是什么？弄清楚这些问题，无疑对推动新时代高校思想政治教育高质量发展具有重要意义。

　　首先，科学理解思想政治教育亲和力的内涵要义。"思想政治教育亲和力"是指思想政治教育者通过遵循教育规律，持续优化教育过程，在思想政治教育实践中形成的一种促使教育对象亲近、接受和认同的力量。通过教育目的的人本性、教育内容的真理性、教育方法的恰当性与教育情境的相融性，思想政治教育亲和力使教育者和教育对象之间建立起良性互动，让思想政治教育成为一种精神享受，使思想政治教育更具有彻底性。

　　其次，系统认识思想政治教育亲和力的结构层次。思想政治教育亲和力是一个整体性概念，思想政治教育亲和力的高低，取决于其构成要素的质量水平。只有构成亲和力的全要素包括教育目标、教育者、教育对象、教育内容、教育方法和教育情境等共同发力，整体亲和力才能发挥出来。思想政治教育亲和力必须注重思想政治教育的内在结构，从内在和外在相统一的高度来理解，因此，必须对思想政治教育的价值取向、教育内容的选择与表达、教育方法的选择与实施、教育情境的组配与运用等一系列环节进行评估，统筹调动各个要素，实现思想政治教育质量上的突破、实效性的跃升。

再次，准确把握提升思想政治教育亲和力的基本遵循。思想政治教育要求：必须将真理尺度和价值尺度相统一，寓价值观引导于知识传授之中，实现价值性与知识性的结合；必须坚持理论与实践的统一，引导教育对象真学真懂真信，推动教育对象知行合一；必须推动教育者与教育对象的"双向互动"，在发挥教育者主导作用的基础上最大限度地激发教育对象的主体性；必须在显性教育与隐性教育的结合中扩展思想政治教育亲和力发挥的范围，提高思想政治教育亲和力的质量；必须使内容与形式相统一，让思想政治教育活动既"有价值"也"有意思"；必须将过程性与结果性相统一，把亲和力渗透到思想政治教育方案的制定、实施和评估的不同阶段，使亲和力一以贯之地发挥作用。

最后，统筹推进思想政治教育亲和力协同机制的建议：加强顶层建设，坚持和加强党对高校的全面领导，在事关办学方向的问题上站稳立场，完善领导体制和工作机制，构建大思政格局；加强主体建设，引导思想政治工作者在教育理念、教育内容、话语方式和教育方法四个方面增加亲和力，打造过硬的思想政治工作队伍，使思想政治工作给力、走心、接地气；加强基础建设，聚焦"八个统一"，大力推进高校思想政治理论课改革创新，有效发挥课堂育人的主渠道作用；加强机制建设，积极推进"三全育人"工作，搭建全员育人平台，构筑全程育人体系，打造全方位育人空间，加快构建新时代思想政治教育体系，培养德智体美劳全面发展的社会主义建设者和接班人。

目　录

第一章　亲和力与思想政治教育亲和力 / 001

一、亲和力 / 001

二、思想政治教育亲和力 / 004

三、思想政治教育亲和力的价值旨归 / 011

第二章　思想政治教育亲和力的理论视域 / 015

一、思想政治教育亲和力的理论基础 / 015

二、心理学视域中的亲和力理论 / 038

三、教育学视域中的亲和力理论 / 046

四、中华优秀传统文化中的亲和力思想教育资源 / 050

第三章　思想政治教育亲和力的构成要素与生成机理 / 056

一、思想政治教育亲和力的构成要素 / 056

二、思想政治教育亲和力的内在结构 / 063

三、思想政治教育亲和力的生成机理 / 080

第四章　新时代高校思想政治教育亲和力现状调查与分析 / 086

一、研究设计 / 086

二、高校思想政治教育亲和力现状调查结果与分析 / 088

第五章　提升新时代高校思想政治教育亲和力的原则与遵循 / 202
　　一、提升新时代高校思想政治教育亲和力的基本原则 / 202
　　二、提升新时代高校思想政治教育亲和力的基本遵循 / 209

第六章　提升新时代高校思想政治教育亲和力的实践路径 / 230
　　一、顶层建设：切实加强党对高校思想政治工作的领导 / 230
　　二、主体建设：增强思想政治教育者的亲和力 / 235
　　三、基础建设：提升新时代高校思想政治理论课的亲和力 / 249
　　四、机制建设：推进新时代高校"三全育人"工作 / 257

主要参考文献 / 264
附　　录 / 271

第一章 亲和力与思想政治教育亲和力

"提升思想政治教育亲和力"是习近平总书记在全国高校思想政治工作会议上提出的理论论断和工作要求,不仅适用于思想政治理论课教育教学,而且适用于党的全部思想政治工作,具有突出的理论创新价值和现实指导意义。本章旨在廓清思想政治教育亲和力的理论内涵,分析思想政治教育亲和力的基本特征,澄明思想政治教育亲和力的价值旨归,为深入研究高校思想政治教育亲和力奠定学理基础。

一、亲和力

"亲和力"一词原本是化学领域的术语,后来逐步在心理学、教育学等学科中得到关注与应用。2016年,在全国高校思想政治工作会议上,习近平总书记强调,"提升思想政治教育亲和力和针对性,满足学生成长发展需求和期待",这一论述表达新颖、内容丰富,使"亲和力"正式进入思想政治教育的论域。本节将在对"亲和力"词义解析的基础上,分析亲和力在人际交往中的重要作用。

(一)亲和力的词义解析

《现代汉语词典》对"亲和力"有两种解释:一是"两种或两种以上的物质结合成化合物时互相作用的力";二是"比喻使人亲近、愿意接触的力量"。可见,"亲和力"存在于具有关系的两种及以上物质中,这种力量在自然科学中就天然存在，是物质在相互作用中出现的一种互相亲近、互相影响和作用的力量。

从"亲和力"的字义来看，"亲和力"由"亲""和""力"构成。"亲"在《说文解字》中解释为"亲者，至也"。作为形容词使用时，"亲"释义为在血统的亲近上；作为名词使用时，释义为亲人、亲族，或亲近的人；作为动词使用时，则释义为亲近、接近。"和"在汉语中具有多种释义，常见的有附和、响应、答应，平和、和谐、温和、调和，等等，所谓"保合大和"，就是特指没有斗争性的一种状态。此外，"和"还代表着一种中国文化，是中国传统哲学的重要范畴，既是自然的终极状态，又具有调节社会矛盾、改善人际关系的特殊功能，对中国人的气质、性格、身心等具有重要影响。"力"在汉语中作为名词使用时的基本释义是力气、能力、功劳以及权力，可指人身体肌肉的效能、物体之间的相互作用、政治权力或人的一种能力。作为动词使用时，常见释义是尽力、用力。狭义理解，"亲和力"通常是指使人亲近、愿意接近的力量。广义理解，"亲和力"通常体现为一个人、一个组织或一项活动对他人所产生的影响力。总而言之，亲和力是实现人与人之间的顺利沟通的能力。

在心理学理论中，亲和力是指"人与人相处时所表现的亲近行为的动力水平和能力"[①]。在社会学理论中，亲和力是实现人与人信息沟通的桥梁，是人与人有效建立信任的基本条件，也是人的一种能力。在哲学上，亲和力是发生在人与人之间的、受主观和客观条件支配或影响的一种主体性，是人作为主体而存在的一种能力，体现的是人与人、人与世界的关系。因此，亲和力既是对主体性的自觉澄明，又体现为一种价

[①] 高晓雁、李玉梅：《提高教育亲和力的心理学理论和方法》，载《教育理论与实践》2008年第12期，第30—31页。

值关系，受到主体以及对象世界的制约。所谓实现亲和力，一般而言，就是突出主体在实践和认识活动中的地位和作用，使之能够正确认识和处理对象世界中的各种矛盾问题。本书认为，亲和力是指在人际交往中能够使人亲近、接受，对人产生吸引力和影响的力量。

（二）亲和力的重要作用

如前文所述，亲和力是指在人际关系的沟通、交往中能够使人亲近、接受的力量。在人际交往中，拥有良好的亲和力是彼此融洽相处的重要因素之一。

第一，亲和力增强交往个体的人际吸引力。"人际吸引是个体之间在情感方面相互亲近的状态，是人际关系中的一种肯定形式。"[1] 人总是处于一定的社会关系之中，注定要不断与他人交往。在人际交往中，人际吸引是人际关系发展的前提和基础，我们要充分利用好人际吸引规律来增进与交往对象的情感，构建良好和谐的人际关系。在思想政治教育中，富有亲和力的教育者更容易产生人际吸引力，激发和调动教育对象接受一定的思想观念、道德规范的自觉性、主动性，化被动学习为主动求知，从而为思想政治教育实践活动的开展奠定良好基础。

第二，亲和力促使交往双方产生积极的情绪体验。"积极情绪"是积极心理学所研究的中心内容之一。随着积极心理学的兴起与发展，人们比起以往只研究"抑郁、焦虑、愤怒、敌意"等消极情绪，更加关注"爱、幸福、满足、感恩、乐观"等积极情绪。[2] 充满亲和力的人，在人际交往中更容易发掘对方的积极力量，也容易让对方感受到幸福、希望、自信、快乐等积极的情绪。"伴随着经济社会的快速发展，人民群众对美好生活的需要也日益增长，这赋予了思想政治教育提升人民获

---

[1] 陶红、张玲燕主编：《心理学》，暨南大学出版社2018年版，第243页。
[2] 李金珍、王文忠、施建农：《积极心理学：一种新的研究方向》，载《心理科学进展》2003年第3期，第321—327页。

得感、幸福感、安全感的现实使命。"① 思想政治教育亲和力有助于这一使命的实现,一方面,它会使思想政治教育实践关注教育对象的主观感受,使其在良好的情绪体验中接受教育者传输的价值理念;另一方面,从深层次讲,积极的情绪体验更容易使教育对象形成积极品质,真正成为幸福、快乐的人,从而提升其思想政治教育获得感。

第三,亲和力能促进交往双方的情感交流。亲和力是人与人交往时的亲近行为的水平和能力,它不仅是一方的亲和力,也是一种双向回流的力量,可以说,它在交往双方之间架起了情感沟通的桥梁。就本质而言,亲和力所体现的是交往双方之间的亲切感、信任感、互动性和接受度,而这种良好的体验离不开交往双方的互动以及互动的品质。在思想政治教育场域中,当教育者与教育对象之间产生了良好的情感互动,教育者传导的思想就更容易被教育对象认可和接受,进而转化为教育对象的行为自觉。与此同时,教育者与教育对象之间的心理距离会逐渐缩小,人生观、世界观、价值观等也会产生相互涵容、交流无碍的局面,使整个教育活动取得真正好的效果。

二、思想政治教育亲和力

"提升思想政治教育亲和力"是一个重大的理论命题,需要我们从政治上、理论上加以理解和阐释。本节将分析思想政治教育亲和力的理论内涵,阐明思想政治教育亲和力的基本特征,理清思想政治教育亲和力的逻辑理路,为后续研究奠定基础。

(一)思想政治教育亲和力的理论内涵

学界对"思想政治教育亲和力"问题高度关注,并进行了诸多研

---

① 刘建军、邱安琪:《论新时代思想政治教育的高质量发展》,载《思想教育研究》2021年第4期,第50页。

究，形成了一些共识，但对于究竟什么是"思想政治教育亲和力"，什么是"思想政治教育亲和力"的理论内涵，仍未形成一致的定义。

纵观学界对思想政治教育亲和力的界定，有三种具有代表性的观点。第一种观点侧重从思想政治教育者的角度对思想政治教育亲和力进行界定。此种观点认为思想政治教育亲和力是思想政治教育者在教育实践过程中所彰显的吸引力、引导力、纠错力和团结力的综合展现，是思想政治教育者必须具备的重要特质。第二种观点侧重从思想政治教育实践来理解思想政治教育亲和力。此种观点认为思想政治教育亲和力是指思想政治教育对于客体（教育对象）的吸引力、感召力和说服力。[①] 如果思想政治教育实践契合了教育对象的需求和期待，教育对象就容易产生亲近、接受和认同的积极心理状态；反之，教育对象则会产生疏离、抵触甚至拒绝的消极心理状态。第三种观点侧重从教育者、教育对象双向互动的视角对思想政治教育亲和力进行分析。此种观点认为思想政治教育亲和力既表现为思想政治教育者对教育对象所具有的吸引力和融合力，也表现为教育对象对思想政治教育者产生的亲近感、和谐感与认同感。[②]

以上三种代表性观点分别从教育者、教育实践以及教育者与教育对象双向互动的视角对思想政治教育亲和力的概念进行了阐述，基本概括了思想政治教育亲和力概念的核心要义。然而，以上对思想政治教育亲和力概念的界定仍缺乏系统性的思考。本书试着对思想政治教育亲和力的概念作如下分析。

第一，从概念的核心要素入手来分析。思想政治教育亲和力的核心

[①] 张正光：《提升思想政治教育亲和力的有效路径》，载《思想政治教育研究》2017年第5期，第139页。
[②] 陈桂蓉、练庆伟：《反思与重构：思想政治教育亲和力价值和定位》，载《福建行政学院学报》2006年第5期，第23页。

要素有两个，即思想政治教育和亲和力，科学界定思想政治教育亲和力的概念的前提就是准确把握思想政治教育亲和力的两个核心要素。其中，准确把握思想政治教育的定义是前提，科学理解亲和力的内涵是关键。从思想政治教育来看，作为一种教育实践活动，思想政治教育的根本目的是培养合格的社会成员，使他们形成符合一定社会、一定阶级所需要的思想品德，因此，思想政治教育亲和力的概念必须反映思想政治教育这一根本属性，也就是说，对思想政治教育亲和力的界定，不能背离思想政治教育这一根本属性。从亲和力来看，亲和力是一种能够使教育对象亲近和凝聚在一起的力量，是因教育者与教育活动具备了某种亲和特质而产生的。思想政治教育亲和力就是思想政治教育与亲和力二者的有机融合，既表现为思想政治教育对教育对象的感染力、吸引力、渗透力，也表现为教育对象对教育内容和教育活动的亲近感、趋同感和认同感。在对这一概念的理解中，一方面，思想政治教育是对亲和力的限定，亲和力的彰显必须围绕思想政治教育的根本属性来进行；另一方面，亲和力拉近了教育者和教育对象之间的距离，是提升思想政治教育实效性的有力抓手。

第二，从系统论的视角入手来分析。系统论要求人们将事物视为一个内部多种关系具有内在关联的整体，既要分析系统各组成部分相互联系的规律与机制，又要关注各部分如何推动整体的演进。思想政治教育实践是一个系统整体的动态过程，对思想政治教育亲和力的界定亦需要从系统论的视角出发，结合其生成、目标、过程、结果等因素进行系统论分析和探究，而不能"一叶遮目"，用部分的概念来替代系统的概念。因此，思想政治教育亲和力的生成和发挥作用，必然是不断优化教育过程，统筹调动各个要素协调参与，促使全要素发力的结果。

综上所述，本书对思想政治教育亲和力概念作出这样的定义：思想政治教育者通过遵循教育规律，持续优化教育过程，在思想政治教育实践中形成的一种使教育对象亲近、接受和认同的力量。换句话说,通过教育目的的人本性、教育内容的真理性、教育方法的恰当性和教育情境的相融性,思想政治教育亲和力使教育者和教育对象之间建立起良性互动,让思想政治教育成为人们的一种精神享受,进而推动思想政治教育发展。从外在形式来看,亲和力主要表现为教育者和教育对象之间的情感互动力,这既是教育者所展现出的对教育对象成长、发展的需求和期待的合理回应,也是教育对象所展现出的吸引、悦纳、接受的过程;既是思想政治教育者所彰显的良好特质,也是思想政治教育实践所体现的吸引力、感召力和说服力;既包括了思想政治教育内容、方法、情境在内的一切要素,也是思想政治教育整体亲和力的体现。从深层效果来看,思想政治教育效果的达成不只是让教育对象在行为上受到约束,而且是通过满足教育对象的个性化需求,让思想政治教育变成一种精神享受,进而让教育者传导的价值理念内化于心、外化于行,使思想政治教育更具有彻底性。

(二) 思想政治教育亲和力的基本特征

思想政治教育亲和力具有鲜明的政治性、突出的情感性和高度的交互性。

第一,鲜明的政治性。思想政治教育是通过科学的理论、正确的思想武装人、引导人,从而帮助和引导人们形成共同的理想信念、价值理念和道德观念的实践活动,其本质是"特定社会共同体(诸如阶级、政党、集团、群体)所开展的有目的性、有计划性、有组织性的特殊治理活动","这样的治理活动以相应共同体在一系列特殊的情境因素和条件状况中所认同并选择的上层建筑为基本依据"[1]。思想政治教育与

---

[1] 王学俭:《思想政治教育理论与实践问题的研究视角》,中国人民大学出版社2017年版,第13页。

党和国家的事业紧密联系在一起，也具有鲜明的政治性，而思想政治教育亲和力研究以思想政治教育这一基本属性为基础，因此同样具有这种属性。换句话说，思想政治教育亲和力只是手段，不是目的，提升思想政治教育亲和力是为了更好地发挥思想政治教育的功能。因此，在深刻认识思想政治教育的本质的基础上，准确把握思想政治教育亲和力建设的政治性，是开展思想政治教育亲和力理论研究的逻辑前提和首要任务。

第二，突出的情感性。"情感是人对现实世界的一种特殊的反映形式，是对客观事物是否符合自己的需要而产生的体验。"[①] 列宁说："没有'人的感情'，就从来没有也不可能有人对于真理的追求。"[②] 在思想政治教育实践活动中，教育对象对教育行为产生的爱憎或好恶的态度，就是情绪情感的体现。思想政治教育作为以价值理念输出和思想品德锻造为主要任务的实践活动，既是一种以情感为教育纽带的"有情感的教育"，也是一种培养情感品质的"有关情感的教育"，还是一种将社会情感作为教育内容的教育。不断培养和丰富教育对象的情感体验，可以改变教育对象对客观事物的态度体验，从源头上肃清负面情感，使教育对象不仅呈现出愉悦的情绪特点，并且随着亲和力的介入上升为情感认同。同时，思想政治教育的局面也会快速打开，从而为后续的渗透、滴灌打下牢靠的心理情感基础。

第三，高度的交互性。思想政治教育是一种交互活动，在这一实践过程中，教育者和教育对象是交互的主体。在思想政治教育实践中，教育者和教育对象通过理解、互动、融合建立起良好的交互关系，并通过交互实现思想交流和情感交融。思想政治教育亲和力既包括了教育者的

---

① 杜环欢、甘杰：《思想政治工作的情感教育模式初探》，载《理论探索》2004年第5期，第52页。
② 列宁：《列宁全集》第25卷，人民出版社1988年版，第117页。

亲和力，也包括了教育对象的亲和力，教育者和教育对象以亲和力为纽带，进行情感、思想的交互，产生积极的情感体验，从而使思想政治教育实践出现教学相长、共同进步的良好互动局面。

（三）思想政治教育亲和力的逻辑理路

在思想政治教育实践中，现实的人即主体的情感需要是思想政治教育亲和力生成的逻辑起点，生活世界是思想政治教育亲和力的实践场域。主体的情感需要和现实生活实践场域，共同推动了思想政治教育亲和力的生成，进而助力思想政治教育焕发新的生机。

第一，现实主体的情感需要是思想政治教育亲和力生成的逻辑起点。思想政治教育是以现实中具体的人为教育对象，为了人的思想意识观念的建构与提升而进行的教育实践活动。人既是理性的存在物，也是感性的存在物，思想观念的建构与提升需要在理性与感性的交融统一之中潜移默化地形成与发展，亲和力的运用正是对其最好的诠释。

在现实社会中，人不仅是生产的，同时也是有所需要的，人对客观世界的外在需求在本质上是人的内在属性，正如马克思在《德意志意识形态》中指出的，"他们的需要即他们的本性"[1]。思想政治教育亲和力的逻辑起点是人的本质需要，"亲和力作为一种感知觉的存在，是一种情绪情感的力量，它产生的基础是人的需要和期待的满足"[2]。具体而言，这种需要和期待是人与人之间关心、关爱与关怀的情感需要和期待，是人与人之间身心融会的亲密与亲近的结合之力、整合之力与和谐之力。"既然人是从感性世界和感性世界中的经验中获得一切知识、感觉等等的，那就必须这样安排经验的世界，使人在其中能体验到真正合

---

[1] 中共中央马克思恩格斯列宁斯大林著作编译局编译：《德意志意识形态》（节选本），人民出版社2018年版，第120页。
[2] 黄宗芬、刘社欣：《积极心理学视阈下高校思想政治教育亲和力的提升》，载《广西社会科学》2018年第1期，第208页。

乎人性的东西,使他常常体验到自己是人。"① 同样,既然人的思想意识观念是从感性世界之中而来,那就需要思想政治教育的各个要素与过程蕴含感性的成分,这些成分中具有正向能量的关心、关爱与关怀等情感因素,是具有社会性的人思想交流与互动所不可或缺的,是价值功能发挥的出发点。而从现实的人的逻辑前提出发,思想政治教育需要蕴含亲和力。可以说,"思想政治教育亲和力的源泉在于其本身所蕴涵的深刻的人文关怀和生命关切"②。

第二,生活世界是思想政治教育亲和力生成的实践场域。思想政治教育从根本上说是做人的思想工作,思想政治教育亲和力是在与现实个体密切相关的日常生活领域展现的。马克思论费尔巴哈时说,"人的本质不是单个人所固有的抽象物,在其现实性上,它是一切社会关系的总和"③,可见,生活世界是思想政治教育亲和力生成的现实根基。思想政治教育亲和力只有置于主体生活世界并与日常生活领域紧密相连,才能使主体人的思想意识产生认知变化、情感共鸣和行为改变。生活世界是思想政治教育亲和力生成的养料池,没有它,亲和力无从谈起,就会成为无本之木、无源之水。马克思、恩格斯指出,"我们的出发点是从事实际活动的人,而且从他们的现实生活过程中还可以描绘出这一生活过程在意识形态上的反射和反响的发展"④。思想政治教育亲和力只有熔铸于日常生活世界,才会形成教育者与教育对象共同努力的合力;只有在生活世界中,才能获得永续发展的动力。反之,若思想政治教育亲

---

① 中共中央马克思恩格斯列宁斯大林著作编译局编译:《马克思恩格斯文集》第1卷,人民出版社2009年版,第334—335页。
② 庞桂甲:《论思想政治教育亲和力》,载《思想教育研究》2017年第5期,第15页。
③ 中共中央马克思恩格斯列宁斯大林著作编译局编译:《马克思恩格斯选集》第1卷,人民出版社2012年版,第139页。
④ 中共中央马克思恩格斯列宁斯大林著作编译局编译:《马克思恩格斯选集》第1卷,人民出版社2012年版,第152页。

和力的生成自外于现实生活世界，孤悬浮寄于日常社会生活，仅以单一、抽象的逻辑推理来搞教育，就会丢弃现实生活的根基，失去生活的底色，使得原本生活化形象化具体化的阐释、丰富的教育素材变成生活空场，使自然生成之亲和力出现乏力倾向，同时也会使思想政治教育的吸引力、渗透力和感染力无从谈起。因此，提升思想政治教育亲和力，必须回归生活世界，避免"生活断档"和"人学空场"现象的产生。总而言之，只有思想政治教育根植于日常生活的土壤，亲和力的生成才不会没有坚实的根基。

生活世界是思想政治教育的基本场域，承载着思想政治教育的实践，离开生活世界的思想政治教育将会失去存在价值，思想政治教育亲和力也不会有生成的根基。其一，思想政治教育亲和力的生成离不开以实践为特征的日常生活的滋养。列宁指出，"马克思主义者必须考虑生动的实际生活，必须考虑现实的确切事实"[1]。因此，教育者要立足教育对象具体的生活情境，在坚持实践的基础上努力探寻亲和力的外在表达向度和内在思想源泉，帮助教育对象在具体生活场域中明辨善恶，知晓是非，即通过日常生活中的人和事提升思想政治教育的亲和力。其二，美好生活世界是思想政治教育亲和力的现实场域，它为思想政治教育亲和力的生成提供了现实空间。对美好生活的实践的追求有利于亲和力的生成，美好生活更是思想政治教育亲和力生成的载体，这个载体促使教育对象广泛地参与到教育实践活动中，指引其为追寻美好生活而奋斗，由此形成了由应然到必然的思想政治教育亲和力。

三、思想政治教育亲和力的价值旨归

思想政治教育的本质属性是鲜明的政治属性，它致力于帮助人们形

---

[1] 列宁：《列宁短篇哲学著作》，人民出版社1993年版，第401页。

成符合社会要求的道德品质,思想政治教育亲和力提升必须围绕这一本质属性展开。简而言之,亲和力是实现思想政治教育目标的手段,在思想政治教育实践活动中,不能为了追求"亲和"而忽视思想政治教育的本质属性。新时代高校思想政治教育工作必须紧紧围绕立德树人的根本任务,着力培养担当民族复兴大任的时代新人,这是新时代高校思想政治教育亲和力的价值旨归。

(一) 落实立德树人的根本任务

"国无德不兴,人无德不立。"[①] 我们党传承了中华民族崇德的优秀传统,始终把立德树人作为教育的根本任务。在全国教育大会上,习近平总书记深刻指出,"培养什么人,是教育的首要问题……我国是中国共产党领导的社会主义国家,这就决定了我们的教育必须把培养社会主义建设者和接班人作为根本任务,培养一代又一代拥护中国共产党领导和我国社会主义制度、立志为中国特色社会主义奋斗终身的有用人才"[②]。这是办好中国特色社会主义高等教育事业的根本方针,也是高校的立身之本。坚持用习近平新时代中国特色社会主义思想"铸魂育人",全面落实"立德树人"的根本任务,深刻回答了高等教育工作"培养什么样的人、如何培养人以及为谁培养人"这个根本性问题,深刻揭示了高校思想政治教育的价值旨归,为思想政治教育亲和力理论建构与实践探索提供了根本遵循和行动指南,明确了思想政治教育亲和力的价值归宿。

当前,随着国内外形势的深刻变化和各种社会思潮的不断冲击,高校思想政治工作面临着前所未有的严峻挑战。不可否认的是,当前高校

[①] 习近平:《习近平谈治国理政》,外文出版社2014年版,第168页。
[②] 中共中央党史和文献研究院编:《十九大以来重要文献选编》上,中央文献出版社2019年版,第647页。

思想政治教育还存在"教育内容缺乏现实生活根基和现实人性基础"①"往往采用的是教育者喜欢的方式,而不是学生喜爱的形式"② 等现象,究其原因,主要是亲和力不足、针对性不强,影响了高等教育立德树人的成效。亲和力是思想政治教育的情感、态度、方法,是提升高校思想政治教育效果的催化剂,可以有效地减少教育者与教育对象之间的隔阂及距离,促进心理共振效应的产生,从而推动思想政治实践的顺利开展并提升思想政治教育的有效性。

(二)培养担当民族复兴大任的时代新人

"人才是衡量一个国家综合国力的重要指标。没有一支宏大的高素质人才队伍,全面建成小康社会的奋斗目标和中华民族伟大复兴的中国梦就难以顺利实现。"③ 习近平总书记站在历史与现实的战略高度,深刻指出党和国家的教育工作"要以培养担当民族复兴大任的时代新人为着眼点"④。这既充分彰显了我们党对教育价值指向的准确判断,也为新时代高等学校人才培养指出了明确方向。思想政治工作作为高校人才培养体系的重要组成部分,必须紧紧围绕培养担当民族复兴大任的时代新人这一时代主题展开,而高校思想政治教育亲和力的理论建构与实践探索同样也要围绕这一目标开展,可以说,培养担当民族复兴大任的时代新人是新时代高校思想政治教育亲和力的价值目标。

思想政治教育亲和力是受思想政治教育这一特殊的前提所限定和规范的,以使其区别其他类型的亲和力。提升思想政治教育亲和力,就是

---

① 周成军:《大学生思想政治教育与创新创业》,光明日报出版社 2016 年版,第 8 页。
② 任晓杰:《增强大学生思想政治教育效果性探究》,载《思想理论教育》2015 年第 11 期,第 105 页。
③ 习近平:《在欧美同学会成立 100 周年庆祝大会上的讲话》,载《人民日报》2013 年 10 月 22 日,第 2 版。
④ 习近平:《习近平谈治国理政》第 3 卷,外文出版社 2020 年版,第 33 页。

要求思想政治教育者摆脱"高冷"姿态，深化育人方式改革，通过充满亲和力的思想政治教育，推进思想政治工作高质量发展，使学生正确认识人类社会发展规律，正确认识新时代的际遇机缘与使命担当，进一步明确自身的历史坐标和前进方向，提高终身发展、适应时代要求的关键能力，把个人的价值追求融入伟大的民族复兴事业中，在实现中华民族伟大复兴的实践中放飞自己的青春理想。

第二章　思想政治教育亲和力的理论视域

思想政治教育亲和力有着自己独特的研究视域，也有着坚实的理论基础。其中，马克思关于人的本质与发展的理论是思想政治教育亲和力的直接理论依据；马克思主义经典作家和中国共产党人有关理论为思想政治教育亲和力建设提供理论滋养；心理学和教育学相关理论为思想政治教育亲和力研究提供知识借鉴；中华优秀传统文化中的亲和力思想是思想政治教育亲和力研究的重要思想文化资源。

一、思想政治教育亲和力的理论基础

本节将深入分析马克思关于人的本质的理论与人的自由而全面发展的理论的深刻内涵，系统挖掘和梳理马克思、恩格斯关于思想政治教育亲和力的相关论述，阐释中国共产党人关于思想政治教育亲和力的思想观点。

（一）马克思关于人的本质与发展的理论

思想政治教育基本原理为思想政治教育亲和力提供了理论依据，其中，最为直接的是马克思关于人的本质和人的自由而全面发展的理论。人是思想政治教育亲和力的主体，思想政治教育亲和力的目的、方法和途径随人的需要的变化而发生变化，但其中始终不变的则是思想政治教育亲和力的发挥必须坚持和遵守人是一切社会关系的总和以及人的自由而全面发展的教育规律。

1. 马克思关于人的本质的理论

人的本质问题是贯穿思想政治教育整个过程的根本问题,是思想政治教育实践开展的出发点和落脚点,离开人的本质谈论思想政治教育的任何问题,都必将陷入抽象的讨论之中。

马克思把人的本质归纳为"一切社会关系的总和"①,揭示了人的本质属性是社会性。从宏观上看,人的本质与人的个性、本性不同,人的本质是一个外延更大的概念,只能在关系中存在,是一种关系范畴。从理论上看,它主要包含以下三个层次的含义:首先,人的发展离不开一定的社会关系,社会关系决定了一个人能够发展到什么程度。一般而言,推动整个社会发展的生产力不是单个的生产力,而是需要通过分工协作产生的集体生产力,在这种集体生产力下,个人才能获得足够多的发展和自由。其次,生活在社会中的每个人的发展都必须以其他人的发展为条件。在个人和他人和谐发展的条件下,个人的发展才能得到维系,同时,社会的公共准则也要求人处于个人和人类的和谐关系之中。再次,个人自身的各个方面都必须与社会和谐发展。个人的全面发展主要由物质发展和精神发展构成,但无论是物质发展还是精神发展都离不开社会,社会为人的物质发展和精神发展提供了源泉和基础。可见,人是一种社会关系性的存在,这从根本上决定了人的发展和与之所建立的关系的发展具有统一性。与此同时,马克思关于人的本质问题也具有一定的主体性规定,即人是具有自觉能动性的生物,具有目标性、自主性和选择性等,人在创造环境、文化和历史的同时,也创造着自己,人的自由自觉的活动就是人的创造性活动的一种表现,也正因为人是具有创

---

① 中共中央马克思恩格斯列宁斯大林著作编译局编译:《马克思恩格斯选集》第1卷,人民出版社2012年版,第135页。

造性的生物，所以人才能超越其本能和自身的局限性的限制，寻求新的发展。

人的本质不仅要从社会关系和人的自觉能动性方面去理解和把握，还需要从人的需要去理解。人的需要分为人的自然需要和人的社会需要，人的自然需要是人的最直接的生理需要，而人的社会需要是指由人的创造性社会活动所决定的用以保证人的发展的需要。第一种需要旨在保障人的衣、食、住、行，而第二种需要，即生产劳动则用来体现人的本质。人的生产劳动的状况决定了人的需要的状况，人的需要使人的劳动更具有创造性，既使人成为能动的、主体性的存在物，又使人成为受动的、客观性的存在物，这是因为人的需要的满足需要借助一定的外界条件和环境才能实现。因此，按照人的需要的本性来说，人必须借助一定的社会生活活动，产生一定的社会关系，最终实现其需要的满足。由此可见，人的存在是社会学和人类学的统一，是价值性和客体性的统一。马克思认为，人的存在是一种感性活动的存在，可以纳入人的社会活动、社会过程的物质交换关系之中，受人的实践的自然的和社会的关系的规定和制约。同时，人的本质与人的发展具有直接同一性，人的本质形成的根源在于人的存在就是一种发展性的存在，而人的感性的实践活动就是推动人的本质丰富与发展的根本力量。因此，思想政治教育亲和力的发挥必须从人的本质出发，尊重人的社会尺度。这样才有利于从理论上把握人的需要的丰富性、满足人自身发展的各种需要、增强思想政治教育亲和力的针对性；才有利于正确处理好各种复杂的社会关系，增强思想政治教育亲和力的有效性，从而推动和实现人的自由而全面的发展。

2. 马克思关于人的自由而全面发展的理论

马克思认为，"人以一种全面的方式，就是说，作为一个完整的人，占有自己的全面的本质"①。由此出发，马克思认为，人的发展问题是人最具根本性的问题。首先，人的全面发展就是人的社会关系的丰富和发展，是人的社会交往的普遍性和人们对社会关系控制程度的发展，包括人在交往过程中的各种经济关系、政治关系、文化关系、道德关系、家庭关系等。其次，人的自由而全面发展还包括了人的活动及其能力的全面发展。人的能力一方面是指人掌握和运用知识技能所需的个性心理特征，另一方面是指人完成某项任务的条件以及体现出来的综合素质等。只有每个人都能够全面地发展自己的一切能力时，才是人的全面发展的实现。再次，人的自由而全面发展还必须是自由的发展，而不是受动的发展，是人作为主体的自由自觉的发展，是人为了完善自身、促进社会进步的发展，这也是保证人不断进步和发展的前提条件。由此可见，马克思揭示了人的自由而全面发展的三种形态，即人的社会关系的全面发展、人的需要和能力的全面发展和人的个性的全面发展。

马克思还揭示了实现人的自由而全面发展的条件和途径。一是生产力的高度发展是实现人的自由而全面发展的物质前提。生产力是社会发展的决定性力量，是人的生存和发展的前提，只有不断发展和丰富生产力，才能不断创造出各种丰富的产品，以满足人们日益增长的物质需要。同时，生产力的发展使人类逐渐摆脱物质匮乏的困扰，从而能够为人提供充足和自由的时间去发展兴趣、爱好等，使人的个性和创造力在各种社会活动中得到全面展现。二是消灭私有制是实现人的自由而全面发展的根本条件。马克思在揭示资本主义社会异化劳动的规律和过程中，得出私有制是人类发展的阻碍因素的科学结论，他认为在私有制条件下，人的劳动体现为异化劳动，在提高生产力的同时也产生了异化的

---

① 中共中央马克思恩格斯列宁斯大林著作编译局编译：《马克思恩格斯文集》第 1 卷，人民出版社 2009 年版，第 189 页。

力量，即使人从属于物，成为物的附庸，从而造成人的发展的片面性和被动性，使人沦为片面发展的人。三是实现人的自由全面的发展还需要有充足的自由时间。马克思认为时间是人发展的空间，人的生存和发展必须在一定的时间——自由时间中进行，即人能够充分支配自己的时间，以发展自己的个性、兴趣和爱好，从事科学、艺术、社会活动等非物质性的活动。四是实现人的自由而全面的发展还必须有一定的社会关系，即人只有在一定社会关系中才能发展自己。社会关系是在一定的生存关系上产生的，影响着人的能力的实现和发挥。从一定意义上来看，旧的社会关系渐渐不能适应人的发展，因此必须通过不断实践创造更适合于人的发展的新的社会关系——整个人类发展的历史就是不断实践的历史，人的社会就是由实践构成的，因而人的实践能够推动人的发展。五是教育本身要能促进人的全面发展，理想的教育应该是全面的自由的教育。马克思指出，"教育将使年轻人能够很快熟悉整个生产系统，将使他们能够根据社会需要或者他们自己的爱好，轮流从一个生产部门转到另一个生产部门。因此，教育将使他们摆脱现在这种分工给每个人造成的片面性。这样一来，根据共产主义原则组织起来的社会，将使自己的成员能够全面发挥他们的得到全面发展的才能"[1]。可见，教育是培养人自由而全面发展的重要手段。教育对人的促进作用，归根结底就是通过提高人的素质，促进人的自由而全面发展来实现的。

作为思想政治教育的基本原则和最终目标，人的自由而全面发展思想的实质就是把人作为发展的目的，使人在世界当中确立自己的思想和价值。思想政治教育从诞生之日起，就是为了解放人的思想、发展人的价值，使人更好地认识世界和改造世界，其根本任务就是要通过满足人

---

[1] 中共中央马克思恩格斯列宁斯大林著作编译局编译：《马克思恩格斯选集》第1卷，人民出版社2012年版，第308页。

的价值需要,提高人的素质,提振人的精神,增强人认识世界、改造世界的主导性、创造性和积极性等,最终实现人的自由而全面的发展。就人而言,人的发展是无限的,思想政治教育的可能性也是无限的,思想政治教育就是要教会人自我发展。就思想政治教育亲和力而言,人的全面发展理论也是思想政治教育亲和力的出发点和归宿。思想政治教育亲和力作为一种教育理念和方法,是实现人的自由而全面发展的重要途径,它以转变人的思想、提高人的主体性为目标,推动人的全面发展。可见,思想政治教育亲和力是支持、促进人的自由而全面发展的重要手段。同时,只有重视思想政治教育亲和力,才能增强思想政治教育的针对性和实效性,使思想政治教育的目标与内容、形式与方法紧密联系起来,更好地促进人的自由而全面的发展。

(二)马克思主义经典作家关于思想政治教育亲和力的理论

马克思、恩格斯虽然没有直接使用"思想政治教育"这一概念,但都极其重视思想政治教育,曾精辟指出,"思想的闪电一旦彻底击中这块素朴的人民园地,德国人就会解放成为人"[①]。在扩大共产主义理论影响和领导工人运动的历史斗争过程中,马克思、恩格斯对于无产阶级思想政治教育作出了许多深刻的论述。这些论述内容丰富,对于探讨思想政治教育亲和力问题有着重要的理论意义和实践意义。

1. 马克思、恩格斯关于思想政治教育亲和力的理论

第一,马克思、恩格斯关于思想政治教育原则的论述。其一,倡导尊重教育对象个性发展的原则。在《德意志意识形态》中,马克思、恩格斯运用历史唯物主义的观点和方法,第一次系统阐述了关于人的全面发展的理论。马克思、恩格斯指出,共产主义社会是"个人的独创和

---

① 中共中央马克思恩格斯列宁斯大林著作编译局编译:《马克思恩格斯文集》第 1 卷,人民出版社 2009 年版,第 17—18 页。

自由的发展不再是一句空话的唯一的社会",在马克思、恩格斯看来,人的全面发展就是要尊重人的才能和个性的自由发展,让教育对象自主地发展和发挥自己的才能,按照自己的意愿从事各种社会活动。马克思主义所倡导的这一原则,对于思想政治教育亲和力理论具有重要的直接的指导意义,蕴含着将个体的独立性和集体的利益统一的重要思想。富有亲和力的思想政治教育实践,就是要根据个体的差异设定个性化的教育方案,尊重教育对象的个性、差异化,教育对象的主观感受,等等。其二,倡导教育公平原则。马克思、恩格斯虽然没有就教育公平问题进行过专门论述,但他们在与非马克思主义理论家就教育公平等问题进行论战时阐述过这一观念:"一切人,作为人来说,都有某些共同点,在这些共同点所及的范围内,他们是平等的……"[1] 马克思主义关于教育公平的理论,对于推进当代中国教育公平和现代思想政治教育工作中平等观念的延伸具有重要的指导作用。其三,倡导合力育人的原则。思想政治教育亲和力是一个整体性范畴,需要充分调动、整合各方资源,以形成思想政治教育的系统合力。恩格斯指出,"许多人协作,许多力量融合为一个总的力量,用马克思的话来说,就产生'新力量',这种力量和它的单个力量的总和有本质的差别"[2]。构建思想政治教育亲和力体系,便是在聚集这种力量,统合调动各个要素,以释放思想政治教育的系统合力。

第二,马克思、恩格斯关于提升教育者素养的论述。马克思、恩格斯认为,作为无产阶级思想政治教育者,应该具备政治素养、理论素养、创新素养和人格素养等。其一,教育者应具备政治素养。思想政治

---

[1] 中共中央马克思恩格斯列宁斯大林著作编译局编译:《马克思恩格斯选集》第3卷,人民出版社2012年版,第480页。
[2] 中共中央马克思恩格斯列宁斯大林著作编译局编译:《马克思恩格斯选集》第3卷,人民出版社2012年版,第505页。

教育的内容虽然广泛，但是政治教育是其核心内容，因此政治素养也是思想政治教育者必须具备的首要素养。马克思、恩格斯曾指出，"要对无产阶级运动有益处，这些人必须带来真正的教育因素"①。他们批评那些"把领会得很肤浅的社会主义思想和这些先生们从大学或其他什么地方搬来的各种理论观点调好起来"②的思想政治教育者，认为"党完全可以不要这种教育者"③。党需要的教育者是能够有效进行思想观念输出，有利于推动无产阶级运动向正确方向发展的教育者。其二，教育者应具备理论素养。马克思、恩格斯认为教育者应具备基本的理论素养，他们在批判《未来》杂志时指出，由于"他们中的每一个人都不是自己首先钻研新的科学，而宁可按照搬来的观点把这一新的科学裁剪得适合于自己"④，所以"他们什么也没有弄清楚，只是造成了极度的混乱"⑤。毫无疑问，思想政治教育者只有作好充分的理论准备，才能为阐释和宣传马克思主义理论打下基础，理论素养是思想政治教育者应具备的基本素养。其三，教育者应具备创新素养。马克思在《致达哥贝尔特·奥本海姆》的书信中，批评那些固守现有的文本、不加创新的理论态度，认为"正确的理论必须结合具体情况并根据现存条件加以阐明和发挥"⑥，只有根据不同时代和地方的需要对理论进行创造性的转化，

---

① 中共中央马克思恩格斯列宁斯大林著作编译局编译：《马克思恩格斯选集》第3卷，人民出版社2012年版，第738页。
② 中共中央马克思恩格斯列宁斯大林著作编译局编译：《马克思恩格斯选集》第3卷，人民出版社2012年版，第738页。
③ 中共中央马克思恩格斯列宁斯大林著作编译局编译：《马克思恩格斯选集》第3卷，人民出版社2012年版，第739页。
④ 中共中央马克思恩格斯列宁斯大林著作编译局编译：《马克思恩格斯选集》第3卷，人民出版社2012年版，第738页。
⑤ 中共中央马克思恩格斯列宁斯大林著作编译局编译：《马克思恩格斯选集》第3卷，人民出版社2012年版，第739页。
⑥ 中共中央马克思恩格斯列宁斯大林著作编译局编译：《马克思恩格斯全集》第47卷，人民出版社2004年版，第35页。

才能推动理论深入人心。其四,教育者应具备人格素养。思想政治教育者的人格魅力对于思想政治教育活动的开展具有重要的影响。马克思、恩格斯对思想政治教育者如何更为有效地发挥人格魅力,从而推动思想政治教育开展作出了大量论述,如"如果你想感化别人,那你就必须是一个实际上能鼓舞和推动别人前进的人"[1]。马克思、恩格斯关于教育者素养的论述对于新时代思想政治工作队伍建设具有直接的指导意义。

第三,马克思、恩格斯关于优化教育方法的论述。马克思、恩格斯极其重视教育方法在无产阶级思想政治教育中的作用,并对此作出了大量的论述。其一,教育方法要体现多样性。在马克思看来,"人的本质并不是单个人所固有的抽象物,在其现实性上,它是一切社会关系的总和"。这一论述是我们科学认识教育对象的基本理论依据。马克思认为,没有放之四海皆准的教育方法,要把握不同群体和个体所处的不同的社会关系,从其所处的社会关系的特点和差异中去把握教育对象,采取不同的教育方法,通过多种方式表达革命的思想需要,让教育对象乐于接受教育。其二,教育方法要体现差异性。"我们不知道有任何一种力量,能够强制处在健康清醒状态的每一个人接受某种思想"[2],马克思认为,有效的教育方法不是强制性的,同一种教育方法用在不同的教育对象身上也可能会产生截然不同的教育效果,因此有效的教育方法必须符合不同教育对象的特点,充分调动教育对象自身的主动性。其三,教育方法要体现时代性。在马克思看来,人们的社会关系总是随着社会实践发展变化的,"整个历史也无非是人类本性的不断改变而已"[3],而随着人们

---

[1] 中共中央马克思恩格斯列宁斯大林著作编译局编译:《马克思恩格斯文集》第1卷,人民出版社2009年版,第247页。
[2] 中共中央马克思恩格斯列宁斯大林著作编译局编译:《马克思恩格斯选集》第3卷,人民出版社2012年版,第463页。
[3] 中共中央马克思恩格斯列宁斯大林著作编译局编译:《马克思恩格斯选集》第1卷,人民出版社2012年版,第252页。

所处的社会关系的发展变化，人们的思想也会发展变化，与之相适应，教育方法也要随之改变。马克思、恩格斯关于优化教育方法的论述对于新时代思想政治教育方法创新具有直接的指导意义。

马克思、恩格斯非常注重通过增加亲和力来扩大、增强马克思主义的影响力、信服度，取得了良好的教育效果，并获得了革命追随者们的尊重。马克思、恩格斯关于教育原则、教育者素质和教育方法的论述对于当代思想政治教育仍然具有重要的指导作用和启示意义。

2. 列宁关于思想政治教育亲和力的理论

作为马克思主义的积极实践者，列宁非常重视思想政治教育对于社会主义运动的重要作用，他创立了思想政治教育工作管理机构，构建了系统的思想政治教育理论体系，开展了行之有效的思想政治教育实践。纵览列宁关于思想政治教育的思想，我们可以发现，以下几个突出的方面对提升思想政治教育亲和力具有启迪意义。

第一，强调思想政治教育必须坚持党的领导。列宁认为，无论是在苏维埃俄国抗击帝国主义的斗争中，还是在社会主义的建设中，都需要党的坚强领导，党的领导是完成一切艰巨任务的前提，在思想政治教育机构的一切工作中，也"首先应该公开承认共产党的政治领导"[1]。坚持党对思想政治工作的领导，也是中国共产党一贯坚持的一项基本原则，是思想政治工作保持正确方向和取得成效的根本保证，因而提升思想政治教育亲和力的首要前提就是坚持党的领导。没有共产党的领导，思想政治教育亲和力提升活动会在实践中迷失方向，使思想政治工作失去意义。

第二，强调要根据形势变化不断创新思想政治工作内容。同马克

---

[1] 中共中央马克思恩格斯列宁斯大林著作编译局编译：《列宁选集》第4卷，人民出版社2012年版，第304页。

思、恩格斯一样，列宁极为强调教育内容要随着形势的变化而不断变化。1920年11月，列宁《在全俄省、县国民教育局政治教育委员会工作会议上的讲话》根据当时苏俄工作重心转向经济建设的新形势指出，"老式的宣传方法是讲解或举例说明什么是共产主义。但这种老式的宣传已毫无用处，因为我们需要在实践中说明应该如何建设社会主义……这是我们最主要的任务，谁要是对宣传仍作旧的理解，那他就落后了，就不能担负起对工农群众的宣传工作"①。列宁的有关思想政治教育内容的论述，对当代思想政治教育具有重要指导意义。党的工作重心转移之后，思想政治教育的内容也要随之转变，以提升思想政治教育亲和力。富有亲和力的思想政治教育内容必须是与时俱进的，要体现对现实的关照，在对现实的关照中不断解放人的思想，消除旧的观念，解决教育对象的思想困惑。

第三，强调科学社会主义意识必须从外面"灌输"。列宁系统论证了"灌输"理论，他指出，"工人本来也不可能有社会民主主义的意识。这种意识只能从外面灌输进去"②。列宁在这里所讲的"灌输"是正面的思想政治教育，我们不能将其混同于填鸭式的思想政治教育。列宁所讲的"灌输"是既坚持正面的教育，又注重"灌输"的方式方法。在宣传形式上，列宁强调，"少唱些政治高调，多注意些极平凡的但是生动的、来自生活并经过生活检验的共产主义建设方面的事情"③。可见，提升思想政治教育亲和力的一个重要方面就是要坚持正面"灌输"时，注重"灌输"方法的时代性和多样性，如果方法不合时宜，忽视

---

① 中共中央马克思恩格斯列宁斯大林著作编译局编译：《列宁选集》第4卷，人民出版社2012年版，第308页。
② 中共中央马克思恩格斯列宁斯大林著作编译局编译：《列宁选集》第1卷，人民出版社2012年版，第317页。
③ 中共中央马克思恩格斯列宁斯大林著作编译局编译：《列宁选集》第4卷，人民出版社2012年版，第9页。

教育对象的个体差异和主观感受,就会导致思想政治教育缺乏亲和力和针对性。列宁的"灌输"理论,对提升高校思想政治教育亲和力具有重要的启示意义。

第四,强调思想政治教育要理论联系实际。列宁要求青年一代"不要关在自己的学校里……只有在与工农的共同劳动中,才能成为真正的共产主义者"①。他认为,培养共产主义新人必须把学校教育与社会实践结合起来。此外,列宁还提出了对广大青年进行共产主义教育、培养青年的自觉纪律观念、发挥青年团在青年教育中的作用等观点。列宁的这些思想,是马克思主义思想政治教育理论的具体展开,对高校培养时代新人具有指导意义。能担当民族复兴大任的时代新人,绝不是在书斋里培养出来的,思想政治教育必须坚持将理论教育与实践养成相结合,让新时代青年在社会实践中接受锻炼和考验,把实践育人作为提升思想政治教育亲和力的有效途径。

列宁关于思想政治教育的相关论述,是把马克思主义运用到具体思想政治教育实践中的产物,其中关于坚持党的领导、教育内容、教育方法的论述,对于提升高校思想政治教育亲和力具有重要的指导作用和启示意义。

(三) 中国共产党人关于思想政治教育亲和力的理论

作为一个伟大的马克思主义政党,中国共产党从其创建之初起就十分重视加强思想政治工作,并在漫长的革命、建设和改革的历程中,积累了较为丰富的思想政治工作经验。中国共产党思想政治工作卓有成效的开展,离不开对思想政治教育亲和力问题的重视。

1. 毛泽东同志关于思想政治教育亲和力的理论

毛泽东同志无疑是擅于运用教育亲和力,且形成了一定成熟经验的

---

① 中共中央马克思恩格斯列宁斯大林著作编译局编译:《列宁选集》第 4 卷,人民出版社 2012 年版,第 295 页。

人。他高度重视宣传和政治思想工作的重要作用，提出了"没有正确的政治观点，就等于没有灵魂"①的主张，揭开了中国共产党思想政治工作新篇章。毛泽东同志对于探讨思想政治教育亲和力问题的科学贡献主要体现在以下几个方面：

第一，强调要针对教育对象特点开展思想政治工作。毛泽东同志非常善于对教育对象进行区分，对如何向不同群体开展思想教育，帮助他们提升政治觉悟，提出了很多独到的见解。毛泽东同志指出，"共产党员如果真想做宣传，就要看对象，就要想一想自己的文章、演说、谈话、写字是给什么人看、给什么人听的"②，"青年团要配合党的中心工作，但在配合党的中心工作当中，要有自己的独立工作，要照顾青年的特点"③。在新时代，思想政治工作必须符合教育对象特点也是思想政治工作必须坚持的原则。

第二，强调发挥思想政治工作的合力。思想政治工作是一个系统工程，需要形成合力，对此，毛泽东同志有过深刻阐述。在《关于正确处理人民内部矛盾的问题》中，毛泽东同志指出，"思想政治工作，各个部门都要负责任。共产党应该管，青年团应该管，政府主管部门应该管，学校的校长教师更应该管"④——他要求思想政治工作形成全社会齐抓共管的局面。毛泽东同志的这一论述和做法，对新时代高校思想政治工作仍然具有重要启示意义。思想政治教育要进入新的发展阶段，就需要调动、整合各方资源，构建思想政治教育体系，形成思想政治教育

---

① 中共中央文献研究室编：《毛泽东文集》第7卷，人民出版社1999年版，第226页。
② 毛泽东：《毛泽东选集》第3卷，人民出版社1991年版，第836页。
③ 中共中央文献研究室编：《毛泽东文集》第6卷，人民出版社1999年版，第276页。
④ 中共中央文献研究室编：《毛泽东文集》第7卷，人民出版社1999年版，第226页。

合力。

第三,强调思想政治工作要注意方式方法。1934年1月,毛泽东同志在《关心群众生活,注意工作方法》的报告中,揭示了工作方法的重要性,他指出,"一切工作,如果仅仅提出任务而不注意实行时候的工作方法,不反对官僚主义的工作方法而采取实际的具体的工作方法,不抛弃命令主义的工作方法而采取耐心说服的工作方法,那末,什么任务也是不能实现的"①。毛泽东同志认为,思想工作要运用具体的、说理的方法,"决不是痛快一时,乱打一顿,所能奏效的。对待思想上的毛病和政治上的毛病,决不能采用鲁莽的态度,必须采用'治病救人'的态度,才是正确有效的方法"②。此外,毛泽东同志还提出了"从群众中来,到群众中去"的群众路线,又进一步强调要使群众路线的领导方法得到落实,必须坚持一般指导和个别指导相结合、领导骨干和广大群众相结合、既分工又统一等原则,对思想政治教育的具体展开提供了方法论指导,蕴含着丰富的思想政治教育亲和力思想。

第四,强调建设高素质思想政治工作队伍。毛泽东同志十分重视思想政治队伍自身建设问题,认为"我们的文学艺术家,我们的科学技术人员,我们的教授、教员,都在教人民,教学生。因为他们是教育者,是当先生的,他们就有一个先受教育的任务"③。毛泽东同志认为,好干部的标准是"德才兼备",他强调,"中国共产党是在一个几万万人的大民族中领导伟大革命斗争的党,没有多数才德兼备的领导干部,是不能完成其历史任务的"④。在培养教育干部方面,毛泽东同志主张加强理论建设、思想建设等,提出了"我们将会组成一支强大的理论队

---

① 毛泽东:《毛泽东选集》第1卷,人民出版社1991年版,第140页。
② 毛泽东:《毛泽东选集》第3卷,人民出版社1991年版,第828页。
③ 中共中央文献研究室编:《毛泽东文集》第7卷,人民出版社1999年版,第270—271页。
④ 毛泽东:《毛泽东选集》第2卷,人民出版社1991年版,第526页。

伍，而这是我们极为需要的""掌握思想教育"等观点。此外，毛泽东同志还提出了"任人唯贤"的干部路线、知人善任的干部政策等，这些思想和观点都是马克思主义理论与中国实际相结合在干部问题上的体现，深刻反映了毛泽东同志对干部问题的重视，也充分体现了毛泽东同志对党的思想政治队伍建设的重视。

毛泽东同志还提出和论述了如何处理理论与实践的关系、如何加强学习、如何做好青年工作等问题，不仅对中国共产党思想政治工作行之有效的开展发挥了重要指导作用，而且对新时代高校思想政治教育工作的开展提供了丰富的经验，其中有关思想政治教育亲和力的论述精炼而富有典范意义，值得当下的思想政治教育工作者学习和研究。

2. 邓小平同志关于思想政治教育亲和力的理论

邓小平同志在继承毛泽东同志思想政治教育理论的基础上，结合中国改革开放的实践要求，提出了"两手抓，两手都要硬"的策略。邓小平同志对思想政治教育亲和力问题的思考，主要体现在：

第一，强调思想政治教育要坚持正确方向。"毫无疑问，学校应该永远把坚定正确的政治方向放在第一位"[①]，邓小平同志立足建设有中国特色社会主义的新形势，指出教育要面向现代化、面向世界、面向未来，提出造就有理想、有道德、有文化、有纪律的德智体美等全面发展的社会主义事业的建设者和接班人的人才培养目标。"四有新人"的提出适应我国经济发展和社会进步对国民素质的新要求，它具有方向性、原则性和指引性，为思想政治教育工作卓有成效的展开、不断优化思想政治教育过程、提升思想政治教育亲和力提供了基础性前提。

第二，强调思想政治工作要遵循正确的方针原则。其一，思想政治教育要坚持服务于党的工作大局。邓小平同志认为"社会主义现代化建

[①] 邓小平：《邓小平文选》第 2 卷，人民出版社 1994 年版，第 104 页。

设是我们当前最大的政治,因为它代表着人民的最大的利益、最根本的利益"①,因此"要硬着头皮把经济搞上去,就这么一个大局,一切都要服从这个大局"②。其二,坚持实事求是的原则。邓小平同志认为,"按照实际情况决定工作方针,这是一切共产党员所必须牢牢记住的最基本的思想方法、工作方法"③。其三,坚持承认差别、区别对待的原则。邓小平同志指出,"我们在鼓励帮助每个人勤奋努力的同时,仍然不能不承认各个人在成长过程中所表现出来的才能和品德的差异,并且按照这种差异给以区别对待"④,也就是说,在社会生活中,人们的思想总是有差别的,与此相适应,思想政治教育也要承认差别,不能搞一刀切。此外,邓小平同志还提出了坚持教育与管理相结合的原则、坚持解决思想问题与解决实际问题相结合的原则等,为做好思想政治工作、提升思想政治教育亲和力创造了积极条件。

第三,强调加强思想政治工作队伍建设。邓小平同志高度重视思想政治工作队伍建设,对于这一问题有过一系列精辟的论述,他指出,"我们一定要把思想政治工作放在非常重要的地位,切实认真做好,不能放松"⑤。邓小平同志还对思想政治教育者应具备的素质作了系统阐述,认为思想政治工作者要旗帜鲜明地与错误的思想作斗争,指出要"在意识形态领域中,同各种妨害四个现代化的思想习惯进行长期的、有效的斗争"⑥;要严格自律,"政治干部更要强调以身作则"⑦;要加强与人民的血肉联系,提升工作的亲和力,"自觉地在人民的生活中汲

---

① 邓小平:《邓小平文选》第2卷,人民出版社1994年版,第163页。
② 邓小平:《邓小平文选》第3卷,人民出版社1993年版,第129页。
③ 邓小平:《邓小平文选》第2卷,人民出版社1994年版,第114页。
④ 邓小平:《邓小平文选》第2卷,人民出版社1994年版,第106页。
⑤ 邓小平:《邓小平文选》第1卷,人民出版社1994年版,第342页。
⑥ 邓小平:《邓小平文选》第2卷,人民出版社1994年版,第209页。
⑦ 邓小平:《邓小平文选》第2卷,人民出版社1994年版,第124页。

取题材、主题、情节、语言、诗情和画意"①。这些论述对于加强和改进新时期思想政治工作队伍建设具有重要的指导和借鉴意义。邓小平同志还对教育者应具备的政治素质进行了系统论述，指出，教育者要具备正确的政治方向、政治立场、政治观点、政治纪律、政治鉴别力和政治敏锐感等。这些重要论述，为提升思想政治工作者的素质提供了方向和精神动力，对当前加强思想政治队伍建设具有重要指导意义。

第四，强调疏导说理的思想政治教育方法。疏导说理是思想政治教育的重要方法，邓小平同志多次强调疏导说理的重要性，并将此方法运用得得心应手，充分彰显了思想政治教育的亲和力。他指出，在思想政治工作中一定要注意引导，"对于思想问题，无论如何不能用压服的办法"②。在论述疏导说理的方法时，邓小平同志认为要旗帜鲜明，以保证说理的正确方向，指出，"拨乱反正，语言要明确，含糊其词不行，解决不了问题"③。他还谈到，在疏导说理时，要注重摆事实讲道理，让教育对象在明了情况后接受正确的观点和主张，指出，"如果我们各个单位真正把国家面临的问题给群众讲清楚……就能得到群众的同情和谅解，再大的困难也是能够克服的"④。邓小平同志娴熟高超的疏导说理艺术无论对于思想政治教育理论研究还是对于思想政治教育实践，都具有重要的启示意义。

3. 江泽民同志关于思想政治教育亲和力的理论

在加快推进中国特色社会主义的进程中，江泽民同志结合世情、党情和国情，对思想政治教育工作的地位、方针原则、方法等作出了深刻阐述。这些阐述体现了对思想政治教育亲和力问题的重视和探索，主要

---

① 邓小平：《邓小平文选》第2卷，人民出版社1994年版，第211—212页。
② 邓小平：《邓小平文选》第2卷，人民出版社1994年版，第145页。
③ 邓小平：《邓小平文选》第2卷，人民出版社1994年版，第71页。
④ 邓小平：《邓小平文选》第2卷，人民出版社1994年版，第228—229页。

包括以下几个方面：

第一，强调科学认识改革开放和思想政治工作的辩证关系。从马克思、恩格斯、列宁，到毛泽东、邓小平，都十分重视思想政治工作在党的事业发展中的重要地位，对思想政治工作的重视是一以贯之的。江泽民同志也高度重视思想政治工作，特别是在如何正确认识改革开放和思想政治工作的关系的问题上，他认为，"越是发展经济，越是改革开放，越要重视思想政治工作"①，他还进一步指出，"越是改革开放，越要动员和团结群众，越要重视宣传思想工作。宣传思想工作只能加强，不能削弱"②。这些论述，深刻阐明了改革开放和思想政治工作的辩证关系。可以说，推动经济发展、推动改革开放，需要充分发挥思想政治工作的优势；同时，经济发展、改革开放也为思想政治工作提供了更好的外部条件。

第二，强调"四个统一"的思想政治教育方针。江泽民同志站在世纪之交的高度，提出全国青年要坚持"四个统一"，努力担当起振兴中华的历史使命，指明了青年思想政治教育方向，对加强和改进青年的思想政治教育具有重要的现实意义，其中，"四个统一"的论述对于提升思想政治教育亲和力具有一定的启示意义。

第三，强调提高思想政治教育者的政治素质。江泽民同志系统论述了讲政治的必要性和重要性，明确提出了讲政治的目的，深刻阐明了讲政治的内涵和要求，为改革开放的不断推进提供了坚强的政治保证。江泽民同志指出，"政治包括政治方向、政治立场、政治观点、政治纪律、政治鉴别力、政治敏锐性"③。要有坚定正确的政治方向，就是要牢固

---

① 江泽民：《江泽民文选》第3卷，人民出版社2006年版，第74页。
② 中共中央文献研究室编：《江泽民论有中国特色社会主义（专题摘编）》，中央文献出版社2002年版，第407页。
③ 江泽民：《江泽民文选》第1卷，人民出版社2006年版，第516页。

树立共产主义的最高理想和建设中国特色社会主义的坚定信念；要有坚定正确的政治立场，就是在分析问题和解决问题时要始终站在维护党和人民利益的立场上；要有鲜明的政治观点，就是要坚持运用马克思主义的基本观点分析和认识改革开放中出现各种新情况新问题；要有严格的政治纪律，就是要严格遵守党章党规党纪；要有高度的政治鉴别力和政治敏锐性，就是要善于识别各种错误思潮，在事关方向和原则的问题上保持清醒头脑。江泽民同志关于思想政治工作队伍应具备的政治素质的论述，对于思想政治队伍素质提升具有重要指导意义。

4.胡锦涛同志关于思想政治教育亲和力的理论

胡锦涛同志十分重视思想政治工作，提出了新时期思想政治工作的新理念，指出了思想政治工作的新途径，为丰富和创新思想政治工作、增强思想政治工作实效性指明了方向。这些论述也体现了对思想政治教育亲和力问题的重视和探索，主要体现以下几个方面：

第一，强调以人为本的德育观。胡锦涛同志在中共十六届五中全会第二次全体会议上讲话时指出，"必须坚持以人为本，坚持发展为了人民、发展依靠人民、发展成果由人民共享，不断实现好、维护好、发展好最广大人民根本利益。这是坚持党为公、执政为民的本质要求，也是党和人民事业兴旺发达的根本保证"[①]。就思想政治工作中坚决贯彻以人为本理念，他强调，"思想政治工作说到底是做人的工作，要坚持以人为本的理念"[②]。胡锦涛同志以人为本的德育观体现了我们党对思想政治价值认识的深化，特别是指出了人在整个教育中的主体地位，为探讨思想政治教育亲和力问题提供了理论基础。

第二，强调完善思想政治教育内容。思想政治教育要根据不同时

---

① 胡锦涛：《胡锦涛文选》第 2 卷，人民出版社 2016 年版，第 365—366 页。
② 胡锦涛：《胡锦涛文选》第 3 卷，人民出版社 2016 年版，第 184 页。

期、不同形势的要求，及时更新思想政治教育内容，确保不同时期教育的针对性。胡锦涛同志在继承毛泽东思想、邓小平理论和"三个代表"重要思想的基础上，提出落实科学发展观、构建社会主义和谐社会等一系列重大战略思想，其中，社会主义核心价值体系教育是对大学生思想政治教育内容的进一步丰富和完善。胡锦涛同志还结合国内外新的形势以及大学生的特点和规律，提出高校思想政治教育要"以理想信念教育为核心，深入进行树立正确的世界观、人生观和价值观教育；以爱国主义教育为重点，深入进行民族精神教育；以基本道德规范为基础，深入进行公民道德教育；以大学生全面发展为目标，深入进行素质教育"[1]。胡锦涛同志的重要论述赋予了高校思想政治教育工作更新更深的要求，也使得高校思想政治教育内容更趋系统化。

第三，强调网络思想政治教育的重要性。随着互联网的普及，网民数量的不断攀升，网络逐渐成为意识形态较量的重要战场，也成了思想政治教育新的场域，可以说，网络思想政治教育的效果在很大程度上影响着思想政治教育的整体效果。胡锦涛同志高度重视网络思想政治教育，他指出，"要高度重视网络文化建设，加强对互联网特别是新媒体平台的应用和管理……主动引导网上舆论，有效防范和遏制有害信息传播"[2]。关于如何进一步做好网络思想政治教育，胡锦涛同志指出，要充分运用好网络这个思想政治教育载体，开展形式多样的网络思想政治教育活动；要坚持弘扬主旋律，"深入研究网上舆论引导的特点和规律……主动占领网上思想舆论阵地"[3]。

5. 习近平总书记对思想政治教育亲和力理论的创造性贡献

党的十八大以来，习近平总书记进一步发扬我们党重视思想政治工

---

[1] 中共中央文献研究室编：《十六大以来重要文献选编》中，中央文献出版社2006年版，第636—639页。
[2] 胡锦涛：《胡锦涛文选》第3卷，人民出版社2016年版，第64页。
[3] 胡锦涛：《胡锦涛文选》第2卷，人民出版社2016年版，第561页。

作的优良传统，紧密联系中国特色社会主义进入新时代的新实际，深刻阐释了思想政治工作的重大意义、方针原则、目标指向和实践路径，以全新视野深化了对思想政治工作规律的认识。习近平总书记关于思想政治工作的重要论述既是新时代开展思想政治教育工作的科学指南，也为思想政治教育亲和力研究提供了理论基础。

第一，拓展了马克思主义教育思想。马克思、恩格斯、列宁等马克思主义经典作家就如何做好无产阶级思想政治教育提出了一系列重要原则和观点，为无产阶级思想政治教育卓有成效的展开奠定了理论基础。中国共产党在领导中国革命和建设的伟大历史实践中，高度重视思想政治工作，积累了丰富的思想政治教育经验，推进了马克思主义教育思想的发展。习近平总书记在中国特色社会主义进入新时代、思想政治教育面临新挑战新任务新要求的背景下，就如何开展好思想政治教育作出了一系列重要论述，这些论述在马克思主义教育史上具有重要地位和原创性贡献，拓展了马克思主义教育思想，是21世纪的马克思主义教育思想。习近平总书记强调要坚持党对教育工作的领导，指出"办好我国高等教育，必须坚持党的领导，牢牢掌握党对高校工作的领导权，使高校成为坚持党的领导的坚强阵地"[①]，为高校思想政治工作卓有成效的开展奠定了基础性前提；提出培养德智体美劳全面发展的社会主义建设者和接班人，使得新时代党的教育目标更加明晰；提出做好高校思想政治工作必须遵循"三大规律"，即遵循思想政治工作规律、遵循教书育人规律、遵循学生成长规律，使教育工作更加科学；提出"四有"好教师的标准和思想政治理论课教师的"六要"要求，使教师队伍建设的方向更加明确。思想政治教育工作者要深刻领会习近平总书记关于思想政治工作的重要论述在整个马克思主义教育思想史、中国共产党的教育思

---

① 习近平：《习近平谈治国理政》第2卷，外文出版社2017年版，第379页。

想史和习近平总书记关于教育的重要论述体系中的重要地位和原创性贡献,并在实践中深刻感悟和把握其科学内涵。

第二,创新了思想政治教育方法。思想政治教育方法作为联结思想政治教育各要素的纽带,事关思想政治教育实施过程和效果。中国共产党思想政治教育史上一个非常重要的经验就是要重视思想政治教育方法的灵活运用。习近平总书记根据社会环境的新变化和人们的思想行为的新特点,就如何创新思想政治教育方法作出了一系列重要论述。习近平总书记提出"必须推进马克思主义中国化时代化大众化,建设具有强大凝聚力和引领力的社会主义意识形态,使全体人民在理想信念、价值理念、道德观念上紧紧团结在一起"①,使创新思想政治教育方法的方向更加明确;提出"要运用新媒体新技术使工作活起来,推动思想政治工作传统优势同信息技术高度融合,增强时代感和吸引力"②,科学阐释了思想政治工作传统方法与思想政治教育新方法的关系;提出"加强互联网内容建设,建立网络综合治理体系,营造清朗的网络空间"③,使网络思想政治教育的工作重点更加明晰。高校思想政治教育也要跟随时代的脚步,努力探索一些大学生喜闻乐见、生动活泼的思想政治教育新形式、新方法。

第三,提升了思想政治队伍建设水平。习近平总书记高度重视思想政治队伍建设,强调"建设政治素质过硬、业务能力精湛、育人水平高超的高素质教师队伍是大学建设的基础性工作"④。习近平总书记提出有理想信念、有道德情操、有扎实学识、有仁爱之心的"四有"好教

---

① 习近平:《习近平谈治国理政》第3卷,外文出版社2020年版,第32—33页。
② 习近平:《习近平谈治国理政》第2卷,外文出版社2017年版,第378页。
③ 习近平:《习近平谈治国理政》第3卷,外文出版社2020年版,第33页。
④ 习近平:《在北京大学师生座谈会上的讲话》,人民出版社2018年版,第8页。

师的标准，为提升教师素质、加强教师队伍建设指明了方向。2019年，在学校思想政治理论课教师座谈会上，习近平总书记提出了思想政治理论课教师"六要"的新要求、新标准，即政治要强、情怀要深、思维要新、视野要广、自律要严、人格要正，这些都具有现实的指导意义。在当前的思想政治工作实践中，技术性的"教"遮蔽了价值性的"育"，导致培养社会主义建设者和接班人的意识有一些模糊，因此思想政治教育工作者要坚持在新的时代背景下审视教育本体论问题，既要做知识传授者，更要做价值塑造者。此外，习近平总书记提出的思想政治教育工作者情怀要深、人格要正等要求也是一种软影响力，这种软影响力是思想政治教育亲和力的外在显现，使得思想政治教育亲和力有了更为具体的内涵和要求。

第四，提出在改进中提升思想政治教育亲和力。习近平总书记在全国高校思想政治工作会议上指出，要"提升思想政治教育亲和力和针对性，满足学生成长发展需求和期待"[1]。思想政治教育是与时俱进的教育，必须紧密结合国家需求、社会现实和学生特征来开展。思想政治教育的亲和力不仅需要教师传递出个人亲和力，还需要坚实的、具有吸引力、能让学生共情和认同的教育内容作为其发挥的基础。党的十八大以来，我们国家的发展出现了很多新的特点，青少年成长的环境也发生了不小的变化，思想政治教育者一定要坚持用习近平新时代中国特色社会主义思想铸魂育人，在"内容为王"的理念指引下着力增强思想政治教育的质量；要深刻领会习近平新时代中国特色社会主义思想的核心要义和创新观点，全面理解这一重大思想的科学体系、精神实质和实践要求，讲解和阐释好这一重大思想；要学习习近平总书记富有亲和力的语言表达形式，用简单易懂、生动形象，与青年学生生活经历、学习经历

---

[1] 习近平：《习近平谈治国理政》第2卷，外文出版社2017年版，第378页。

息息相关的，与他们的爱好、兴趣、日常关注点紧密结合的话语表达习惯阐释好主流意识形态和主流价值观，使其切实感受到主流价值观和主流意识形态对全社会的价值引领能力和对个人成长的关切。概而言之，习近平总书记关于思想政治教育的有关论述为新时代中国共产党思想政治教育卓有成效的开展提供了科学的理论依据。

我们党的思想政治工作始终遵循解放思想、实事求是、与时俱进的主线，始终坚持遵循教育规律，敢于改革鼎新。而社会主义建设的新实践、信息技术的新革命、马克思主义理论的新发展以及对高校大学生思想教育规律和特征的新把握，让思想政治教育工作者在进行科学系统的研究、积极思考探索的基础上，不断推进高校思想政治教育理念、体制、内容以及方式手段的革新，努力提升高校思想政治教育的针对性、实效性和亲和力、感染力，赋予了高校思想政治教育旺盛的生命力和蓬勃的创造力，这都为新时代思想政治教育工作的继续前进奠定了认识和建设上的基础。

二、心理学视域中的亲和力理论

在心理学理论中，亲和力是指人在与他人相处的过程中所表现出来的一种亲近行为的动力水平和能力。正如社会心理学家艾伯特·梅拉比安所指出的，"亲和力通过各种表示亲近或者躲避的方式表现出来。人们被他们喜欢的、评价高的人和物所吸引；他们避开那些他们不喜欢的、评价低的人和物"[1]。在思想政治教育过程中，富有亲和力的教育者和教育活动，更容易使教育对象产生亲近、被吸引、接受和认同的积极心理状态。因此，无论是教育者、教育内容、教育方法还是教育情境

---

[1] 转引自黄宗芬、刘社欣：《积极心理学视阈下高校思想政治教育亲和力的提升》，载《广西社会科学》2018年第1期，第208—209页。

等，都应关注亲和力的作用。有学者认为，"马斯洛的人本主义心理学理论、罗杰斯的人格主义心理学理论以及梅奥的人际关系心理学理论都涉及教育'亲和力'的相关理论与方法"[①]。心理学中关于亲和力的理论，为研究思想政治教育亲和力提供了学科借鉴。

(一) 马斯洛人本主义心理学关于亲和力的理论

作为人本主义理论的创始人，马斯洛提出了著名的需要层次理论和自我实现理论。在需要层次理论中，他把人的需要划分为由低到高的层级，分别为生理需要、安全需要、归属与爱的需要、尊重的需要、认识需要、审美需要和自我实现需要。他认为，只有低层次的需要获得满足或基本满足之后，人们才追求更高层次的需要。他强调要促进人的自我实现，指出"自我实现的创造性首先强调的是人格，而不是其成就"[②]。马斯洛的需要层次理论和自我实现理论，倡导新的教育理念和方法，所蕴含的教育亲和力内涵包括以下几点：

第一，在教育理念上应注重人本化。马斯洛认为，受教育者是教育的中心和目的，教育的关注点应放在人身上。他指出，"教育的功能、教育的目的——人的目的、人本主义的目的、与人有关的目的，在根本上就是人的'自我实现'，是丰满人性的形成，是人种能够达到的或个人能够达到的最高的发展，说得浅显一些，就是帮助人达到他能够达到的最佳状态"[③]。思想政治教育从根本上是做人的工作的，人是各项工作的出发点和落脚点。因此，我们在思想政治教育过程中，应重视教育对象价值的实现与人格的培养，具体表现为，在思想政治教育中，教

---

① 高晓雁、李玉梅：《提高教育"亲和力"的心理学理论与方法》，载《教育理论和实践》2008年第12期，第30页。
② 林方主编：《人的潜能和价值：人本主义心理学译文集》，华夏出版社1987年版，第253页。
③ 转引自彭运石：《走向生命的巅峰：马斯洛心理学述评》，湖北教育出版社1999年版，第239页。

育者要深刻认识教育对象在教育关系中的主体性地位,将尊重学生、理解学生、发展学生放到工作的首位,这也是提升思想政治教育亲和力的前提。

第二,在教育过程中应尊重教育对象的需要。依马斯洛之见,人的需要分为七个层次,这七个层次呈现递升的样态,其中最基本且最明显的是生理需要,人通常会在低级需要获得满足后才追求更高级的需要,因为"毋庸置疑,这些生理需要在所有需要中占绝对优势"①。但这并不是说"一个需要必须百分百地得到满足,下面的需要才会出现",只是说在这些需要层级中,各类需要得到满足的百分比会逐渐减小。此外,需要的层次越高,其社会价值越大。马斯洛的需要层次理论对提升思想政治教育亲和力有很多启示。其一,要尊重教育对象的不同层次的需要。在思想政治教育过程中,要尊重教育对象的不同层次的需要,关心教育对象的生活状况和思想状况,关注教育对象的成长需求和期待,使思想政治教育从"高大上"回归"接地气",让教育对象切实感受到教育活动的亲和力,进而把教育者传授的知识和理念内化为自身的素质。其二,要培养教育对象理性平和的心态。基于层次需要理论,人是有不同需要的,当高级别的需要不能满足时,需要保持理性平和的心态。同样,在思想政治教育过程中,教育者应鼓励教育对象看到自己的目标,循序渐进地去实现自己的目标,当教育对象高级别的需要无法满足时,要引导教育对象保持理性平和的心态,培养教育对象完善的人格。其三,要不断激发学生高层次的需要。人的需要的层次越高,其社会价值就越大,人的思想也会向着更高的品质迈进。然而,当较低一级的需要满足后,人的需要层次并不会直接过渡到高级需要,正如马斯

---

① 马斯洛:《动机与人格》,许金声、陈朝钢译,华夏出版社1987年版,第41页。

洛指出的，"我百思不得其解，为什么富裕使一些人发展，而使另一些人停留在'物质主义'的水平上……也许我们有必要在自我实现者的定义上再加一条，即他不仅是身体健康，基本需要得到满足，能积极地发挥能力，而且也忠实于一些他正在为之奋斗或摸索着的价值"[1]。在思想政治教育中，教育者在尊重和满足教育对象低层次需要的同时，更要引导教育对象追求并实现高层次的需要，培养教育对象完善的人格。

第三，在教育方法上应激发教育对象的潜能。自我实现需要是马斯洛需要层次结构中最高层次的需要，在马斯洛的人格理论中占据重要地位。他认为，自我实现是"个人内部不断趋向统一、整合或协同动作的过程"，也是"不断实现潜能、智能和天资"的过程。[2] 他还对自我实现者所共同具有的人格特征进行了归纳总结，得出了自我实现者所具有的十四项共同特征。马斯洛的自我实现理论中有助于提升思想政治教育亲和力的相关理论有：其一，教育者应帮助教育对象认识自我、认识现实，激发教育对象的潜能。学习的目的是让教育对象更加客观、理性地认知自己，从而挖掘自身的潜能，实现自我发展。在富有亲和力的教育中，教育者与教育对象之间会建立融洽的关系，教育者会帮助教育对象以认识自我为起点，越来越多地发现自己、他人和社会的真理，不断激发教育对象的潜能，使其满足自我实现的需要。其二，教育者要运用自我实现理论引导教育对象正确、客观地进行自我定位和自我评价，强化教育对象的自我教育。根据马斯洛的自我实现理论，人的天性中总是存在着一种趋向，"祈盼自己成为自己所期望的那个样子，不断地寻求一

---

[1] 马斯洛：《马斯洛人本哲学》，成明编译，九州出版社2003年版，第166—167页。
[2] 马斯洛：《马斯洛人本哲学》，成明编译，九州出版社2003年版，第20—21页。

个更加充实的自我,追求更加完美的自我实现"①。因而富有亲和力的教育,不是按照统一的配方和工艺在流水线上生产"产品",而是在帮助教育对象自我发展和完善的过程中,实现教育对象人格的完整性。

(二) 罗杰斯人格主义心理学关于亲和力的理论

作为人格主义理论的重要代表人物之一,罗杰斯提出了人格的自我实现理论、积极关注需要理论和以人为中心的教育论。罗杰斯人格理论的核心是每个人都有积极健康成长和发展的潜能,需要他人"无条件的积极关注",在教育实践中,学校和教师要把学生看作"人",塑造学生人格、完满学生人性。罗杰斯的人格主义心理学理论和方法,对提升教育亲和力具有一定的借鉴意义。

第一,注重培养"完整的人"与"自我实现的人"。依罗杰斯之见,如果没有外界限制或反向影响,每个人健康成长和发展的潜能都会自然而然地表现出来,天赋潜能的自然发展促进人的"自我实现"。"罗杰斯反对行为主义者和精神分析把学生看成是动物或机器,'较大的白鼠''较慢的计算机',更反对把学生看成是自私、反社会的动物"②,他强调,"教育的作用就在于提供一个自由、安全、充满人情味的心理环境,使人固有的优异潜能自动地得以实现"③。他的这种教育思想有助于唤醒人的自我意识,挖掘人的潜能,培养"完整的人",并促进人的"自我实现"。这种教育思想对促进教育亲和力提升,培养德智体美劳全面发展的时代新人,也具有一定的借鉴意义。教育的目的不仅是传授知识,更是塑造完整的人格,促进人的全面发展。正如习近平

---

① 胡家祥:《马斯洛需要层次论的多维解读》,载《哲学研究》2015年第8期,第104页。
② 化得福:《论罗杰斯的人本主义教育思想》,载《兰州大学学报(社会科学版)》2014年第4期,第152页。
③ 李小兵:《罗杰斯人本主义教育思想及其对我国教育改革的启示》,载《湖南科技大学学报(社会科学版)》2014年第4期,第165页。

总书记强调的,"教师不能只做传授书本知识的教书匠,而要成为塑造学生品格、品行、品位的'大先生'"①。在教育目标中注入人本主义理念,不断挖掘教育对象自身的潜能,促进教育对象的自我实现,对于培养时代需要的"完整的人"具有重要意义。

第二,重视情感在教育中的作用。罗杰斯认为,尽管自我实现的倾向很重要,但每个人都有内在的、获得积极关注的需要。他指出,教育不能只强调知识和智力,还要重视与学习活动以及创造潜能发展相联系的情感,这是非常重要的部分。每个人都有希望被接受、尊重和爱戴,希望从别人那里获得友谊和感情的强烈动机,而这种希望一旦受到压抑,自我创造的潜能就得不到充分的发展和实现。传统的教育重视知识传授和理智训练,对教育主体之间的情感互动重视不够,只剩下机械的知识灌输,这种忽视情感的教育不可能培养出"完整的人"。在思想政治教育实践中,如果教育对象认识到自己的情感被理解和接受了,就会自然而然地对教育者产生亲近感和信赖感,正如罗杰斯所言,"一种人道的气氛对所有有关的人来说,不仅仅只是一种比较令人愉快的气氛;它也促进着更大的,并且是更有意义的学习"②。在情感的参与下,教育的效果会达到一个单凭认知能力本身所不能达到的高水平,教育对象所收获的不仅仅是知识,更有个人品质的提升,诸如更强的自信心、与日俱增的创造性和对教育者传递的价值理念的认同等等。

第三,构建和谐的人际关系。罗杰斯非常强调和谐的人际关系在教育中的重要性。他认为,教师的教学技能固然重要,但更重要的是教师和学生的关系,尤其是教师对教师和学生的态度。罗杰斯提出了人际关

---

① 《习近平首次点评"95后"大学生》,载《人民日报》2017年1月3日,第2版。
② 转引自方展画:《罗杰斯"学生为中心"教学理论述评》,教育科学出版社1990年版,第32页。

系的三个构成要素：真实、接受和理解。依罗杰斯之见，在人际交往中，第一个重要的态度是真诚，交往双方要坦诚相待，真实地表达自己的观点、想法和情感；第二个重要的态度是接受，他认为，"在创造一种有利于变化的气氛方面，第二个重要的态度是接受，或者喜欢，或者珍视——我称为'无条件积极尊重'"①；第三个重要的态度是理解，他认为，教育者应该在了解教育对象成长经历、性格特征、生活背景的基础上，从教育对象的视角看待问题，设身处地为学生着想，做到移情性理解。罗杰斯的教育理论，对建立和谐的人际关系具有重要的借鉴意义。构建和谐的师生关系，真诚是前提，接受是重点，而移情性的理解是关键。在思想政治教育实践中，教育者也要在真诚、接受和理解的基础上，积极构建和谐的人际关系，这有利于教育者与教育对象产生情感和思想上的共鸣，塑造人格健全的人。

（三）梅奥人际关系心理学关于亲和力的理论

美国行为科学家梅奥是人际关系理论的创始人，他提出这一理论的基础是著名的霍桑实验。霍桑实验对古典管理理论进行了大胆的突破，第一次把管理研究的重点从物转移到了人，其主要观点有：工人是"社会人"而不是"经济人"、企业中存在着非正式组织、新的领导能力在于提高员工的满意度②。梅奥人际关系理论引起了管理中的一系列变革，开辟了人的心理与行为研究的新领域，对管理实践产生了深远的影响。梅奥的人际关系理论虽有其局限性，但其重视企业非正式组织、提高员工的满意度等观点，对提升思想政治教育的亲和力也具有一定的借鉴意义。

第一，深刻理解人是"社会人"而非"经济人"。"传统组织理论

---

① 转引自方展画：《罗杰斯"学生为中心"教学理论述评》，教育科学出版社1990年版，第132页。
② 颜明健主编：《管理学原理》，厦门大学出版社2014年版，第57页。

把人当作'经济人'来对待，认为金钱是刺激人积极性的唯一动力。而梅奥则认为，每个人都是独特的社会动物，都是复杂社会系统的成员，任何一个人只有把自己完全投入集体中才能实现彻底的'自由'。"① 在组织中，人不仅仅追求金钱，还有社会及心理方面的需求，企业管理不能将人视为"经济人"，而应将其看作"社会人"，满足其作为"社会人"对友谊、尊重、安全等方面的社会需求。在思想政治教育中，教育对象同样有成长和发展的需求，这不仅仅包括获得知识，还包括被尊重、被理解、个人价值实现等方面的需求。深刻理解教育对象的需求，积极主动回应教育对象的需求，是提升思想政治教育亲和力的起点。如果工人生产效率的高低取决于工人的积极性，而工人的积极性取决于其需要的满足程度，那么，思想政治教育的实效性在一定程度上也取决于教育对象需求的满足程度。因此，在思想政治教育过程中，教育者要善于倾听教育对象的思想，准确把握教育对象的需求，这是思想政治教育亲和力产生的起点。

第二，对教育对象给予足够的关注和鼓励。"霍桑效应"是心理学上的一种实验者效应，是指当人们被关注或观察的时候，会刻意去改变一些行为或者是言语表达。在霍桑实验中，参与实验的工人因为受到关注，觉得自己是公司中重要的一部分，因而会更加主动、努力地完成工作。在教育实践中，当教育对象意识到自己被关注时，同样会出现主动改变自身行为的一些倾向，而且这些倾向往往是朝着好的行为发展的倾向。因此，教育者的关注和鼓励，对于教育对象而言非常重要，甚至可以造就一个人。"霍桑效应"告诉我们，在思想政治教育中，教育者通过倾听与疏导、理解与鼓励对教育对象表现出更多的热情、表达出更多的关心，会让教育对象感觉自己被关注，从而激发自身的潜能。

---

① 颜明健主编：《管理学原理》，厦门大学出版社2014年版，第57页。

三、教育学视域中的亲和力理论

作为研究人类的教育活动及其规律的社会科学，教育学理论中的身心协调教育理论和情感教育理论与思想政治教育亲和力具有紧密相关性，研究教育学中的相关理论，可以为研究思想政治教育亲和力提供学科借鉴。

（一）身心协调教育理论

教育对人的作用不言而喻，所谓"性相近，习相远""于越、夷、貊之子，生而同声，长而异俗，教使之然也"，都在强调和肯定教育对人的发展的作用。恩格斯也认为："教育将使年轻人能够很快熟悉整个生产系统，将使他们能够根据社会需要或者他们自己的爱好，轮流从一个生产部门转到另一个生产部门。因此，教育将使他们摆脱现在这种分工给每个人造成的片面性。"① 可见，教育对人的身心发展起着主导作用。教育作用的实现要求教育必须适应人身心发展的规律，这也是思想政治教育亲和力产生的基本前提。

教育在个体发展中起着主导作用，凡是能够增加人的知识和技能，塑造人们的思想品德，增强人的体质的活动都可以称为教育。教育是培养人的社会活动，其根本目的就是实现人自由而全面的发展，而教育要促进人的发展，就必须全面关心人的身心是否和谐统一发展，因此，教育的展开必须遵循个人身心发展规律。思想政治教育作为一种特殊的教育实践活动，其最终目标就是提高人们的思想道德素质，促进人的自由而全面的发展，因此，思想政治教育同样必须遵循个人身心发展的规律，促进人的身心协调。在思想政治教育实践中，关注教育对象的身心协调，应把握其要求：其一，人的身心发展具有一定的顺序。人的身心

---

① 中共中央马克思恩格斯列宁斯大林著作编译局编译：《马克思恩格斯选集》第1卷，人民出版社2012年版，第308页。

发展顺序通常指人从出生到成年，身心所经历的从低级到高级、从简单到复杂、从量变到质变的过程。根据这种顺序性，教育也必须依从低级到高级、从简单到复杂、从量变到质变的顺序，循序渐进，由浅到深、由简到繁、由具体到抽象。其二，教育要适应人身心发展的阶段性，根据学生年龄阶段的特点，选用适当的教学内容和教育方法。人从出生到成年先后经历了乳儿期、婴儿期、幼儿期、童年期、少年期、青年期，这意味着教育必须根据学生身心发展的阶段进行相应的教育，教育内容和教育方式也都必须根据教育对象身心发展阶段的变化从低级到高级发展。习近平总书记指出，"在大中小学循序渐进、螺旋上升地开设思想政治理论课非常必要，是培养一代又一代社会主义建设者和接班人的重要保障"[1]，这正体现了党对教育规律的深刻认识。其三，教育要适应人身心发展的不均衡性。每个人在不同年龄阶段，身心发展的速度和水平是不一样的，教育既要注意学生身心发展的稳定性，又要注意学生的可变性，要从学生的稳定的特征出发，选择恰当的方法安排教育教学的内容，适应大多数学生的要求，同时充分利用发展的可变性，采取有效措施，加快学生的身心发展。其四，教育要适应人身心发展的个别差异性，因而教育也要有差别性。人的身心发展存在个别差异，身心某一方面的发展速度和水平在不同人身上是不相同的，不同的学生也有不同的个性，有些学生抽象思维强，有些学生具象思维好，因此，教育要根据学生个人的差异，用适当的学习分量、进度和方法，使每个教育对象获得最大限度的发展，从而促进教育对象的全面发展，培养出德智体美劳全面发展的人。

（二）情感教育理论

所谓情感教育，是指"关注人的情感层面如何在教育的影响下不断

---

[1] 习近平：《习近平谈治国理政》第3卷，外文出版社2020年版，第329页。

产生新质、走向新的高度，也是关注作为人的生命机制之一的情绪机制，如何与生理机制、思维机制一道协调发挥作用，以达到最佳的功能状态"[1]。情感教育理论为思想政治教育亲和力理论建构提供了知识借鉴。

第一，情感教育与思想政治教育亲和力具有内在的统一性。古人曾说，"知之者不如好之者，好之者不如乐之者""乐则生矣。学至乐则不自已，故进也"，这就阐明了情感教育的必要性。情感教育以情感唤醒为教育对象道德行为的动机和伦理关系的基础，把情感作为教育意识、教育思想渗透于教育之中，并发挥其黏合剂的作用，使原有的分割的部分实现功能性的统一。情感作为"人区别于认识活动、有特定主观体验和外显表情、同人的特定需要（自然的或社会的）相联系的感情反映"，"包含着情绪和情感的综合过程，既有情绪的含义，也有情感的含义"[2]。在《心理学大辞典》中，"情感是人对客观事物是否满足自己的需要而产生的态度体验"。人的情感具有倾向性、深刻性、稳固性和效果性，是人对价值关系的主观反映。而"人的情感绝不是自然成熟的，它是在教育促进下发展、成熟的"[3]。因此，情感与教育具有内在统一性。在伦理学看来，情感为道德教育提供了人性的关怀，使理想和情感之间达成一种平衡，从而为道德教育开辟了新的途径。情感教育并不是否定人的理性，而是要求教育者遵循教育主体的身心发展规律，主张通过科学创造活动重新发现人的意义和价值，使受教育者认识提高自身素质的重要性，这是因为从情动到感受到体验到理解，人都在不断地选择、吸纳价值。

第二，情感主义伦理学作为情感教育的伦理学基础为思想政治教育

---

[1] 朱小蔓：《情感教育论纲》，南京师范大学出版社2019年版，导言第3页。
[2] 朱小蔓：《情感教育论纲》，南京师范大学出版社2019年版，第4页。
[3] 朱小蔓：《情感教育论纲》，南京师范大学出版社2019年版，第12页。

亲和力提供了丰富的理论滋养。情感主义伦理学系统论述了人类的道德感、良心、同情和情感共鸣这些独特情感的存在、发生和发展,以及它们对人类道德行为的影响和作用机制。在道德教育的整个过程中都贯穿着情感,情感机制在各个教育环节中不同程度地发挥着作用,影响着道德活动的进展。情感不仅具有驱动道德行为、使人感受人间温情的功能,还拥有强大的命令、示范和表率功能,思想政治教育者必须从情感的角度研究道德心理对行为发生的影响作用。一方面,情感贯通了人的内心世界与外在世界,贯通了人的感性认知和理性认知,有助于道德从非理性向理性提升;另一方面,情感作为道德教育的润滑剂,有助于道德教育过程中各个环节的互动互惠。当人们处于一定的道德情景中时,会先凭借自己的主观意志进行感性反应,紧接着才是认知能力、情感倾向的反应,这些反应帮助个体作出道德判断和行为选择。在这个过程中,情感发挥着主要作用,左右着道德心理的发展。在情感教育中,道德感的养成是其主要内容维度——"道德感是心灵对道德对象的'德'或'恶'的知觉,是对道德上赞成或反对一个对象的一种'决定'"[1],人获得了道德感,就获得了关于善或恶的知觉,因此,培养主体的道德人格是情感教育的价值旨归。

第三,情感教育把道德情感的培养作为主要内容,其关键点就是使参与者产生情感共鸣,并在此基础上达成共识。情感共鸣的发生和形成过程就是思想政治教育亲和力生成和产生效果的过程。"我们依靠想象将自己置身于他人的境遇之中,以为自己正经受着所有同样的痛苦,又仿佛进入他的体内,与他合而为一,从而在某种程度上体会到他的感受"[2],即人们通过把自己置于他人的处境之中,形成与他人一致的感

---

[1] 弗兰西斯·哈奇森:《论美与德性观念的根源》,高乐田译,浙江大学出版社2009年版,导读第2页。
[2] 亚当·斯密:《道德情操论》,韩巍译,西苑出版社2005年版,第3页。

受就是情感共鸣。产生情感共鸣的原因有两种：一种是受到对方感情的感染；另一种是把自己置身于与他人统一的情景中，设身处地地体味他人的感受，从而让自己感同身受。情感共鸣是影响和决定人们行为的有效力量，是道德发生的基础，也是思想政治教育亲和力产生的关键。

四、中华优秀传统文化中的亲和力思想教育资源

中华优秀传统文化是中华民族在长期社会历史发展中积淀形成的各种思想文化的总和，涵盖政治、经济、文化、教育、生态等各个方面，是我国最深厚的文化软实力。思想政治教育亲和力的教育理念、工作方法汲取了中华优秀传统文化的合理成分，是对中华优秀传统文化思想中有关教育理念和方法的传承与创新。其中，"仁者爱人"的思想，为高校思想政治教育注重人文关怀提供了思想借鉴；"人是万物之灵"的主体理念，为高校思想政治教育尊重学生主体地位、激发学生的积极性主动性提供了思想借鉴；"事异备变"的变革精神，为高校思想政治教育与时俱进，创新教育方式方法提供了思想借鉴。

（一）"仁者爱人"的民本思想

"仁者爱人"的民本思想是中华优秀传统文化思想中的核心与精髓，有着丰富的思想内涵和当代价值。提升高校思想政治教育亲和力，其实质是坚持以人为本的原则。深刻梳理和挖掘民本思想中关于"以民为本""爱民""教民"的思想，把握其一脉相承的思想脉络和与时俱进的价值内涵，对于做好高校思想政治教育工作具有重要意义。

民本思想古已有之，最早可追溯到尧舜禹时期。《尚书·尧典》曰，"克明俊德，以亲九族。九族既睦，平章百姓。百姓昭明，协和万邦。黎民于变时雍"，即主张通过弘扬"恭敬节俭"这一大德，实现各个家族、邦国的协调和睦，最终使天下民众都变得友好和睦。此外，"德惟善政，政在养民"（《尚书·大禹谟》），"在知人，在安民""安

民则惠,黎民怀之"(《尚书·皋陶谟》),"民惟邦本,本固邦宁"(《尚书·五子之歌》)等主张,也蕴含着鲜明的民本思想,强调好的政治之道就是要体恤民力,予民休养生息,使民安居乐业。

到了春秋战国时期,以孔子、孟子为代表的儒家思想家,从仁政、德治等理念出发进一步阐释发展民本思想,丰富了民本思想的内涵。儒家思想家的民本思想主要体现在安民、富民、惠民、教民等主张中。其中,孔子提出的"道之以德,齐之以礼,有耻且格"(《论语·为政》),以及其于《礼记·大学》中提出的"大学之道,在明明德,在亲民,在止于至善",深刻回答了"教民"应该教什么的问题,即主张用道德引导百姓,用礼教法度教化百姓,培养他们高尚的道德,使他们知廉耻,追求至善至美的道德修养和人格修为。高校思想政治教育也应该借鉴这一思路,把育人作为教育的核心——知识传授固然重要,但道德品质的培养对个人乃至社会的影响更为深远。我们要培养德才兼备、全面发展的时代新人,既要注重增长学生的专业理论知识,也要提高学生的思想政治水平和道德文化修养。对于如何"教民",即用什么方法来教化百姓,孔子、孟子提出了"有教无类""人皆可以为尧舜"等观点,肯定了人人皆可教、通过教育人人都可以去恶从善的思想。在具体教法上,孔子主张"因材施教""分类指导"等。例如,孔子指出,"中人以上,可以语上也;中人以下,不可以语上也"(《论语·雍也》),即认为人有智力或接受能力的不同,对不同的人应采用不同的教学方法,对于接受能力在中等或以上水平的,可以教难度较大或较高深的知识内容,而对于接受能力中等及中等偏下的,则应教相对简单的内容。这种"因材施教""分类指导"的教学方法十分必要,具体到高校思想政治教育工作,就是要做到因势利导、因材施教。为此,思想政治教育者在教学中首先要依据大学生的成长规律与思想特点来选择教育内容与教育方式,解决他们在学习生活中面临的思想困惑与难题。高校思想政治教育的教育对象是青年学生，不同历史时期的大学生在思想情感、心理变化上也不一样。在革命和建设时期，广大青年学生满腔革命热血，理想信念坚定，为争取国家独立、民族解放抛头颅洒热血，为保家卫国、建设社会主义新中国奉献青春；在改革开放浪潮中，广大青年学生思想解放、奋发向上、开拓创新，为实现国家繁荣富强、人民安居乐业而努力奋斗；现在，在校大学生多是"00后"，与前面各个时期的青年学生在生活环境、成长经历上大有不同，是在国家由富变强、社会更加多元开放的过程中成长起来的一代，他们朝气蓬勃、自信开朗、思维敏捷、思想活跃、视野宽广、乐于接受新鲜事物，同时，在信息多元泛滥下，他们也容易迷失自我、思想迷茫、价值迷失。在思想政治教育教学的实践中，特别是在教学内容、教学设计的过程中，教育主体要深刻考虑青年学生的成长特点与规律，走进学生生活，了解学生的个性特点与思想实际，并以此为根据来选取和解读重大理论与实践问题，同时注重重大理论及实践问题与学生学习生活实践的关联度，力求在阐释重大理论与实践问题的过程中真正回应并解决学生面临的思想困惑和现实难题。

（二）"人是万物之灵"的主体意识

"人是万物之灵"的主体意识为高校思想政治教育坚持学生主体地位，激发学生的自主性、能动性提供了重要借鉴。中华优秀传统文化在重视仁爱的同时，也关注到"人"的主体性价值。新时代思想政治教育要高质量发展，必须尊重人的主体性，关注人们日益增长的精神需求。

孔子说："仁远乎哉？我欲仁，斯仁至矣。"（《论语·述而》）他认为，"仁"离我们并不遥远，只要我们想达到仁，就一定能够达到仁，这是认为追求仁德主要靠自身的努力，而非外界的力量的观点，这就肯定了人通过主观能动性提升道德修养的重要性。这一观点也充分肯定了人的主体性和主观能动性，肯定了人进行自我改造的能力，大大提高了人的地位，突出了人的主体意识。东汉的仲长统严厉批判了两汉时期的宗教神学思想，提出了"人事为本、天道为末"（《易言》）等主张，认为一个朝代的兴亡治乱取决于"人事"，即统治者执行"法制"的好坏，而非"天道"，进一步肯定了人的主观能动性。宋明时期的思想家们将人视为"万物之灵"，将对人性的认识提升到了新的高度。如周敦颐提出，"万物生生，而变化无穷焉……惟人也得其秀而最灵"（《太极图说》），即认为人是万物中"最灵"的。邵雍指出，"唯人兼乎万物，而为万物之灵"（《观物外篇》）。何承天在反对佛教"众生"论的基础上，强调人区别于物的特殊性，肯定了人的价值，他指出，"人非天地不生，天地非人不灵"（《达性论》），即认为人是天地万物的产物，离开天地万物人便不能生存，没有人的存在，天地万物也就失去灵气，没有了聪明智慧——认为人是万物中最有灵性和智慧的，突出强调了人对天地万物的重要性，在一定程度上也是对人的主体性和主观能动性的肯定，对尊重人的首创精神、发挥人的积极性主动性具有重要意义。总之，中国传统文化中重视人、崇尚人的思想对当代有重要启示，高校思想政治教育工作必须凸显"以学生为本"的价值追求，坚持学生的主体地位，把培养什么样的人作为核心，激发教育对象的积极性、主动性。同时，思想政治教育作为一项双向互动的实践活动，不仅需要教育者在教育教学实践活动中充分尊重学生、关注学生、引导学生，也需要激发教育对象自身的潜能。

对于如何凸显人的主体性、发挥人的主观能动性，中华传统文化一方面强调要"慎独"和"自省"，如孔子曰"见贤思齐焉，见不贤而内自省也"（《论语·里仁》），曾子强调"吾日三省吾身"等，即主张通过慎独自律和省察克制等方式加强自身的道德修养。另一方面，中华传统文化强调要"躬身践行""知行合一"。早在春秋时期，孔子就提出"言必信，行必果"（《论语·子路》），认为一个有修养的人，不仅要言而有信，还要落实到行动上，行动要果断。墨子强调"口言之，身必行之"（《墨子·公孟》），也突出了行的重要性。在儒家知行观的基础上，王守仁进一步提出"知行合一"的思想。他极力反对道德教育上的知行不统一，认为一切道德最终都应落实到个体的自觉行动上。他还进一步提出了"知是行之始，行是知之成"（《传习录》）的观点，强调人的实践性，认为人不仅要有纯粹的思维，而且要在实践中获得良好的品性。

提升高校思想政治教育亲和力，必须深入挖掘学生的潜能，激发学生的主观能动性，充分发挥教育实践活动的作用，使学生将所学理论知识真正转化为自身的能力和素质。比如，可以借助国内外重大事件、重要时间节点、纪念日等开展思想政治教育实践活动，发挥纪念活动在唤起集体记忆、增进文化认同方面的特殊功能，让大学生在重要的历史节点和节日中感受现实的价值，增强思想政治教育的吸引力和感染力；可以开展"我的中国梦"、高雅艺术进校园、文化名家和非遗传承人进校园等活动以及中华优秀传统文化知识竞赛等，在主题教育、知识竞赛中拓展大学生的知识面，让大学生在多载体实践中深化思想政治教育。概而言之，通过丰富的实践活动让学生在经验层面重温历史、感受当代中国社会发展的来之不易，是强化思想政治教育效果的重要方式。

（三）"事异备变"的创新精神

"事异备变"的创新精神为高校思想政治教育与时俱进、改革创新提供了思想借鉴。中华优秀传统文化中蕴含着丰富的"变革""发展"思想，这些思想与思想政治教育工作要因事而化、因时而进、因势而新具有内在相通之处。

"事异备变"的创新精神要求思想政治教育工作者根据时代的发展变化不断提升思想政治教育的实效性。战国时期的韩非子认为，"古今异俗，新故异备"，因而"圣人不期修古，不法常可；论世之事，因为之备"(《韩非子·五蠹》)——他认为事物是不断发展变化的,因此不能完全按照过去的办法、规定做事,要根据时代的发展来制定相应的法度,根据社会情况的变化制定相应的政策。受社会大环境和时代变化发展的影响,在不同时间段,教育对象的思想状况以及面临的外部挑战不同,因此,高校思想政治教育的教育内容、教育方式方法也应有所不同。中国特色社会主义进入新时代,我国社会主要矛盾发生新的转化,思想政治教育的主要矛盾也相应发生变化,只有不断发扬"事异备变"的创新精神,才能答好新时代铸魂育人的答卷。

"事异备变"的创新精神要求高校思想政治教育根据时代与社会的发展不断创新教育方法,使传统的教育方法焕发生机活力,同时积极尝试、合理运用新方法,发挥新方法在思想政治教育中的育人作用。例如,讲授法作为最传统、最经典的教学方法,在高校思想政治教育中发挥着重要作用,教育者通过讲授专业理论知识,增强学生对基础理论知识的认识并内化于心、外化于行。但随着思想政治教育实践的丰富与拓展,单纯的理论讲授法已显示出其局限性,因此,教育者要不断丰富与发展理论讲授法,在理论讲授的基础上强化实践育人效果,实现由单纯的理论讲授到理论讲授与主题实践教育相结合的转变,激发大学生探索新知、张扬个性、表现自我的积极性,增加学生对思想政治教育的兴趣。在对传统教学方法进行创新的同时,也要积极拓展高校思想政治教育新方法。当今时代是信息化网络化的时代,网络信息技术的发展为高校思想政治教育工作带来了机遇和挑战。从现代社会的发展来看,高校思想政治教育应发挥新媒体的网络育人功能,借助大学生常使用的平台,如"网上党课""学习强国"以及各类微信公众号等开展思想政治教育,占领网络新阵地,使互联网成为高校开展思想政治教育的重要阵地。总而言之,只有发扬创新精神,努力与时俱进,才能不断增强思想政治教育的现实性和实效性。

第三章　思想政治教育亲和力的构成要素与生成机理

思想政治教育亲和力的高低，取决于其构成要素，包括教育目标、教育者、教育对象、教育内容、教育方法与教育情境等的质量水平。因此，推动思想政治教育亲和力建设，必须提升构成思想政治教育的各个要素的质量。同时，思想政治教育活动是鲜活的、动态的，其中任意要素相互作用、相互影响，都将影响亲和力的最终生成，这就意味着我们还要把思想政治教育亲和力作为一个动态过程来考察。本章将在分析思想政治教育亲和力构成要素的基础上，探究思想政治教育亲和力的生成规律。

一、思想政治教育亲和力的构成要素

要素是构成特定系统必不可少的元素和要件，一般来说，系统的有效运作和功能的发挥，依赖于要素对系统的积极效能。本节将在阐明思想政治教育基本要素的基础上，厘清思想政治教育亲和力的构成要素。

（一）思想政治教育的基本要素

在探讨思想政治教育亲和力的构成要素之前，我们有必要分析并明确思想政治教育的基本要素。研究系统的有效运作和功能发挥，必须充分认识要素在系统中扮演的角色，而思想政治教育要素是构成思想政治教育系统的基本元素和要件，是学术界十分关注的研究议题，相关论述也很多。

当前有关思想政治教育要素构成的观点可大致归纳为"三体一要素说"、"四要素说"、"五要素说"（含"新五要素说"）、"六要素说"、"七要素说"、"八要素说"、"十要素说"等。[①] 结合前人的研究，本书认为，理解要素的本质特征是确定思想政治教育要素的前提。要素一方面体现了其与系统的联系性，另一方面，要素本身又具有相对独立性。基于此，确立思想政治教育要素构成应注意以下三点：首先，要素的不可或缺性。如果缺少某一要素，思想政治教育系统就无法正常运作。其次，要素的相对独立性。思想政治教育各要素本身是相对独立的，而且是不可再分的。最后，要素与系统的关联性。要素虽然具有独立性，但如果这些要素孤立地发挥作用，就会影响系统整体功能的最大发挥，因此我们必须从发挥功能的角度看待要素问题，把要素置于思想政治教育系统的整体视野中。目前，学术界争论的焦点主要集中在"四要素说"和"六要素说"。本书采纳"六要素说"，现对原因作如下分析。

第一，关于思想政治教育目标。思想政治教育目标是思想政治教育者通过思想政治教育活动期望达到的目的。思想政治教育目标反映着社会的需要，规定并指引着思想政治教育活动的方向，是思想政治教育系统的灵魂和轴心。有学者认为思想政治教育目标内化在思想政治教育者身上，因此，不必将思想政治教育目标单独列为思想政治教育要素，对此，本书持不同意见。首先，思想政治教育目标引领着思想政治教育的方向，是必不可少的要件，因此应将其作为思想政治教育要素单独列出。其次，虽然思想政治教育目标内化在思想政治教育者身上，但二者

[①] 于晓雷：《思想政治教育基本要素的研究回顾与思考》，载《思想教育研究》2007年第3期，第25—26页。

有不同的内涵和外延，因此不能用思想政治教育者来替代思想政治教育目标。综上所述，思想政治教育目标既具有独立性又不可或缺，应将其列为思想政治教育构成要素。

第二，关于思想政治教育主、客体与思想政治教育者、教育对象。思想政治教育活动究其本质是人与人之间的活动，在思想政治教育活动中，一般的理解是，教育者起着主导作用，教育对象作为接受教育的一方，是教育客体。然而实际上，思想政治教育实践是一个双向互动的过程，"思想政治教育者和受教育者，都是具有主体性的人，都是教育、教学的主体"①。也就是说，教育对象在这一过程中并不完全是被动地接受教育，而是要发挥自身的能动性、自主性和创造性的，在某些情境中，他们还会转化为思想政治教育的主体。因此，不宜笼统地以主体、客体来理解教育者和教育对象的角色，也不宜用主体、客体的称谓来界定思想政治教育者和教育对象。

第三，关于思想政治教育内容和方法是否可以合并称为思想政治教育介体。本书认为，不宜将内容和方法合并称为介体，原因在于：首先，思想政治教育要素具有不可再分性，思想政治教育介体却涵盖了思想政治教育内容和思想政治教育方法等要素。其次，无论是思想政治教育内容还是思想政治教育方法，都在思想政治教育过程中承担着重要的角色，具有独立性，不宜统称为介体。最后，思想政治教育内容虽然连接着教育者和教育对象，在一定意义上发挥着纽带的作用，但教育内容还深层次地蕴含着思想政治教育目标，不应仅仅被视为介体。据此来说，把思想政治教育内容和思想政治教育方法合并称为思想政治教育介体的论述并不严谨，应将二者单独列为思想政治教育要素。

---

① 张耀灿、郑永廷、吴潜涛等：《现代思想政治教育学》，人民出版社2006年版，第268页。

第四，关于思想政治教育环境与思想政治教育情境。"环境"与"情境"虽然只有一字之差，但蕴含着不同的意义。相较于思想政治教育环境，思想政治教育情境具有可创设性，指的是具体思想政治教育活动中各种情况的相对的或结合的境况。本书认为，思想政治教育情境是思想政治教育系统不可或缺的要素，原因在于：首先，思想政治教育情境是系统中的基本元素，思想政治教育环境则是系统之外的外部因素，前者在系统中必不可少，后者则不具备这一特点。其次，思想政治教育环境在某些情况下是不可掌控的，思想政治教育情境却具有可创设性——思想政治教育者有计划地创设教育情境，以使教育情境与教育内容相融合，从而推动教育目标的实现。因此，将思想政治教育情境列为思想政治教育要素，更利于发挥教育者的主观能动性。由此观之，思想政治教育情境作为思想政治教育要素的称谓，更为恰当。

综上所述，思想政治教育的基本要素包括了思想政治教育目标、思想政治教育者、思想政治教育对象、思想政治教育内容、思想政治教育方法和思想政治教育情境。

(二) 思想政治教育亲和力的构成要素

思想政治教育亲和力的高低，取决于思想政治教育基本要素的质量水平，因此，思想政治教育目标的亲和力、思想政治教育者的亲和力、思想政治教育对象的亲和力、思想政治教育内容的亲和力、思想政治教育方法的亲和力和思想政治教育情境的亲和力就成为思想政治教育亲和力的构成要素。

第一，思想政治教育目标的亲和力。思想政治教育目标是人们在进行思想政治教育活动前就确立的希望达到并争取达到的思想政治教育结果，是实施教育活动后应该达到的状态标准。① 思想政治教育目标是开展各项思想政治教育活动的指引和依据，体现着思想政治教育的价值取向。思想政治教育目标的亲和力即思想政治教育目标对于引导和推动思想政治教育各项活动顺利开展所起到的积极作用。美国教育家布鲁巴克曾经指出，"目标不仅应该供给教育的方向，而且应该推动它"②。据此，我们可以进一步理解，思想政治教育目标的亲和力对思想政治教育活动的顺利开展和教育对象思想品德的发展具有非常重要的作用，思想政治教育目标不仅指引方向，而且助推思想政治教育诸要素共同发力，推动思想政治教育各项活动顺利开展。

第二，思想政治教育者的亲和力。思想政治教育者是指依据一定的社会要求和教育对象身心发展的需要，对教育对象的思想品德施加有目的、有计划、有组织的教育影响的个体或群体，具有阶级性、主观性、客体性等特征，承担着重要的教育和管理职能。③ 思想政治教育者的亲和力即思想政治教育者在思想政治教育活动中所具有的独特的吸引力、感染力和凝聚力。由于思想政治教育者在整个思想政治教育活动中承担着重要的教育和管理的职能，发挥着主导性作用，因此，思想政治教育者的亲和力在整个思想政治教育亲和力系统中就显得尤为重要，是影响思想政治教育过程运行及效果的重要因素。

第三，思想政治教育对象的亲和力。思想政治教育对象是指在思想政治教育活动中教育者施加可控性教育影响的对象。④ 在思想政治教育

---

① 陈万柏、张耀灿：《思想政治教育学原理》，高等教育出版社2007年版，第93页。
② 丁证霖、瞿葆奎编：《教育目的》，人民教育出版社1989年版，第320页。
③ 毕红梅、陈万柏：《思想政治教育学原理》，中国人民大学出版社2021年版，第151页。
④ 毕红梅、陈万柏：《思想政治教育学原理》，中国人民大学出版社2021年版，第151页。

实践活动中，思想政治教育者和教育对象都是人，都具有主体性。教育对象不是完全被动地接受教育者的教育管理，而是作为一个有思想、有情感的人参与到思想政治教育活动中，这是思想政治教育活动正常开展的前提。教育对象的亲和力主要体现为对教育者有意施加的影响有明确的接受意愿、接受意识和接受行为。思想政治教育对象的主体性特征启示我们，要正确认识、分析和把握思想政治教育对象，充分认识教育对象的内在精神需求和思想实际，促使教育对象更加积极地参与思想政治教育活动，在与教育者的良性互动中提升思想政治教育亲和力。

第四，思想政治教育内容的亲和力。思想政治教育内容是依据一定社会要求与教育对象思想实际，经过教育者选择设计后，输送给教育对象的思想政治观念。思想政治教育内容作为连接教育者与教育对象的纽带，其重要性不言而喻。同时，思想政治教育内容是丰富多样、包罗甚广的系统，因此，在思想政治教育活动中，设计并输送给教育对象更加全面、更加富有活力、更加有针对性的思想政治教育内容，就显得尤为重要。可见，全面把握思想政治教育内容，针对教育对象的精神世界需要和思想实际设计教育内容，是增强思想政治教育亲和力的内在要求。

第五，思想政治教育方法的亲和力。思想政治教育方法是教育者在思想政治教育活动中所采取的各种方式和手段的总和，包括思想方法和工作方法。① 思想政治教育方法是影响思想政治教育成效的重要因素，方法科学、恰当，教育者传输的教育内容就更容易被教育对象所接受、认同；反之，方法不科学、不合理，即使教育内容具有真理性和针对性，也会事倍功半，无法产生好的效果。思想政治教育方法的亲和力即思想政治教育实践中教育方法易于为教育对象接受的积极特性，灵活多

---

① 毕红梅、陈万柏：《思想政治教育学原理》，中国人民大学出版社2021年版，第219页。

样、包装"时尚"的思想政治教育方法，更容易使教育者与教育对象建立良性互动的关系，增强思想政治教育的有效性。在新形势下，思想政治教育者必须转变观念，在实践中综合运用多种教育方法，并不断探索创新思想政治教育方法，使思想政治教育方法更具亲和力。

第六，思想政治教育情境的亲和力。思想政治教育情境是指对思想政治教育活动和教育对象思想品德形成发展产生影响的教育场域。相较于思想政治环境，思想政治教育情境是"小环境"，是思想政治教育系统不可或缺的有机组成部分。思想政治教育情境的亲和力即教育者创设、打造与教育内容相容的教育场景——思想政治教育情境是一个微观、自觉的环境，充满智慧的思想政治教育者会根据不同的教育目标、教育对象和教育内容，因时因地有针对性地创设教育情境，以充分发挥教育情境对教育对象的感染熏陶作用。总的来说，积极创设和优化思想政治教育情境，有助于思想政治教育活动顺利开展并取得实效。

上述六种亲和力相互联系，构成了一个有机的整体。而科学理解思想政治教育亲和力的构成要素，需要深刻把握思想政治教育整体亲和力和要素亲和力的关系。首先，要从整体上把握。从宏观上看，思想政治教育亲和力具有系统性，是一个完整的整体。一方面，思想政治教育亲和力的内涵丰富，体现在思想政治教育的目标、教育者、教育对象、教育内容、教育方法和教育情境上；另一方面，这六个要素又构成一个有机整体，只有全要素发力，才能推动思想政治教育整体亲和力的提升。因此，我们要用整体性的方法去理解和把握思想政治教育亲和力。其次，要从结构上把握。从中观上看，六要素的统一，并不是简单的要素叠加，它们相互之间也并不是一种外在的关系。在思想政治教育亲和力诸要素中，思想政治教育目标的亲和力具有导向性的作用，思想政治教育者和教育对象具有主体性，处于中心的位置，思想政治教育内容和方法具有纽带作用，思想政治教育情境发挥条件的作用。思想政治教育者要在把握思想政治教育亲和力诸要素的相互关系的基础上提升思想政治教育亲和力。再次，要从要素上把握。从微观上看，构成思想政治教育亲和力的每一个要素都有其内部结构，需要我们深入考察。因而，研究思想政治教育亲和力既要有整体的视野，又要遵循要素分析的一般原则。只有深入各个要素的内部加以考察，深刻分析和把握每一构成要素的内在逻辑，才能最终形成思想政治教育的整体亲和力。

二、思想政治教育亲和力的内在结构

思想政治教育亲和力作为一个整体性概念，并不是一个笼统的整体，而是有其自身内在结构的整体。因此，在把握了思想政治教育亲和力的构成要素之后，还必须努力把握它的结构性。本节将深入探讨思想政治教育亲和力的内在结构。

（一）思想政治教育目标的亲和力

思想政治教育目标不是人们主观确定的，而是社会存在和发展的反映。提升思想政治教育目标的亲和力，要求我们综合考虑各种因素，抓住主要因素，恰当地确定思想政治教育目标。

第一，思想政治教育目标的确定要兼顾社会目标和个体目标。实现思想政治教育目标应坚持一元主导与多样发展相结合，避免过分放大社会目标，弱化甚至忽视个体目标。在思想政治教育活动中，起着决定性作用的是社会目标和个体目标这一对关系，因此在实践中，要引导教育对象正确处理二者的关系，兼顾社会目标和个体目标。马克思主义关于人的全面发展的理论深刻揭示了个人与社会的辩证关系，指出，社会由个体组成，个人的发展依赖于社会关系的发展，但个体目标与社会目标的统一并不是强制的，而是根据人的本质所设定的；同时，只有促进人的自由而全面的发展，尊重且实现人的个体目标，才能使人们更积极地向社会目标迈进，也才会为实现社会目标准备更充分的条件。也就是说,思想政治教育社会目标对思想政治教育个体目标起指导和支配作用,而思想政治教育个体目标是思想政治教育社会目标实现的基础。因此,思想政治教育目标的确立要兼顾社会目标和个体目标。

第二,思想政治教育目标的确定应体现时代性。从"又红又专"目标的制定到"四有"新人的提出,再到确立"促进人的全面发展"的目标,思想政治教育在育人目标上不断承前启后,开拓新境界。在当代中国,思想政治教育目标是培养担当民族复兴大任的时代新人,这一目标一方面继承了马克思关于人的自由而全面发展的思想,另一方面也体现了思想政治教育目标的时代要求。为了实现这一目标,我们需要从理论和实践层面对思想政治教育目标作出更加明确和具体的阐释,比方说,时代新人的科学内涵如何理解,时代新人应具备怎样的基本素质和精神状态,时代新人的培养路径有什么,等等,从而使思想政治教育目标更具有操作性。

第三,思想政治教育目标的确定要符合教育对象的精神世界发展需要和思想实际。提升思想政治教育亲和力要求我们在坚持马克思主义指导思想一元化,唱响社会主旋律的同时,尊重不同群体的差异性和个体发展的多样性,因此,设定思想政治教育目标必须充分考虑教育对象的精神世界发展需要和思想实际。这里,我们应从三个层次去把握:首先,要针对不同的群体设定思想政治教育目标。由于工人、农民、公务员、大学生等不同群体的利益诉求和思想表现存在差异,因此对其进行思想政治教育时,内容和重点各有不同,在具体设定教育目标时,也应有所不同,避免同质化、简单化。以大学生群体为例,教育目标的重点应是激励学生树立正确的价值观,自觉把个人的理想追求融入国家和民族的事业中。其次,要针对不同个体设定思想政治教育目标。在思想政治教育实践中,应允许教育对象根据其自身实际条件、思想政治素质状况、人生志向等设定个体发展目标和实践路径,满足教育对象个性化发展需要。再次,要针对教育对象所处的不同阶段设定具体的思想政治教育目标。教育对象在不同的认知阶段,会有不同的目标,思想政治教育者要做好不同阶段目标的对接,避免出现重复、倒挂、错位等现象,导致目标认同减弱,以致消解目标的吸引力。思想政治教育者应帮助教育对象科学合理规划不同阶段的目标,实现不同阶段的差异化目标,真正把思想政治教育任务落到实处。

(二) 思想政治教育者的亲和力

思想政治教育者在整个思想政治教育活动中,发挥着主导性作用,这种主导性作用主要体现在对教育内容、教育情境进行选择、设计,对教育对象进行知识传授、价值引导,对思想政治教育实践中的各种反馈信息进行分析、整理,并据此调整自己的组织行为和教育行为等方面。思想政治教育者在思想政治教育亲和力生成中发挥着不可替代的作用。当前,随着经济全球化、文化多元化和社会信息化的到来,思想政治教育者除具备教育者应具备的基本素养外,还应具备从事思想政治教育所必需的亲和素养。

第一,理论亲和力。思想政治教育者的重要职能是引导思想政治教育对象学会用马克思主义的理论武装他们的头脑,使他们按照科学的方式看待世界和分析实际问题,从而形成符合社会要求的政治觉悟、思想品德及文化素养。思想政治教育者的理论水平的高低不仅决定其开展思想政治教育的实效,更事关时代新人的培养。因此,理论魅力是思想政治教育者亲和力的重要方面。

思想政治教育者的理论魅力主要体现在两个方面:其一,不懈地追求真理。马克思指出,"理论只要彻底,就能说服人〔ad hominem〕。所谓彻底,就是抓住事物的根本"①。不彻底的理论不仅不会产生亲和力,还会混淆视听、扰乱思想,导致马克思主义的主导作用和主流地位受到影响。毛泽东同志曾经指出,情况在不断地变化,要使自己的思想适应新的情况,就得学习。随着中国特色社会主义进入新时代,思想政治教育工作的重要性越发凸显,但同时也面临许多新形势新任务新挑战,思想政治教育者唯有加快知识更新,优化知识结构,对理论有透彻的理解,才能"避免陷入少知而迷、不知而盲、无知而乱的困境"②。其二,坚持潜心问道与关注社会相统一。富有亲和力的思想政治教育者会在对理论进行深刻把握的基础上,积极回应思想政治教育对象关注的热点问题、难点问题,从学理的角度对其进行深刻阐释,促使思想政治教育入脑入心。比如,在讲解为什么要坚持党的领导问题时,思想政治教育者既要从中国近现代史出发,讲清楚没有共产党就没有新中国,又要立足当下,阐明只有坚持党的领导,才能发展中国,坚持党的领导既是历史的逻辑、时代的要求,也是历史的选择、人民的选择。再比如,在讲解如何看待我国的政治体制和民主法治的问题时,思想政治教育者首先要加强对政治体制的研究,向教育对象讲清楚,没有适用于一切国家的政治制度、模式,世界上也不存在完全相同的政治制度,中国应该秉持兼容并蓄的态度,虚心学习、积极借鉴吸收世界政治文明的有益成果,但绝不能将别国的政治体制照搬全收。事实证明,只要思想政治教育者从理论和实践层面把我国的政治体制、政党制度、协商民主制度等的优越性讲清楚、说透彻,就能坚定教育对象的制度自信。

第二,实践亲和力。思想政治工作的实践特性要求思想政治教育工作者能够在不同的思想政治教育情境中创造性地解决问题,然而,思想

---

① 中共中央马克思恩格斯列宁斯大林著作编译局编译:《马克思恩格斯文集》第1卷,人民出版社2009年版,第11页。
② 习近平:《习近平谈治国理政》第1卷,外文出版社2014年版,第404页。

政治教育实践又是一个复杂且充满变化的场域，僵化地将教育理论应用到教育实践中，容易产生"灌输"未必"入脑"、"理解"未必"接受"的状况。因此，思想政治教育者在透彻理解理论的基础上，结合时代发展的需要，将理论转化为实践自觉，不断提升自身的实践魅力，便成为新时代思想政治教育科学发展的核心所在。

实践亲和力是思想政治教育者通过对工作经验的反思和提炼所形成的实践能力的总和。马克思主义经典作家对何为实践、如何开展思想政治教育实践作出了许多精辟的阐述。作为中国共产党人的杰出代表，毛泽东同志曾经指出，"人们要想得到工作的胜利即得到预想的结果，一定要使自己的思想合于客观外界的规律性，如果不合，就会在实践中失败"[1]。习近平总书记强调，"做好高校思想政治工作，要因事而化、因时而进、因势而新"[2]。把握好思想政治教育工作的"事""时""势"，在复杂、多变的教育情境中对突发性的、错综变化的问题作出及时、合理、有效的决策，是对思想政治教育者实践魅力的考验，也是新时代做好高校思想政治工作的关键所在。

思想政治教育者的实践亲和力主要体现在以下两个方面：其一，在特定的思想政治教育情境中能将理论转化为实践。理论可以引导人类的实践，但不是机械地具体规定人类应该如何做。思想政治教育的对象是现实的人、具体的人，思想政治实践必须与教育情境相契合。具体来讲，思想政治教育者在变化的教育情境中面对不同的问题时能因势利导、随机应变且作出合理有效的应对，才是具有实践魅力的体现。比如，历史虚无主义在网络中沉渣泛起，大肆宣扬充满谬误和偏见的历史观，导致一些大学生的社会主义信念和唯物史观出现动摇。如果学生在

---

[1] 毛泽东：《毛泽东选集》第1卷，人民出版社1991年版，第284页。
[2] 习近平：《习近平谈治国理政》第2卷，外文出版社2017年版，第378页。

思想政治教育课堂上就这一问题向教育者求解，具有实践魅力的思想政治教育者就会首先为英雄正名、为历史正本，继而揭露历史虚无主义的真实面目，从而引导学生旗帜鲜明地反对历史虚无主义，而不会对学生横加指责，把学生的行为视为"捣乱"。其二，思想政治教育者的实践魅力在新时代体现为在具体教育情境中运用灵活多样的教育方法使工作火起来、活起来。习近平总书记强调，"要运用新媒体新技术使工作活起来，推动思想政治工作传统优势同信息技术高度融合，增强时代感和吸引力"[1]。囿于传统教育模式的影响，部分思想政治教育者仍然习惯用灌输的方式向学生宣讲各种主流价值观念，但这样的传统模式唯有不断改善"配方"，提升"工艺"，才能谓之"教育有方"。拥有实践魅力的思想政治教育者，会积极推动思想政治教育工作传统优势同信息技术高度融合，在教育目标、内容、手段等多个领域实现二者的同心共向和高度融合，使思想政治教育实践更富有智慧，从而更具有亲和力。

第三，人格亲和力。思想政治教育是一种品德塑造活动，这种品德塑造活动以教育为手段，更以思想政治教育者的人格感染为手段。从这个意义上讲，思想政治教育者的人格魅力非常关键。中国古代教育家孔子推崇"以身作则"的教化效力。马克思也指出，"如果你想感化别人，那你就必须是一个实际上能鼓舞和推动别人前进的人"[2]。这深刻阐释了思想政治教育者的人格魅力在鼓舞、感化教育对象方面所发挥的积极作用。人格魅力是思想政治教育者亲和力的关键因素。习近平总书记强调，"教师要成为学生做人的镜子，以身作则、率先垂范，以高尚

---

[1]《习近平在全国高校思想政治工作会议上强调：把思想政治工作贯穿教育教学全过程　开创我国高等教育事业发展新局面》，载《人民日报》2016年12月9日，第1版。

[2] 中共中央马克思恩格斯列宁斯大林著作编译局编译：《马克思恩格斯文集》第1卷，人民出版社2009年版，第247页。

的人格魅力赢得学生敬仰……"① 习近平总书记将人格魅力视为教育者所应具备的重要素质，这对于我们理解教育者的人格魅力有多方面的启迪。

概括而言，思想政治教育者的人格魅力主要体现在以下两个方面：其一，身体力行、以身作则。思想政治教育是塑造灵魂、塑造生命、塑造人的工作，要通过教育者的言传身教影响、感染教育对象。其二，对自己所从事的事业充满职业情感，并有与此相联系的从事思想政治教育的激情。职业情感是沉淀于个人内心的职业价值观念，是产生人格魅力的前提。思想政治教育者唯有高度认同自己从事的职业，把思想政治工作视为崇高的事业，把学生看作主动发展的人，真正实现与学生的平等交流，满足学生求知识和发展自身的需求，才能在思想政治教育实践中产生魅力。激情是思想政治教育者产生人格亲和力的重要源泉之一，因为"具有激情的最笨讷的人，也要比没有激情的最雄辩的人更能说服人"②。富有激情的思想政治教育者一方面更具有吸引力和感染力，另一方面也会更积极地投入思想政治教育活动，积极应对和解决工作实践中产生的问题，推动思想政治工作科学发展。

（三）思想政治教育对象的亲和力

思想政治教育对象是思想政治教育者在思想政治教育活动中有意识地施加影响的对象。对于教育者有意施加的影响有明确的接受意愿、接受意识和接受行为，是思想政治教育对象亲和力的主要表现，也是促使教育对象从应然的接受主体转化为实然的接受主体的重要条件。正确认识、分析和把握思想政治教育对象，是增强思想政治教育亲和力的起点

---

① 《习近平首次点评"95 后"大学生》，载《人民日报》2017 年 1 月 3 日，第 2 版。
② 拉罗什富科：《道德箴言录》，何怀宏译，生活·读书·新知三联书店 1987 年版，第 2 页。

和基础。

把握思想政治教育对象的亲和力关键在于理解教育对象的主客体性质——思想政治教育对象具有双重身份,一方面,作为思想政治教育者施加有目的、有计划的教育活动的对象,表现出客体性;另一方面,在参与、认知、接受思想政治教育的过程中,以自己的认知方式诠释、接受、内化并践行教育者传递的政治观点、价值理念、文化思想等,表现出主体性。因此,思想政治教育对象是客体和主体双重身份的统一体。教育活动的有效进行要求教育对象具备怎样的条件?不同学者有不同的理解。赫尔巴特说:"教育的基本观念是学生有接受教养的可能。"可见,赫尔巴特将"接受可能"视为有效教育的基本条件。加涅则将这种"接受可能"概括为学生"先前学习的必备能力"。在思想政治教育实践中,教育对象的亲和力也是由教育活动中思想政治教育对象的主体性所决定的,因为思想政治教育对象不仅作为受教育的客体出现,也作为主体出现,是具有主体性的客体。思想政治教育对象参与活动的意愿、心理水平、人际关系等,影响着思想政治教育的效果。思想政治教育对象如果在思想政治教育过程中与教育者积极互动,消除人际交往壁垒,实现精神交流,教育对象的主体意识就会增强,使得整个教育活动不是被动的,而是创造性的,能使思想政治教育取得最好效果。由此观之,激发教育对象的亲和力是思想政治教育亲和力研究值得进一步思考的问题,也是思想政治教育追求人的全面自由发展的题中之义。

(四)思想政治教育内容的亲和力

思想政治教育内容即教育者在思想政治教育活动中所意欲传递给教育对象的思想政治观念。① 思想政治教育内容一方面承载着教育目标,

---

① 沈壮海:《思想政治教育有效性研究》第3版,武汉大学出版社2016年版,第80页。

另一方面也是联系教育者与教育对象的重要纽带,因此,加强思想政治教育内容亲和力建设就显得尤为重要。

有学者指出,思想政治教育的内容可以划分为两个层面:第一个层面即特定的社会和阶级所要求、所确定的思想政治教育内容;第二个层面即在具体的思想政治教育活动中,思想政治教育者对第一层面的思想政治教育内容进行组织、编制,用于思想政治教育活动的内容。[1] 思想政治教育内容亲和力提升的关键是实现思想政治教育内容第一层面向第二层面的顺利转化。习近平总书记曾指出,"实际工作中,在有的领域中马克思主义被边缘化、空泛化、标签化,在一些学科中'失语'、教材中'失踪'、论坛上'失声'。这种状况必须引起我们高度重视"[2]。这些现象出现的原因是复杂的多样的,既有多元文化冲击的影响,也有我们工作的失误,但内容缺乏亲和力也是不容忽视的问题。当前,唯有以新的实践为基础,持续推进马克思主义中国化时代化大众化,才能让马克思主义传播更"接地气"。本书认为,富有亲和力的教育内容应该具有以下基本特征。

第一,凸显时代特征。与时俱进是马克思主义的理论品质,建构充满亲和力的思想政治教育内容,要求内容的选择更为接近当代受众的心理状态和生活现实。恩格斯深刻指出,"马克思的整个世界观不是教义,而是方法。它提供的不是现成的教条,而是进一步研究的出发点和供这种研究使用的方法"[3]。我们应该深刻认识到,马克思主义并不是封闭的"最终真理",相反,它为真理的发展开辟了道路,并随着实践的发

---

[1] 沈壮海:《思想政治教育有效性研究》第 3 版,武汉大学出版社 2016 年版,第 81 页。
[2] 习近平:《在哲学社会科学工作座谈会上的讲话》,载《人民日报》2016 年 5 月 19 日,第 2 版。
[3] 中共中央马克思恩格斯列宁斯大林著作编译局编译:《马克思恩格斯文集》第 10 卷,人民出版社 2009 年版,第 691 页。

展、时代的变化而不断发展，具有鲜明的时代性特征。习近平总书记强调，"马克思主义是不断发展的开放的理论，始终站在时代前沿"①。因此，提升思想政治教育的亲和力，必须深刻认识马克思主义的时代性，并将凸显时代特征的马克思主义中国化的最新理论成果渗透到具体的思想政治教育活动中。党自十八大以来，在改革发展、治党治国、内政外交等方面提出了一系列新理念新思想新战略。党的十九大把习近平新时代中国特色社会主义思想确立为我们党必须长期坚持的指导思想，并在党章中予以明确，这是党的十九大的重要历史贡献。习近平新时代中国特色社会主义思想是我们党划时代的重大理论创新，是马克思主义中国化的最新理论成果。作为思想政治工作者，要着眼习近平新时代中国特色社会主义思想"进教材、进课堂、进头脑"工作的扎实开展，从学习、思考、研究阐释三个维度系统化、体系化推进思想政治教育，并以教育对象的实际学习效果作为检验工作落实情况的标尺，自觉运用新思想武装头脑、指导实践。

第二，彰显中国特色。提升思想政治教育内容的亲和力，应该更加鲜明地宣扬中国立场、彰显中国特色。马克思从来不把社会生产力仅仅看作物质生产力，而是把它理解为既包含物质生产力又包含精神生产力的完整生产力。思想文化作为精神生产力，一方面由经济基础决定，另一方面又会对经济基础产生能动的反作用，因为"先进的思想文化一旦被群众掌握，就会转化为强大的物质力量"②。只有坚持走中国特色社会主义文化发展道路，聚焦中国问题，加强理论自觉，才能激活文化自信中更为深沉更为持久的力量。在教育内容中彰显中国特色，还要重视

---

① 习近平：《在纪念马克思诞辰 200 周年大会上的讲话》，人民出版社 2018 年版，第 9 页。
② 习近平：《在纪念马克思诞辰 200 周年大会上的讲话》，人民出版社 2018 年版，第 19 页。

推动中华优秀传统文化的创造性转化、创新性发展，以优秀传统文化助力思想政治教育。在思想政治教育中注入优秀传统文化内容，一方面有助于唤起教育对象的民族自豪感，使其抵御西方文化霸权思想的侵扰，坚定中国特色社会主义文化自信；另一方面有助于转化主流意识形态的话语表达体系，使教育者与教育对象产生共鸣，提升思想政治教育的亲和力。

第三，关照生活世界。教育内容关照生活世界，既是教育的起点，也是教育所要达到的效果，即让每个人获得美好生活。教育家陶行知先生说："没有生活做中心的教育是死教育。"思想政治教育工作的开展，必须立足于生活世界，而教育内容的选择也必须关照生活世界。思想政治教育内容关照生活世界，从根本上说，是将教育内容融入日常生活世界，这也是由思想政治教育对象的主体性决定的。思想政治教育内容要关照生活世界，内蕴以下两方面的内容：一是教育内容的选择既要能够切入教育对象内心，又要充分把握教育对象的思想实际，充分考虑教育对象的所思所想，具有针对性。二是教育内容的表述要尽量大众化并具有启发性和实践性，能为教育对象所理解，使其有获得感。如果内容偏离了现实，失去实践性，成为晦涩的学院式语言表述和深奥的论证，就难以贴近生活、融入生活，也无法让教育对象"听得懂"，从而"愿意听"。

第四，直面现实问题。马克思指出，"一个时代的迫切问题，有着和任何在内容上有根据的因而也是合理的问题共同的命运：主要的困难不是答案，而是问题"[①]。坚持问题导向、回应教育对象的现实诉求、解决教育对象的现实困惑，是教育者工作的重点。当前，我们身处伟大

---

① 中共中央马克思恩格斯列宁斯大林著作编译局编译：《马克思恩格斯全集》第 1 卷，人民出版社 1995 年版，第 203 页。

的新时代，但中国社会主义仍然处于并将长期处于社会主义初级阶段的基本国情没有变，因此这一时期也是矛盾凸显期，各种正面负面的信息充斥在教育对象周围，这就要求思想政治教育者要增强问题意识。面对教育对象的困惑，思想政治教育者既不能回避问题，遮遮掩掩，更不能哗众取宠、吐槽谩骂，而必须直面现实，用正确的理论引导教育对象，消除其思想和认识上的困惑。此外，增强思想政治教育内容的亲和力，也要求学术界以对问题的发现、回应为研究的基点，以经济社会发展给思想政治教育提出的重大理论和实践问题为研究的重点，重视理论的研究与创新。只有让教育对象感觉思想政治教育是真正帮助他们答疑解惑的教育，他们才会信服，思想政治教育的亲和力才会在这个过程中显现出来。比方说，进行社会主义核心价值观教育时，教育者首先要有问题意识，在具体实践中，不是简简单单告诉教育对象社会主义核心价值观是什么，他们应该怎么做，而是要积极回应教育对象普遍关注的改革、反腐、法治、住房、就业等问题，让教育对象不仅明白社会主义核心价值观对于国家、社会发展的意义，也理解其对于造福普通百姓的意义，这才能使教育对象产生价值认同，理解社会主义核心价值观的深刻内涵和时代背景，投身民族复兴的伟大实践中，把抽象的价值理念形象化、日常化。

（五）思想政治教育方法的亲和力

"方法"一词，在中国古代的语言文字中有方、法、道、术、谋等多种表述，后来意义逐渐统一为做事情所使用的基本手段或方法。列宁在《黑格尔〈逻辑学〉一书摘要》中摘录过黑格尔的一段话："在探索的认识中，方法也就是工具，是在主体方面的某个手段，主体方面通过这个手段与客体相联系。"[1] 据此，我们可以把方法理解为人们认识世

---

[1] 列宁：《列宁全集》第55卷，人民出版社2017年版，第189页。

界和改造世界的手段。思想政治教育方法承担着传递教育内容、实现教育目标的使命，这种纽带作用对于传输思想政治教育内容具有关键性意义。毛泽东同志说，"我们不但要提出任务，而且要解决完成任务的方法问题"①，好的方法对于解决问题具有事半功倍的效果，有利于思想政治任务的达成和思想政治教育目标的实现。相反，不适宜的思想政治教育方法，则容易让教育陷入僵化状态，消解思想政治教育其他要素的作用。因此，在思想政治教育活动中，选择科学恰当的思想政治教育方法就显得尤为重要。

在新形势下，思想政治教育者必须改变观念，以提升亲和力为主线，在实践中不断探索、创新思想政治教育方法——思想政治教育活动形式是多样的，与之相联系的思想政治教育方法也是多种多样的。本书现从宏观视角，就新时代思想政治教育方法创新应做好的"三个融合"作以下论述。

第一，传统方法与现代信息技术有效融合。教育方法的创新既是顺应时代发展、社会进步的必然趋势，也是适应教育对象身心特点、满足教育对象需求的必然要求。随着新媒体技术的快速发展，翻转课堂、慕课、虚拟教学等蓬勃兴起，这些教学手段具有信息资源量大、表现形式丰富、受众广泛、传播速度快、互动性强等特征，打破了传统思想政治教育方式在时间与空间上的局限性，促使我们积极引入现代化的教学手段，以更好地开展思想政治教育活动。总的来说，思想政治教育活动完全摒弃传统方法是不可取的，但也不能忽视现代信息技术对传统思想政治教育方法带来的冲击，要及时对传统方法进行改造和升级，使传统与现代融合，相得益彰。要不断推动现代与传统的融合，既在内容上，也在手段上使二者融合，使教育对象乐于接受、易于理解、便于掌握，这

---

① 毛泽东：《毛泽东选集》第1卷，人民出版社1991年版，第139页。

是教育工作者不可忽视的探索领域。

第二，理论灌输与文化渗透有效融合。理论灌输法是提高教育对象思想道德素质的最主要、最基本的方法。科学理论不可能在教育对象的头脑中自发形成，必须通过各种形式的灌输，才能在他们头脑中扎根。在多元思想交锋的社会环境中，理论灌输法更是确保教育对象保持正确政治方向的重要保证。随着时代的发展，文化渗透的方法越来越具有优势，就如中华优秀传统文化在当代越来越受重视，对于整个社会的道德提升也具有积极的作用一样。因此，在思想政治教育亲和力的建设中，构建理论灌输与文化渗透相融合的教育模式势在必行。深厚的文化传统是我国独特的优势，丰富的文化资源为理论灌输提供了丰厚的滋养，以文化为切入点加强理论灌输，在理论灌输中融入思想政治教育内容，必将提升理论的影响力、吸引力和感召力。需要注意的是，文化渗透要坚持以马克思主义理论为指导，警惕西方对我国的文化渗透。从我国实际情况来看，理论灌输与文化渗透有效融合的思想政治教育方式还亟需加强，融合方式亦需进一步细化。

第三，线下教育与线上教育有效融合。数字时代知识图景和学习方式的变革，给思想政治教育工作带来了严峻挑战，加强虚拟空间意识形态建设，促进线下教育与线上教育有效融合，已成为必然趋势。网络具有开放、即时、便捷、互动等特征，为思想政治教育方法创新提供了契机，积极融入网络，开展线下教育与线上教育有效融合的思想政治教育活动，能够极大地提升思想政治教育的效力和教育双方的交互性，在很大程度上增强思想政治教育的亲和力和针对性。近年来，在探索线下与线上教育的方法改革过程中，思想政治教育者们积累了一些行之有效的做法。比如，通过QQ群、微信群和公众号等创建网络学习交流平台，促进师生间的互动交流，从而突破线下教学时间空间的限制，使原来教育者与教育对象之间单一的交流模式逐步拓展为多元立体的交流模式；

建设线上网络课程,通过生动有趣的网络课程,促进教育对象自主学习能力的提升。这些有益尝试,打开了思想政治教育的新局面。今后,进一步推动线下教育与线上教育有效融合,实现思想政治教育全方位育人,还要注重使线下、线上教育在教育目标、内容、方法等多领域同心共向与高度融合。首先,在教育目标和方法上高度融合。不论是何种教育方法,都应该确立一个目标,即坚持立德树人,所有教育方法的使用都应该为这个目标服务,而不应该偏离方向。基于相同的目标,线上、线下思想政治教育更容易找到融合的方式和接力之处,达到润物无声的效果。其次,在教育内容上高度融合。线上、线下思想政治教育都要以习近平新时代中国特色社会主义思想武装教育对象,用新时代伟大祖国取得的辉煌成就鼓舞教育对象,用身边的榜样来激励教育对象,用体现时代特点的人和事激发教育对象,从而进一步发挥教育者的主导作用和教育对象的主体作用。

(六) 思想政治教育情境的亲和力

思想政治教育情境是教育者根据思想政治教育的具体目标、教育内容创设的具体情景。思想政治教育情境不同于思想政治教育环境。思想政治教育环境包括了经济环境、政治环境、文化环境、大众传播环境等。对思想政治教育而言,思想政治环境是"大环境",是独立于思想政治教育活动系统之外的;而思想政治教育情境是"小环境",是思想政治教育系统不可或缺的有机组成部分,为思想政治教育活动的开展提供具体场景,为教育对象提供融洽的氛围,为思想政治教育者与教育对象的教育互动提供载体。而要创设富有亲和力的思想政治教育情境,必须遵循以下几个原则。

第一,情感性原则。"感人心者,莫先乎情。"马克思曾经指出,

"激情、热情是人强烈追求自己的对象的本质力量"①。在充满情感的思想政治教育氛围中，教育对象会将教育者传授的知识体系内化为信仰体系，从而形成坚定的理想信念和高尚的道德行为。列宁也曾经指出，"没有'人的感情'，就从来没有也不可能有人对于真理的追求"②。因此，思想政治教育者在创设思想政治教育情境时，首先应以情感为纽带，通过情感的驱动，营造平等和谐温馨的场景或氛围，感染教育对象，激起教育对象的共鸣，让教育对象在充满情感的情境中接受教育和完成自我内化。

第二，契合性原则。思想政治教育情境是教育者对教育环境的设置，其主要作用是通过创设和谐温馨的教育场景，推动教育对象对教育内容的认同。马克思指出，"人的本质并不是单个人所固有的抽象物，在其现实性上，它是一切社会关系的总和"③。马克思关于人的本质的论述，是我们科学地认识教育对象及其思想的基本理论依据，也是我们创设思想政治教育情境应当遵循的理论原则。教育者应从社会关系的角度理解思想政治教育的特征，从社会关系的角度设定具体的情境，从而实现培育个体内在特征的目标。具体而言，科学掌握人的本质是创设思想政治教育情境的根本原则，如果不能理解情境对人本质的塑造作用，创设的情境就只能是一种策略性的外在装饰，不能成为思想政治教育的内在要素。思想政治教育者要探寻教育对象与教育情境的"契合点"，创设适宜的教育情境，才能引起教育对象思想情感上的共鸣，进而有所感悟。比方说，当代大学生思维活跃、自主意识强，面对各种社会思潮

---

① 中共中央马克思恩格斯列宁斯大林著作编译局编译：《马克思恩格斯文集》第1卷，人民出版社2009年版，第211页。
② 列宁：《列宁全集》第25卷，人民出版社2017年版，第117页。
③ 中共中央马克思恩格斯列宁斯大林著作编译局编译：《马克思恩格斯选集》第1卷，人民出版社2012年版，第139页。

的冲击时，很容易在思想上迷惘、困惑，在认识上出现多元化倾向，思想政治教育者就需要从不同角度考察情境创设问题，特别是要考虑大学生群体的年龄和心理发展特征，在综合分析的基础上，寻找教育对象与教育情境的最佳"契合点"，有针对性地创设符合大学生群体特征的思想政治教育情境。

第三，综合性原则。思想政治教育者创设教育实践情境时，应选择丰富多样的教育元素，吸引教育对象的注意力，激发教育对象的学习动机和兴趣爱好，提升教育质量，其中，语言描述设境法、虚拟仿真设境法、色彩设境法、影音设境法等都是较好的思想政治教育情境创设方法。语言描述设境法，是指利用语言的语调高低、节奏快慢以及情感表达来创设思想政治教育情境，在运用时要注意，语言要形象生动，要与教育内容相契合，要恰当使用肢体语言，等等。虚拟仿真设境法，即通过虚拟仿真技术，将思想政治教育内容同信息技术融合，增强教育对象的体验感，使思想政治教育情境逼真化、形象化、科学化。比如，教育对象无法身临其境地感受爬雪山、过草地的场景，但虚拟仿真设境法就可以让他们深切体验红军长征时经历的各种磨难，进而对长征精神有更加深刻的理解。色彩设境法，即教育者在思想政治教育中根据具体教育内容，恰当地选取和运用不同的色彩来表达。例如，使用不同色彩背景的 PPT 或文字，渲染所要表达的情绪情感等。影音设境法，即运用影音作品创设思想政治教育情境，激发教育对象的学习兴趣。比如，用影音作品中的"德"滋润教育对象，用影音作品中的"情"感化教育对象，用影音作品中的"人"引导教育对象，增强思想政治教育效果。总而言之，教育者应综合运用各种方法创设教育情境，强化思想政治教育效果。

以上，我们从思想政治教育目标、教育者、教育对象、教育内容、教育方法和教育情境六个方面探讨了提升思想政治教育亲和力对思想政治教育各要素的要求。对六大要素的分析，也是对思想政治教育亲和力内在架构的深入分析，为亲和力的具体建设奠定了基础。但必须指出的是，我们这里对思想政治教育各要素亲和力的探讨，是将亲和力运作的复杂过程从静态的和分析的角度分解了进行的，实际上思想政治教育的整体亲和力绝不是将各要素简单叠加就有的，而是需要将各要素合理搭配和组合，科学运用才能产生的。因此，探讨思想政治教育亲和力，还必须深入分析思想政治教育的动态运作过程。

三、思想政治教育亲和力的生成机理

前文描述了思想政治教育亲和力的构成要素，并从宏观、中观、微观视角对各要素进行了分析和把握。本节将把思想政治教育亲和力作为一个动态过程来考察，分析思想政治教育亲和力的生成，梳理总结思想政治教育亲和力生成的规律。

（一）思想政治教育亲和力的生成过程

作为一种实践活动，思想政治教育亲和力的生成必须考虑更多具有交互作用的因素，其中最主要的是教育者与教育对象之间的交互。教育者所传导的价值理念、道德品质同教育对象固有的价值理念、道德品质之间的矛盾，贯穿思想政治教育始终，而这一矛盾的产生、发展、消解、转化，就是思想政治教育的存在形式。从过程视角来看，思想政治教育亲和力主要遵循"期待—参与—认同"的形成过程。本书依据教育者与教育对象之间的交互关系，构建了高校思想政治教育亲和力的生成机理图（见图3-1），以阐释以下几方面的内容。

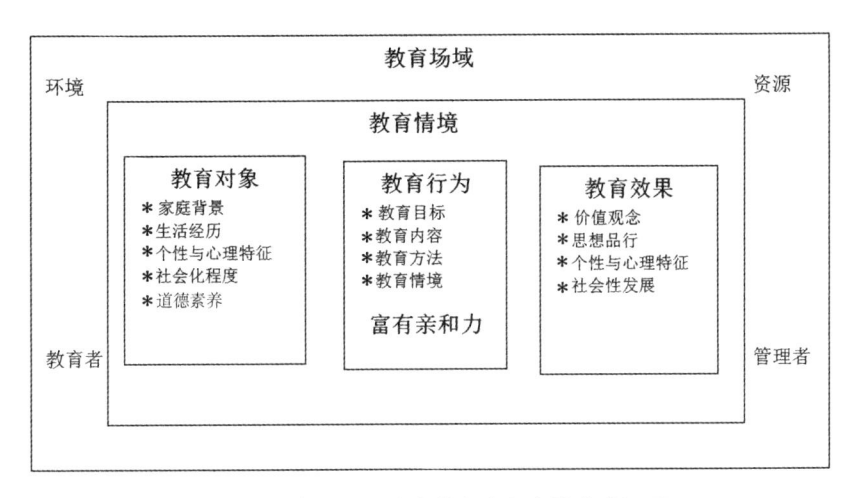

图 3-1 高校思想政治教育亲和力的生成机理

第一,教育对象对思想政治教育的期待。教育对象在接触、体验思想政治教育实践之前,有自身对教育的预期,这种预期带有一定的主观因素,跟教育对象的家庭背景、生活经历、个性与心理特征、社会化程度、道德素养密切相关,主要表现为教育对象希望思想政治教育实践"是什么样""能够怎样"的心理活动,影响着教育对象对思想政治教育实践的感知体验。与此同时,教育者根据教育目标和教育对象的实际状况,设定具体的思想政治教育方案,内容涉及具体的教育内容、教育方法、教育情境等方面,为教育对象进入思想政治教育具体实践作了准备。习近平总书记强调思想政治工作要"满足学生成长发展需求和期待",揭示了"学生期待"在思想政治教育过程中的重要地位,因此,思想政治教育者不仅要考虑教育目标,也要充分考虑和尊重教育对象本身的心理预期。换句话说,充分考虑教育对象对思想政治教育的期待,是思想政治教育亲和力形成的发端。

第二,教育对象参与思想政治教育活动。教育对象对教育者、教育实践活动的亲和力感受不是凭空而来的,而是教育对象通过亲历体验、切身感受而获得的。因此,教育对象的参与阶段是亲和力生成的关键阶段。在这一阶段，思想政治教育诸要素相互作用，主要表现为：教育者设定的思想政治教育目标与教育对象的期待的冲突与协调，教育者所传递的教育内容与教育对象价值观念的分化与整合，马克思主义真理伟力与教育者人格力量的吻合与错位，等等。为了思想政治教育亲和力的形成，思想政治教育者必须在教育实践中提升思想政治教育目标、教育内容、教育方法、教育情境的亲和力，即：统筹好思想政治教育社会目标和个人目标的关系，在满足社会需求的同时，充分考虑并兼顾教育对象的个人目标，使亲和力保持稳定，具有持久性；协调好思想政治教育内容和教育对象接受程度之间的关系，让教育内容更有深度、温度、力度，提升思想政治教育内容的亲和力；协调好传统思想政治教育方法与信息技术之间的关系，实现二者在目标、内容上的高度融合，提升思想政治教育方法的亲和力。

第三，教育对象对思想政治教育者和教育实践活动的认同。一般来说，思想政治教育内容要转化为教育对象的思想认同和行为践履，必须得到教育对象的价值认同。只有产生了价值认同，教育对象才会从心底悦纳教育者和思想政治教育活动。教育对象在思想政治教育实践的过程中，对教育目标的合理性产生认同感，被教育内容的思想性吸引，对教育情境的适宜性产生和谐感，等等，进而对教育者传导的价值观念产生认同，才能把接受的思想政治内容内化为自己的价值观念，外化为自己的思想品行。

综上所述，在思想政治教育活动过程中，教育对象参与前的期待感、参与中的悦纳感、参与后的获得感实现了有机统一，真正意义上的思想政治教育亲和力才会最终生成。

（二）思想政治教育亲和力的生成规律

从思想政治教育亲和力的动态生成过程来看，思想政治教育亲和力的生成是一个复杂、多维的系统，其中，教育者通过优化思想政治教育内容、方法、情境，积极传导主流价值，教育对象发挥主观能动性，将教育者传递的价值观念内化于心、外化于行。教育者在整个实践活动中扮演着主导角色，而教育对象在其中处于核心地位。可见，寻找教育者和教育对象的"共鸣点"、提高教育对象的获得感、加强教育者的实践反思是思想政治教育亲和力生成的关键条件。

第一，寻找教育者和教育对象的"共鸣点"。思想政治教育者与教育对象之间的矛盾，是思想政治教育过程中诸多矛盾之一，但其特殊性在于，矛盾双方都是"人"。也就是说，教育者和教育对象双方都是思想政治教育的主体，发挥着主体性的作用，教育者如果将自己的价值观念不讲究智慧地强加于教育对象，只会适得其反，无法取得良好的效果。教育者只有寻找到和教育对象的"共鸣点"，才能打开教育对象的心扉，激发二者相互亲近、相互探讨的欲求，进而通过情感的交流使思想政治教育入情入理、入脑入心。这种"共鸣点"的确定不是随意的，"它必须结合教育内容的深浅、教育方法与手段的多寡、教育情境的良莠等具体条件而定"[1]。富有亲和力的思想政治教育，会在教育者与教育对象之间找到情感共鸣，而不寻找二者的"共鸣点"，只是盲目地进行教育内容灌输的教育者，则难以与教育对象同频共振、同向同行，也不可能取得良好的教育效果。

第二，提高教育对象的获得感。"让人民群众有更多获得感"[2]，是党在新的历史时期提出的目标愿景和思想理念——作为一切工作生命线的思想政治工作，同样需要关注并不断提升教育对象的获得感。获得感是不断激发教育对象的学习动力的关键，通过一定的实践活动满足教育对象成长和发展的需求，使其有收获体验并产生正向的感受和体会，才

---

[1] 陈桂蓉、练庆伟：《反思与重构：思想政治教育亲和力价值和定位》，载《福建行政学院学报》2006年第5期，第27页。

[2] 习近平：《习近平谈治国理政》第2卷，外文出版社2017年版，第216页。

能维持思想政治教育的延伸性发展。教育者在参与教育实践活动之前有期待感,在参与教育实践活动之后,也必须有实实在在的心理、精神、行为等方面的获得感,期待与实际收获的落差越小,获得感越强。比如,教育对象受到了一些错误思潮的影响,感到迷茫或产生了消极的思想,但参与思想政治教育实践活动后,解开了思想上的疙瘩、消除了疑虑、获得了动力,这样的思想政治教育就是有获得感的。再比如,教育对象有学业咨询的需求,通过参与教育实践活动,获取了相关信息,满足了成长需求,就有了获得感。总而言之,充分考虑教育对象的需求,从教育对象的需求入手设计教育方案,对于提高教育对象的获得感尤为重要。

第三,在实践中反思,在反思中实践,增强教育者的亲和力。美国"反思性教学"思想的重要倡导人唐纳德·舍恩在阐述专业人员的思维时将"行动中反思"看作专业人员的一种核心能力,认为它是实务工作者在如沼泽地一样充满不确定性的实践困境中所表现出来的一种艺术。[1] 思想政治教育作为一项实践性活动,需要教育者与教育对象在思想政治教育现实情境中不断对话与互动,在实践中发现问题,进而调整思路,解决问题,并在对思想政治教育实践进行反思的基础上,创设并检验新的关于思想政治教育情境的理论模式。在整个过程中,总结经验、不断反思是思想政治教育者亲和力生成的重要环节。当然,思想政治教育者在进行反思时应做到以下几点:一是分析思想政治教育行动发生的前提条件,也就是说要基于不同教育对象的特点设计思想政治教育方案。二是分析思想政治教育行动的属性,即对不同的教育活动进行归类,总结并不断反思思想政治教育的过程,评判思想政治教育行动的合

---

[1] 陈向明:《搭建实践与理论之桥——教师实践性知识研究》,教育科学出版社2011年版,第151页。

理性。三是总结思想政治教育行动的效果，探索其改进的空间。通过以上分析，本书将思想政治教育者的反思性实践过程归纳为：根据教育对象的特点，设置精准思想政治教育方案—在具体教育情境中，与思想政治教育对象进行互动，不断提升教育内容、教育语言、教育方法的亲和力—对教育对象的反应作出判断，进而作出合理决策进并采取行动—对思想政治教育实践过程进行反思，形成适宜于特定情境的思想政治教育情境理论—开展新的实践反思，如此不断循环。在此过程中，思想政治教育者的专业性不断提升，其亲和力也进一步提升，整个过程可以用图3-2来表示。

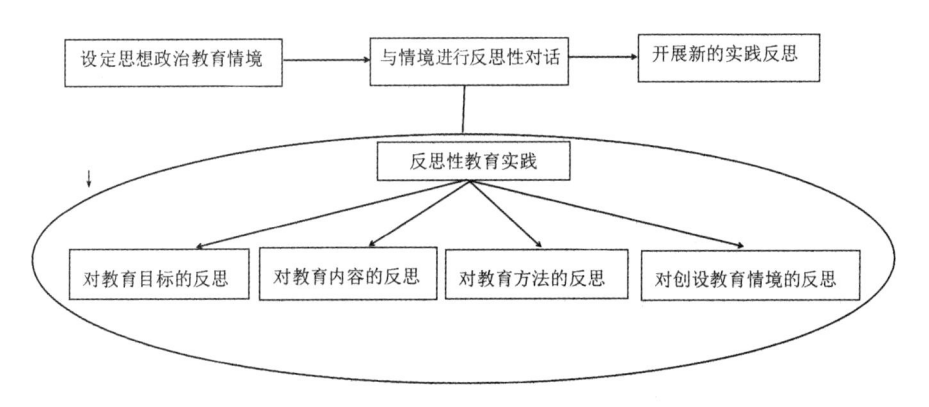

图 3-2 思想政治教育者"行动中反思"的过程图示

第四章　新时代高校思想政治教育亲和力现状调查与分析

对当前高校思想政治教育亲和力建设现状进行调查研究，探讨其在性别、年级、政治面貌、学业成绩等不同维度的差异和特点，有利于较为详细地了解高校思想政治教育亲和力的总体现状，并有针对性地对调查研究中发现的问题提出改进措施，为提升高校思想政治教育亲和力提供实证依据和理论参考。

一、研究设计

根据前期文献调研，笔者发现，目前尚没有现成的高校思想政治教育亲和力方面的问卷可借鉴，所以编制一份合适的调查问卷是开展本研究的基础。在前期研究过程中，我们已经对思想政治教育亲和力的结构要素、生成规律和内在逻辑进行了梳理，根据本研究的研究目的和研究内容，以及对思想政治教育亲和力概念的界定，我们制作了本调查问卷。本节，我们将介绍本问卷的研究对象和研究工具。

（一）研究对象

本研究采取目的取样的方式，以陕西省十所普通高等学校的本科生为调查对象，共发放问卷1900份，回收1752份，回收率为92.21%，其中，有效问卷1637份，有效率为93.43%。样本具体分布情况如表4-1所示。

表 4-1 研究对象的样本分布情况

样本分类		人数	百分比
性别	男	700	42.76%
	女	895	54.67%
	缺失项	42	2.57%
政治面貌	中共党员	89	5.44%
	共青团员	1412	86.26%
	群众	86	5.25%
	缺失项	50	3.05%
年级	一年级	440	26.88%
	二年级	544	33.23%
	三年级	405	24.74%
	四年级	243	14.84%
	缺失项	5	0.31%
是否担任学生干部	学生干部	588	35.92%
	非学生干部	1041	63.59%
	缺失项	8	0.49%
成绩排名	前 25%	525	32.07%
	26%—50%	560	34.21%
	51%—75%	324	19.79%
	76%—100%	183	11.18%
	缺失项	45	2.75%

（二）研究工具

调查采用的自编问卷，是在参考相关问卷的基础上，基于高校思想政治工作的重点任务和主要特点，根据项目分析、信效度分析编制而成的。问卷内容包括高校思想政治教育亲和力总体评价、教育目标、教育者、教育内容、教育方法和教育情境等维度，共计 44 题。

主体问卷包括三部分内容：第一部分是基本情况，包括被调查人的性别、学历、政治面貌、学科门类、年级、是否担任学生干部和成绩排名。设置这部分的目的是分析不同性别、不同政治面貌、不同年级、学生干部与非学生干部以及不同成绩排名的大学生对高校思想政治工作亲和力感知的差异，以便有针对性地采取可操作的策略，提升思想政治工作亲和力。第二部分是对高校思想政治教育亲和力现状的调研，共分六个方面：其一，对高校思想政治教育亲和力的总体评价，涉及对高校开展思想政治教育重要性的认识、对高校思想政治教育的满意度、对高校思想政治教育亲和力重要性的评价和对高校思想政治教育所具亲和力的评价；其二，对高校思想政治教育目标亲和力的评价，涉及对高校思想政治教育根本目标的认同度、高校思想政治教育目标是否兼顾学生个性发展、高校思想政治目标是否具有时代性等问题；其三，对高校思想政治教育者亲和力的评价，涉及高校思政课教师的理论功底、工作态度、教学方法、人格魅力，高校辅导员的职业素养、人格特质、工作效率等；其四，对高校思想政治教育内容亲和力的评价，涉及高校思想政治教育内容是否贴近生活、贴近时代、贴近时事，是否回应学生困惑等方面的问题；其五，对高校思想政治教育方法亲和力的评价，涉及学生对高校思想政治课、网络思想政治教育、信息技术使用等的评价；其六，对高校思想政治教育情境亲和力的评价，涉及校园硬件、校园文化氛围、教育情境创设等问题。第三部分是开放性题目，主要征求调查对象对提升高校思想政治教育亲和力的建议。所有题项均采用李克特五点量表计分方式，并为正向计分。问卷回收后，采用 SPSS23.0 统计软件对调研数据进行统计分析。

二、高校思想政治教育亲和力现状调查结果与分析

根据研究设计，本研究的重点任务之一就是运用自编问卷，对当前

高校思想政治教育亲和力现状以及相关问题作出实证研究。本节将对调查数据进行处理与分析，从而有针对性地提出改进措施。

(一) 新时代高校思想政治教育亲和力现状调查结果分析

新时代高校思想政治教育亲和力现状调查共分六个方面，第一方面是了解被调查人对高校思想政治教育亲和力的总体看法，主要包括以下诸多条目。

1. 思想政治教育对大学生成长具有重要意义

表4-2　性别与对高校思想政治教育重要性的认同度

认同度	性别			
	男		女	
	人数	百分比	人数	百分比
非常认同	433	62.94	580	65.32
认同	158	22.97	218	24.55
一般	77	11.19	79	8.90
不认同	11	1.60	7	0.79
非常不认同	9	1.31	4	0.45
合计	688	100.00	888	100.00

（注：因四舍五入关系，百分比之和会出现不达100.00或超过100.00的情况，但百分比合计栏统一作100.00。后文同。）

如表4-2（基于作答此项且标注性别的1576份数据）所示，在对思想政治教育对大学生成长具有重要意义的认同度选项上，98.03%的大学生选择了"非常认同""认同""一般"，即男女大学生均认为思想政治教育对大学生成长具有重要意义。通过比较分析发现，89.87%的女大学生在该问题上选择了"非常认同""认同"，而作出相同选择的男大学生占男生总体的85.90%，女大学生的认同度高于男大学生。

表 4-3 政治面貌与对高校思想政治教育重要性的认同度

认同度	政治面貌					
	中共党员		共青团员		群众	
	人数	百分比	人数	百分比	人数	百分比
非常认同	63	71.59	903	64.59	44	54.32
认同	21	23.86	337	24.11	14	17.28
一般	3	3.41	138	9.87	14	17.28
不认同	1	1.14	12	0.86	4	4.94
非常不认同	0	0.00	8	0.57	5	6.17
合计	88	100.00	1398	100.00	81	100.00

如表4-3（基于作答此项且标注政治面貌的1567份数据）所示，在对思想政治教育对大学生成长具有重要意义的认同度选项上，选择"非常认同""认同"的学生人数比例随着学生的政治面貌自群众到共青团员再到中共党员的变化逐渐提高，分别为71.60%，88.70%，95.45%。通过比较分析发现，不同政治面貌的大学生对思想政治教育具有重要性的认同度存在差异，中共党员和共青团员的认同度均高于群众。

表 4-4 年级与对高校思想政治教育重要性的认同度

认同度	年级							
	一年级		二年级		三年级		四年级	
	人数	百分比	人数	百分比	人数	百分比	人数	百分比
非常认同	300	68.81	316	58.63	265	66.42	152	63.33
认同	81	18.58	152	28.20	96	24.06	64	26.67
一般	43	9.86	60	11.13	31	7.77	23	9.58
不认同	7	1.61	7	1.30	3	0.75	1	0.42
非常不认同	5	1.15	4	0.74	4	1.00	0	0.00
合计	436	100.00	539	100.00	399	100.00	240	100.00

如表4-4（基于作答此项且标注年级的1614份数据）所示，在对

思想政治教育对大学生成长具有重要意义的认同度选项上,随着年级的变化,认同度稍有起伏,具体来说,一年级至四年级选择"非常认同""认同"的人数比例分别为87.39%,86.83%,90.48%,90.00%。通过比较分析发现,不同年级大学生对思想政治教育重要性的认识不存在显著差异。

表4-5 是否担任学生干部与对高校思想政治教育重要性的认同度

认同度	是否担任学生干部			
	是		否	
	人数	百分比	人数	百分比
非常认同	406	70.49	627	60.70
认同	128	22.22	262	25.36
一般	38	6.60	117	11.33
不认同	3	0.52	15	1.45
非常不认同	1	0.17	12	1.16
合计	576	100.00	1033	100.00

如表4-5(基于作答此项且标注是否担任学生干部的1609份数据)所示,在对思想政治教育对大学生成长具有重要意义的认同度选项上,92.71%的担任学生干部的大学生选择了"非常认同""认同",而作出相同选择的非学生干部的比例为86.06%。通过比较分析发现,学生干部对思想政治教育重要性的认同度高于非学生干部。

表4-6 成绩排名与对高校思想政治教育重要性的认同度

认同度	成绩排名							
	前25%		26%—50%		51%—75%		76%—100%	
	人数	百分比	人数	百分比	人数	百分比	人数	百分比
非常认同	361	69.83	359	64.80	195	60.94	96	53.04
认同	106	20.50	141	25.45	82	25.63	51	28.18
一般	42	8.12	45	8.12	42	13.13	23	12.71

续表

认同度	成绩排名							
	前25%		26%—50%		51%—75%		76%—100%	
	人数	百分比	人数	百分比	人数	百分比	人数	百分比
不认同	3	0.58	4	0.72	1	0.31	8	4.42
非常不认同	5	0.97	5	0.90	0	0.00	3	1.66
合计	517	100.00	554	100.00	320	100.00	181	100.00

如表4-6（基于作答此项且标注成绩排名的1572份数据）所示，在对思想政治教育对大学生成长具有重要意义的认同度选项上，成绩排名在前25%，26%—50%，51%—75%及76%—100%的大学生选择"非常认同""认同"的人数比例分别为90.33%，90.25%，86.57%，81.22%。通过比较分析发现，不同成绩排名的大学生对思想政治教育具有重要意义的认识存在一定差异，成绩排名在前25%，26%—50%及51%—75%的大学生的认同度均高于成绩排名在76%—100%的大学生，而在前三者中，成绩排名前25%的大学生认同度最高。

2. 您对高校开展的思想政治教育效果满意

表4-7 性别与对高校思想政治教育效果的认同度

认同度	性别			
	男		女	
	人数	百分比	人数	百分比
非常认同	243	35.37	285	32.09
认同	263	38.28	379	42.68
一般	130	18.92	190	21.40
不认同	38	5.53	26	2.93
非常不认同	13	1.89	8	0.90
合计	687	100.00	888	100.00

如表 4-7（基于作答此项且标注性别的 1575 份数据）所示，在对高校思想政治教育效果的认同度选项上，94.60% 的大学生选择了"非常认同""认同""一般"，即高校大学生对高校开展的思想政治教育效果认同度较高。通过比较分析发现，74.77% 的女大学生在该问题上选择了"非常认同""认同"，而作出相同选择的男大学生占男生总体的 73.65%，女大学生的满意度略高于男大学生。

表 4-8　政治面貌与对高校思想政治教育效果的认同度

认同度	政治面貌					
	中共党员		共青团员		群众	
	人数	百分比	人数	百分比	人数	百分比
非常认同	29	33.33	462	33.05	34	42.50
认同	39	44.83	582	41.63	18	22.50
一般	14	16.09	281	20.10	21	26.25
不认同	4	4.60	56	4.00	4	5.00
非常不认同	1	1.15	17	1.22	3	3.75
合计	87	100.00	1398	100.00	80	100.00

如表 4-8（基于作答此项且标注政治面貌的 1565 份数据）所示，在对高校思想政治教育效果的认同度选项上，94.57% 的大学生选择了"非常认同""认同""一般"，即高校大学生对高校开展的思想政治教育满意度高。通过比较分析发现，选择"非常认同""认同"的学生中，中共党员、共青团员、群众分别占 78.16%，74.68%，65.00%，不同政治面貌的大学生对思想政治教育效果认同度存在差异，中共党员和共青团员的认同度均高于群众。

表 4-9 年级与对高校思想政治教育效果的认同度

认同度	一年级 人数	一年级 百分比	二年级 人数	二年级 百分比	三年级 人数	三年级 百分比	四年级 人数	四年级 百分比
非常认同	155	35.55	154	28.62	138	34.59	95	39.42
认同	181	41.51	236	43.87	160	40.10	84	34.85
一般	79	18.12	118	21.93	78	19.55	51	21.16
不认同	16	3.67	24	4.46	16	4.01	8	3.32
非常不认同	5	1.15	6	1.12	7	1.75	3	1.24
合计	436	100.00	538	100.00	399	100.00	241	100.00

如表4-9（基于作答此项目标注年级的1614份数据）所示，在对高校思想政治教育效果的认同度选项上，随着年级的变化，满意度稍有起伏，具体来说，一年级至四年级选择"非常认同""认同"的人数比例分别为77.06%，72.49%，74.69%，74.27%。通过比较分析发现，不同年级的大学生对思想政治教育效果认同度存在差异，一年级、三年级、四年级大学生的认同度均高于二年级大学生，其中，一年级大学生的认同度最高。

表 4-10 是否担任学生干部与对高校思想政治教育效果的认同度

认同度	是 人数	是 百分比	否 人数	否 百分比
非常认同	187	32.58	355	34.40
认同	262	45.64	397	38.47
一般	99	17.25	222	21.51
不认同	22	3.83	42	4.07
非常不认同	4	0.70	16	1.55
合计	574	100.00	1032	100.00

如表4-10（基于作答此项且标注是否担任学生干部的1606份数据）所示，在对高校思想政治教育效果的认同度选项上，78.22%担任学生干部的大学生选择了"非常认同""认同"，而作出相同选择的非学生干部比例为72.87%。通过比较分析发现，学生干部对思想政治教育效果的认同度高于非学生干部。

表4-11　成绩排名与对高校思想政治教育效果的认同度

认同度	成绩排名							
	前25%		26%—50%		51%—75%		76%—100%	
	人数	百分比	人数	百分比	人数	百分比	人数	百分比
非常认同	182	35.14	189	34.12	106	33.23	55	30.39
认同	197	38.03	238	42.96	137	42.95	74	40.88
一般	111	21.43	102	18.41	63	19.75	37	20.44
不认同	21	4.05	19	3.43	11	3.45	10	5.52
非常不认同	7	1.35	6	1.08	2	0.63	5	2.76
合计	518	100.00	554	100.00	319	100.00	181	100.00

如表4-11（基于作答此项且标注成绩排名的1572份数据）所示，在对高校思想政治教育效果的认同度选项上，成绩排名在前25%，26%—50%，51%—75%及76%—100%的大学生选择"非常认同""认同"的人数比例分别为73.17%，77.08%，76.18%，71.27%。通过比较分析发现，不同成绩排名的大学生对思想政治教育效果的认同度存在差异，成绩排名在前25%，26%—50%及51%—75%的大学生的认同度均高于成绩排名在76%—100%的大学生，在这三者之间，又以成绩排名在26%—50%的大学生认同度最高。

3. 提升高校思想政治教育的亲和力对于增强高校思想政治教育有效性具有重要意义

表4-12　性别与对高校思想政治教育亲和力重要性的认同度

认同度	性别 男 人数	男 百分比	女 人数	女 百分比
非常认同	420	61.14	614	69.38
认同	185	26.93	183	20.68
一般	63	9.17	78	8.81
不认同	9	1.31	8	0.90
非常不认同	10	1.46	2	0.23
合计	687	100.00	885	100.00

如表4-12（基于作答此项且标注性别的1572份数据）所示，在对高校思想政治教育亲和力的重要性的认同度选项上，98.16%的大学生选择了"非常认同""认同""一般"，即高校大学生认为提升高校思想政治教育亲和力对于增强高校思想政治教育有效性具有重要意义。通过比较分析发现，90.06%的女大学生在该问题上选择了"非常认同""认同"，而作出相同选择的男大学生占男生总体的88.06%，女大学生的认同度高于男大学生。

表4-13　政治面貌与对高校思想政治教育亲和力重要性的认同度

认同度	中共党员 人数	中共党员 百分比	共青团员 人数	共青团员 百分比	群众 人数	群众 百分比
非常认同	61	70.11	928	66.52	41	50.62
认同	22	25.29	324	23.23	20	24.69
一般	3	3.45	123	8.82	12	14.81
不认同	1	1.15	12	0.86	4	4.94

续表

认同度	政治面貌					
	中共党员		共青团员		群众	
	人数	百分比	人数	百分比	人数	百分比
非常不认同	0	0.00	8	0.57	4	4.94
合计	87	100.00	1395	100.00	81	100.00

如表4-13（基于作答此项且标注政治面貌的1563份数据）所示，在对高校思想政治教育亲和力的重要性的认同度选项上，选择"非常认同""认同"的学生人数比例随着学生的政治面貌的自群众到共青团员再到中共党员的变化逐渐提高，分别为75.31%，89.75%，95.40%。通过比较分析发现，不同政治面貌的大学生对高校思想政治教育亲和力的重要性的认同度存在差异，中共党员和共青团员的认同度均高于群众。

表4-14 年级与对高校思想政治教育亲和力重要性的认同度

认同度	年级							
	一年级		二年级		三年级		四年级	
	人数	百分比	人数	百分比	人数	百分比	人数	百分比
非常认同	303	69.66	332	61.71	259	64.91	162	67.50
认同	80	18.39	146	27.14	99	24.81	56	23.33
一般	42	9.66	49	9.11	36	9.02	19	7.92
不认同	4	0.92	9	1.67	3	0.75	1	0.42
非常不认同	6	1.38	2	0.37	2	0.50	2	0.83
合计	435	100.00	538	100.00	399	100.00	240	100.00

如表4-14（基于作答此项且标注年级的1612份数据）所示，在对高校思想政治教育亲和力的重要性的认同度选项上，随着年级的变化，满意度稍有起伏，具体来说，一年级至四年级选择"非常认同""认同"的人数比例分别为83.64%，88.85%，89.72%，90.83%。通过比较分析发现，不同年级大学生对高校思想政治教育亲和力重要性的认同度普遍较高，其中，四年级大学生的认同度最高。

表4-15 是否担任学生干部与对高校思想政治教育亲和力重要性的认同度

认同度	是否担任学生干部			
	是		否	
	人数	百分比	人数	百分比
非常认同	407	71.03	648	62.85
认同	116	20.24	263	25.51
一般	42	7.33	99	9.60
不认同	6	1.05	11	1.07
非常不认同	2	0.35	10	0.97
合计	573	100.00	1031	100.00

如表4-15（基于作答此项且标注是否担任学生干部的1604份数据）所示，在对高校思想政治教育亲和力的重要性的认同度选项上，91.27%担任学生干部的大学生选择了"非常认同""认同"，而作出相同选择的非学生干部比例为88.36%。通过比较分析发现，学生干部对高校思想政治教育亲和力的重要性认同度高于非学生干部。

表4-16 成绩排名与对高校思想政治教育亲和力重要性的认同度

认同度	成绩排名							
	前25%		26%—50%		51%—75%		76%—100%	
	人数	百分比	人数	百分比	人数	百分比	人数	百分比
非常认同	364	70.41	369	66.73	199	62.19	104	57.78
认同	103	19.92	129	23.33	84	26.25	49	27.22
一般	39	7.54	48	8.68	32	10.00	22	12.22
不认同	4	0.77	4	0.72	5	1.56	3	1.67
非常不认同	7	1.35	3	0.54	0	0.00	2	1.11
合计	517	100.00	553	100.00	320	100.00	180	100.00

如表4-16（基于作答此项且标注成绩排名的1570份数据）所示，在对高校思想政治教育亲和力的重要性的认同度选项上，成绩排名在前

25%，26%—50%，51%—75%及76%—100%的大学生选择"非常认同""认同"的人数比例分别为90.33%，90.06%，88.44%，85.00%。通过比较分析发现，不同成绩排名的大学生对高校思想政治教育亲和力的重要性认同度存在显著差异，但都普遍认为提升高校思想政治教育亲和力具有重要意义。

4. 您所在高校开展的思想政治教育具有亲和力

表4-17 性别与对高校思想政治教育亲和力的认同度

认同度	性别			
	男		女	
	人数	百分比	人数	百分比
非常认同	226	32.80	271	30.52
认同	257	37.30	357	40.20
一般	153	22.21	208	23.42
不认同	39	5.67	38	4.28
非常不认同	14	2.03	14	1.58
合计	689	100.00	888	100.00

如表4-17（基于作答此项且标注性别的1577份数据）所示，在对高校思想政治教育具有亲和力的认同度选项上，93.60%的大学生选择了"非常认同""认同""一般"，即男女大学生普遍认为高校思想政治教育具有亲和力。然而，与本问卷中"提升高校思想政治教育的亲和力对于增强高校思想政治教育有效性具有重要意义"一项的统计结果的比较来看，高校思想政治教育在满足学生成长发展需求和期待方面仍有差距，需要进一步增强亲和力。通过比较分析发现，70.72%的女大学生在该问题上选择了"非常认同""认同"，而作出相同选择的男大学生占男生总体的70.10%，二者之间不存在显著差异。

表 4-18　政治面貌与对高校思想政治教育亲和力的认同度

认同度	政治面貌					
	中共党员		共青团员		群众	
	人数	百分比	人数	百分比	人数	百分比
非常认同	32	36.78	435	31.09	27	33.75
认同	28	32.18	564	40.31	21	26.25
一般	21	24.14	310	22.16	24	30.00
不认同	6	6.90	64	4.57	6	7.50
非常不认同	0	0.00	26	1.86	2	2.50
合计	87	100.00	1399	100.00	80	100.00

如表 4-18（基于作答此项且标注政治面貌的 1566 份数据）所示，在对高校思想政治教育具有亲和力的认同度选项上，中共党员、共青团员和群众选择"非常认同""认同"的学生人数比例分别为 68.96%，71.40%，60.00%。通过比较分析发现，不同政治面貌的大学生对高校思想政治教育亲和力的认同度存在差异，中共党员和共青团员的认同度均高于群众。

表 4-19　年级与对高校思想政治教育亲和力的认同度

认同度	年级							
	一年级		二年级		三年级		四年级	
	人数	百分比	人数	百分比	人数	百分比	人数	百分比
非常认同	157	36.01	150	27.83	119	29.75	89	36.93
认同	160	36.70	228	42.30	154	38.50	85	35.27
一般	88	20.18	128	23.75	103	25.75	49	20.33
不认同	25	5.73	23	4.28	17	4.25	13	5.39
非常不认同	6	1.38	10	1.86	7	1.75	5	2.07
合计	436	100.00	539	100.00	400	100.00	241	100.00

如表 4-19（基于作答此项且标注年级的 1616 份数据）所示，在

对高校思想政治教育具有亲和力的认同度选项上，随着年级的变化，对高校思想政治教育亲和力的评价稍有起伏，具体来说，一年级至四年级选择"非常认同""认同"的人数比例分别为72.71%，70.13%，68.25%，72.20%。通过比较分析发现，不同年级大学生对思想政治教育亲和力的评价不存在显著差异，其中，一年级大学生的认同度最高。

表4-20 是否担任学生干部与对高校思想政治教育亲和力的认同度

认同度	是否担任学生干部			
	是		否	
	人数	百分比	人数	百分比
非常认同	183	31.83	332	32.11
认同	237	41.22	388	37.52
一般	124	21.57	239	23.11
不认同	24	4.17	54	5.22
非常不认同	7	1.22	21	2.03
合计	575	100.00	1034	100.00

如表4-20（基于作答此项且标注是否担任学生干部的1609份数据）所示，在对高校思想政治教育具有亲和力的认同度选项上，73.05%担任学生干部的大学生选择了"非常认同""认同"，而作出相同选择的非学生干部占非学生干部总体的69.63%。通过比较分析发现，学生干部对高校思想政治教育亲和力的认同度略高于非学生干部。

表4-21 成绩排名与对高校思想政治教育亲和力的认同度

认同度	成绩排名							
	前25%		26%—50%		51%—75%		76%—100%	
	人数	百分比	人数	百分比	人数	百分比	人数	百分比
非常认同	167	32.18	181	32.67	105	32.81	55	30.39
认同	200	38.54	216	38.99	122	38.13	72	39.78
一般	120	23.12	126	22.74	72	22.50	39	21.55

续表

认同度	成绩排名							
	前25%		26%—50%		51%—75%		76%—100%	
	人数	百分比	人数	百分比	人数	百分比	人数	百分比
不认同	22	4.24	25	4.51	15	4.69	10	5.52
非常不认同	10	1.93	6	1.08	6	1.88	5	2.76
合计	519	100.00	554	100.00	320	100.00	181	100.00

如表4-21（基于作答此项目标注成绩排名的1574份数据）所示，在对高校思想政治教育具有亲和力的认同度选项上，成绩排名在前25%，26%—50%，51%—75%及76%—100%的大学生选择"非常认同""认同"的人数比例分别为70.72%，71.66%，70.94%，70.17%。通过比较分析发现，不同成绩排名的大学生对高校思想政治教育亲和力的认同度存在较小差异，成绩排名在前25%，26%—50%及51%—75%大学生的认同度均高于成绩排名在76%—100%的大学生，而在这三者之间，成绩排名在26%—50%的大学生的认同度最高。

新时代高校思想政治教育亲和力现状调查的第二方面是了解被调查人对高校思想政治教育目标亲和力的看法，主要包括以下诸多条目。

1. 高校的思想政治教育目标兼顾了个人目标和社会目标

表4-22 性别与对高校思想政治教育目标的认同度

认同度	性别			
	男		女	
	人数	百分比	人数	百分比
非常认同	258	37.55	315	35.47
认同	244	35.52	339	38.18
一般	137	19.94	183	20.61
不认同	38	5.53	37	4.17

续表

认同度	性别			
	男		女	
	人数	百分比	人数	百分比
非常不认同	10	1.45	14	1.58
合计	687	100.00	888	100.00

如表4-22（基于作答此项且标注性别的1575份数据）所示，在对高校的思想政治教育目标兼顾了个人目标和社会目标的认同度选项上，93.71%的大学生选择了"非常认同""认同""一般"，即绝大部分学生认为高校思想政治教育目标既符合国家的意志、涵括社会的要求，也考虑了个体的需要。通过比较分析发现，73.65%的女大学生在该问题上选择了"非常认同""认同"，而作出相同选择的男大学生占男生总体的73.07%，女大学生的认同度略高于男大学生。

表4-23 政治面貌与对高校思想政治教育目标的认同度

认同度	政治面貌					
	中共党员		共青团员		群众	
	人数	百分比	人数	百分比	人数	百分比
非常认同	35	40.70	519	37.20	32	40.00
认同	31	36.05	518	37.13	19	23.75
一般	16	18.60	274	19.64	21	26.25
不认同	4	4.65	63	4.52	6	7.50
非常不认同	0	0.00	21	1.51	2	2.50
合计	86	100.00	1395	100.00	80	100.00

如表4-23（基于作答此项且标注政治面貌的1561份数据）所示，在对高校的思想政治教育目标兼顾了个人目标和社会目标的认同度选项上，选择"非常认同""认同"的学生人数比例随着学生的政治面貌自中共党员到共青团员再到群众的变化逐渐降低，分别为76.75%，

74.33%，63.75%。通过比较分析发现，不同政治面貌大学生对思想政治教育目标的看法存在差异，中共党员和共青团员对高校思想政治教育目标的认同度均高于群众。

表4-24 年级与对高校思想政治教育目标的认同度

认同度	一年级 人数	一年级 百分比	二年级 人数	二年级 百分比	三年级 人数	三年级 百分比	四年级 人数	四年级 百分比
非常认同	196	45.20	174	32.34	139	34.84	101	42.08
认同	136	31.34	220	40.89	146	36.59	80	33.33
一般	74	17.05	114	21.19	88	22.06	44	18.33
不认同	24	5.53	25	4.65	16	4.01	10	4.17
非常不认同	4	0.92	5	0.93	10	2.51	5	2.08
合计	434	100.00	538	100.00	399	100.00	240	100.00

如表4-24（基于作答此项且标注年级的1611份数据）所示，在对高校的思想政治教育目标兼顾了个人目标和社会目标的认同度选项上，随着年级的变化，认同度稍有起伏，具体来说，一年级至四年级选择"非常认同""认同"的人数比例分别为76.54%，73.23%，71.43%，75.41%。通过比较分析发现，不同年级大学生对高校思想政治教育目标兼顾了个人目标和社会目标的认同度存在差异，其中，一年级大学生的认同度最高。

表4-25 是否担任学生干部与对高校思想政治教育目标的认同度

认同度	是 人数	是 百分比	否 人数	否 百分比
非常认同	226	39.51	382	37.05
认同	224	39.16	355	34.43
一般	99	17.31	218	21.14

续表

认同度	是否担任学生干部			
	是		否	
	人数	百分比	人数	百分比
不认同	19	3.32	56	5.43
非常不认同	4	0.70	20	1.94
合计	572	100.00	1031	100.00

如表4-25（基于作答此项且标注是否担任学生干部的1603份数据）所示，在对高校的思想政治教育目标兼顾了个人目标和社会目标的认同度选项上，78.67%担任学生干部的大学生选择了"非常认同""认同"，而作出相同选择的非学生干部比例为71.48%。通过比较分析发现，担任学生干部的大学生对高校思想政治教育目标兼顾了个人目标和社会目标的认同度高于非学生干部。

表4-26 成绩排名与对高校思想政治教育目标的认同度

认同度	成绩排名							
	前25%		26%—50%		51%—75%		76%—100%	
	人数	百分比	人数	百分比	人数	百分比	人数	百分比
非常认同	206	39.77	212	38.41	122	38.24	56	31.11
认同	177	34.17	202	36.59	111	34.80	76	42.22
一般	99	19.11	111	20.11	71	22.26	33	18.33
不认同	28	5.41	19	3.44	12	3.76	11	6.11
非常不认同	8	1.54	8	1.45	3	0.94	4	2.22
合计	518	100.00	552	100.00	319	100.00	180	100.00

如表4-26（基于作答此项且标注成绩排名的1569份数据）所示，在对高校的思想政治教育目标兼顾了个人目标和社会目标的认同度选项上，成绩排名在前25%，26%—50%，51%—75%及76%—100%的大学生选择"非常认同""认同"的人数比例分别为73.94%，75.00%，

73.04%，73.33%。通过比较分析发现，不同成绩排名的大学生对高校思想政治教育目标兼顾了个人目标和社会目标的认同度存在一定差异，其中，成绩排名在26%—50%的大学生的认同度最高。

2. 高校会针对学生个性特点制定符合个人实际的具体思想政治教育目标

表4-27 性别与对高校具体思想政治教育目标的认同度

认同度	性别			
	男		女	
	人数	百分比	人数	百分比
非常认同	241	34.98	263	29.62
认同	215	31.20	303	34.12
一般	154	22.35	237	26.69
不认同	52	7.55	69	7.77
非常不认同	27	3.92	16	1.80
合计	689	100.00	888	100.00

如表4-27（基于作答此项且标注性别的1577份数据）所示，在对高校会针对学生个性特点制定符合个人实际的具体思想政治教育目标的认同度选项上，89.60%的大学生选择了"非常认同""认同""一般"，即绝大多数学生认同高校制定具体思想政治教育目标时考虑了学生的个性特点，但这个数据同时也说明，高校思想政治教育应进一步满足个体的成长发展需求和期待，让思想政治教育更为教育对象所喜欢、认可、悦纳。通过比较分析发现，66.18%的男大学生在该问题上选择了"非常认同""认同"，而作出相同选择的女大学生占女生总体的63.74%，男大学生对此问题的认同度高于女大学生。

表4-28 政治面貌与对高校具体思想政治教育目标的认同度

认同度	政治面貌					
	中共党员		共青团员		群众	
	人数	百分比	人数	百分比	人数	百分比
非常认同	30	34.48	465	33.26	31	38.75
认同	28	32.18	455	32.55	17	21.25
一般	19	21.84	345	24.68	17	21.25
不认同	10	11.49	95	6.80	10	12.50
非常不认同	0	0.00	38	2.72	5	6.25
合计	87	100.00	1398	100.00	80	100.00

如表4-28（基于作答此项且标注政治面貌的1565份数据）所示，在对高校会针对学生个性特点制定符合个人实际的具体思想政治教育目标的认同度选项上，选择"非常认同""认同"的学生人数比例随着学生的政治面貌自中共党员到共青团员再到群众的变化逐渐降低，分别为66.66%，65.81%，60.00%。通过比较分析发现，不同政治面貌的大学生对高校具体思想政治教育目标的认同度存在差异，中共党员和共青团员的认同度均高于群众。

表4-29 年级与对高校具体思想政治教育目标的认同度

认同度	年级							
	一年级		二年级		三年级		四年级	
	人数	百分比	人数	百分比	人数	百分比	人数	百分比
非常认同	156	35.86	172	31.91	130	32.50	86	35.68
认同	127	29.20	192	35.62	129	32.25	70	29.05
一般	114	26.21	129	23.93	98	24.50	48	19.92
不认同	25	5.75	36	6.68	32	8.00	28	11.62
非常不认同	13	2.99	10	1.86	11	2.75	9	3.73
合计	435	100.00	539	100.00	400	100.00	241	100.00

如表4-29（基于作答此项且标注年级的1615份数据）所示，在对高校会针对学生个性特点制定符合个人实际的具体思想政治教育目标的认同度选项上，随着年级的变化，认同度稍有起伏，具体来说，一年级至四年级选择"非常认同""认同"的人数比例分别为65.06%，67.53%，64.75%，64.73%。通过比较分析发现，不同年级的大学生对高校具体思想政治教育目标的认同度不存在明显差异，其中，二年级大学生的认同度最高。

表4-30 是否担任学生干部与对高校具体思想政治教育目标的认同度

认同度	是否担任学生干部			
	是		否	
	人数	百分比	人数	百分比
非常认同	198	34.49	343	33.20
认同	201	35.02	314	30.40
一般	134	23.34	255	24.69
不认同	34	5.92	85	8.23
非常不认同	7	1.22	36	3.48
合计	574	100.00	1033	100.00

如表4-30（基于作答此项且标注是否担任学生干部的1607份数据）所示，在对高校会针对学生个性特点制定符合个人实际的具体思想政治教育目标的认同度选项上，69.51%担任学生干部的大学生选择了"非常认同""认同"，而作出相同选择的非学生干部的比例为63.60%。通过比较分析发现，担任学生干部的大学生对高校具体思想政治教育目标的认同度高于非学生干部。

表4-31 成绩排名与对高校具体思想政治教育目标的认同度

认同度	成绩排名							
	前25%		26%—50%		51%—75%		76%—100%	
	人数	百分比	人数	百分比	人数	百分比	人数	百分比
非常认同	182	35.14	183	33.03	106	33.13	59	32.60
认同	167	32.24	182	32.85	107	33.43	52	28.73
一般	123	23.75	127	22.92	76	23.75	51	28.18
不认同	35	6.76	44	7.94	25	7.81	12	6.63
非常不认同	11	2.12	18	3.25	6	1.88	7	3.87
合计	518	100.00	554	100.00	320	100.00	181	100.00

如表4-31（基于作答此项目标注成绩排名的1573份数据）所示，在对高校会针对学生个性特点制定符合个人实际的具体思想政治教育目标的认同度选项上，成绩排名在前25%，26%—50%，51%—75%及76%—100%的大学生选择"非常认同""认同"的人数比例分别为67.38%，65.88%，66.56%，61.33%。通过比较分析发现，不同成绩排名的大学生对高校具体思想政治教育目标的认同度存在一定差异，成绩排名在前25%，26%—50%及51%—75%的大学生的认同度均高于成绩排名在76%—100%的大学生。

3. 高校思想政治教育目标体现了鲜明的时代性

表4-32 性别与对高校思想政治教育目标彰显时代性的认同度

认同度	性别			
	男		女	
	人数	百分比	人数	百分比
非常认同	275	39.91	370	41.67
认同	250	36.28	331	37.27
一般	115	16.69	151	17.00
不认同	35	5.08	29	3.27

109

续表

认同度	性别			
	男		女	
	人数	百分比	人数	百分比
非常不认同	14	2.03	7	0.79
合计	689	100.00	888	100.00

如表4-32（基于作答此项且标注性别的1577份数据）所示，在对高校思想政治教育目标体现了鲜明的时代性的认同度选项上，94.61%的大学生选择了"非常认同""认同""一般"，即绝大部分学生认为高校思想政治教育目标富有时代性。通过比较分析发现，76.19%的男大学生在该问题上选择了"非常认同""认同"，而作出相同选择的女大学生占女生总体的78.94%，女大学生对此问题的认同度高于男大学生。

表4-33 政治面貌与对高校思想政治教育目标彰显时代性的认同度

认同度	政治面貌					
	中共党员		共青团员		群众	
	人数	百分比	人数	百分比	人数	百分比
非常认同	34	39.08	595	42.68	29	37.18
认同	33	37.93	504	36.15	27	34.62
一般	17	19.54	226	16.21	13	16.67
不认同	3	3.45	51	3.66	8	10.26
非常不认同	0	0.00	18	1.29	1	1.28
合计	87	100.00	1394	100.00	78	100.00

如表4-33（基于作答此项且标注政治面貌的1559份数据）所示，在对高校思想政治教育目标体现了鲜明的时代性的认同度选项上，选择"非常认同""认同"的学生人数比例随着学生的政治面貌自中共党员到共青团员再到群众的变化稍有起伏，分别为77.01%，78.83%，

71.80%。通过比较分析发现，不同政治面貌的大学生对高校思想政治教育目标富有时代性的认同度存在差异，中共党员和共青团员的认同度均高于群众。

表4-34　年级与对高校思想政治教育目标彰显时代性的认同度

认同度	年级							
	一年级		二年级		三年级		四年级	
	人数	百分比	人数	百分比	人数	百分比	人数	百分比
非常认同	214	49.08	203	37.73	157	39.55	106	44.17
认同	145	33.26	222	41.26	141	35.52	72	30.00
一般	60	13.76	85	15.80	75	18.89	45	18.75
不认同	11	2.52	24	4.46	19	4.79	11	4.58
非常不认同	6	1.38	4	0.74	5	1.26	6	2.50
合计	436	100.00	538	100.00	397	100.00	240	100.00

如表4-34（基于作答此项且标注年级的1611份数据）所示，在对高校思想政治教育目标体现了鲜明的时代性的认同度选项上，随着年级的变化，认同度稍有起伏，具体来说，一年级至四年级选择"非常认同""认同"的人数比例分别为82.34%，78.99%，75.07%，74.17%。通过比较分析发现，不同年级的大学生对高校思想政治教育目标具有时代性的认同度存在差异，其中，一年级大学生的认同度最高。

表4-35　是否担任学生干部与对高校思想政治教育目标彰显时代性的认同度

认同度	是否担任学生干部			
	是		否	
	人数	百分比	人数	百分比
非常认同	254	44.41	423	41.03
认同	218	38.11	359	34.82
一般	80	13.99	184	17.85
不认同	18	3.15	46	4.46

续表

认同度	是否担任学生干部			
	是		否	
	人数	百分比	人数	百分比
非常不认同	2	0.35	19	1.84
合计	572	100.00	1031	100.00

如表4-35（基于作答此项且标注是否担任学生干部的1603份数据）所示，在对高校思想政治教育目标体现了鲜明的时代性的认同度选项上，82.52%担任学生干部的大学生在该问题上选择了"非常认同""认同"，而作出相同选择的非学生干部比例为75.85%。通过比较分析发现，担任学生干部的大学生的认同度高于非学生干部。

表4-36 成绩排名与对高校思想政治教育目标彰显时代性的认同度

认同度	成绩排名							
	前25%		26%—50%		51%—75%		76%—100%	
	人数	百分比	人数	百分比	人数	百分比	人数	百分比
非常认同	231	44.85	243	43.94	122	38.13	67	37.02
认同	172	33.40	195	35.26	129	40.31	72	39.78
一般	77	14.95	88	15.91	60	18.75	30	16.57
不认同	24	4.66	23	4.16	8	2.50	9	4.97
非常不认同	11	2.14	4	0.72	1	0.31	3	1.66
合计	515	100.00	553	100.00	320	100.00	181	100.00

如表4-36（基于作答此项且标注成绩排名的1569份数据）所示，在对高校思想政治教育目标体现了鲜明的时代性的认同度选项上，成绩排名在前25%，26%—50%，51%—75%及76%—100%的大学生选择"非常认同""认同"的人数比例分别为78.25%，79.20%，78.44%，76.80%。通过比较分析发现，不同成绩排名的大学生对高校思想政治教育目标富有时代性的认同度不存在明显差异，其中，二年级大学生的

认同度最高。

新时代高校思想政治教育亲和力现状调查的第三方面是了解被调查人对思想政治教育者亲和力的看法，主要包括以下诸多条目。

1. 您的思政课教师能清楚阐释基本理论问题，把道理讲深、讲透、讲活，具有深厚的理论功底

表4-37　性别与对高校思政课教师理论功底的认同度

认同度	性别			
	男		女	
	人数	百分比	人数	百分比
非常认同	355	51.52	375	42.23
认同	215	31.20	349	39.30
一般	90	13.06	135	15.20
不认同	21	3.05	25	2.81
非常不认同	8	1.16	4	0.45
合计	689	100.00	888	100.00

如表4-37（基于作答此项且标注性别的1577份数据）所示，在对高校思政课教师理论功底的认同度选项上，96.32%的大学生选择了"非常认同""认同""一般"，即绝大部分学生认同高校思政课教师有较为深厚的理论功底，具有理论亲和力。具体来说，81.53%的女大学生在该问题上选择了"非常认同""认同"，而作出相同选择的男大学生占男生总体的82.72%，男大学生对此问题的认同度高于女大学生。

表4-38　政治面貌与对高校思政课教师理论功底的认同度

认同度	政治面貌					
	中共党员		共青团员		群众	
	人数	百分比	人数	百分比	人数	百分比
非常认同	38	43.68	681	48.75	35	43.75

续表

认同度	政治面貌					
	中共党员		共青团员		群众	
	人数	百分比	人数	百分比	人数	百分比
认同	30	34.48	490	35.08	23	28.75
一般	14	16.09	185	13.24	13	16.25
不认同	3	3.45	33	2.36	7	8.75
非常不认同	2	2.30	8	0.57	2	2.50
合计	87	100.00	1397	100.00	80	100.00

如表4-38（基于作答此项且标注政治面貌的1564份数据）所示，在对高校思政课教师理论功底的认同度选项上，选择"非常认同""认同"的中共党员、共青团员和群众的学生人数比例分别为78.16%，83.83%，72.50%。通过比较分析发现，不同政治面貌的大学生对高校思政课教师理论功底的认同度存在差异，中共党员和共青团员对高校思政课教师理论功底的认同度均高于群众。

表4-39 年级与对高校思政课教师理论功底的认同度

认同度	年级							
	一年级		二年级		三年级		四年级	
	人数	百分比	人数	百分比	人数	百分比	人数	百分比
非常认同	226	51.83	265	49.17	173	43.36	105	43.75
认同	133	30.50	185	34.32	144	36.09	100	41.67
一般	61	13.99	74	13.73	65	16.29	25	10.42
不认同	13	2.98	12	2.23	13	3.26	8	3.33
非常不认同	3	0.69	3	0.56	4	1.00	2	0.83
合计	436	100.00	539	100.00	399	100.00	240	100.00

如表4-39（基于作答此项且标注年级的1614份数据）所示，在对高校思政课教师理论功底的认同度选项上，随着年级的变化，认同度

稍有起伏，具体来说，一年级至四年级选择"非常认同""认同"的人数比例分别为82.33%，83.49%，79.45%，85.42%。通过比较分析发现，不同年级大学生对高校思政课教师理论功底的认同度存在一定差异，其中，四年级大学生的认同度最高。

表4-40 是否担任学生干部与对高校思政课教师理论功底的认同度

认同度	是否担任学生干部			
	是		否	
	人数	百分比	人数	百分比
非常认同	277	48.26	490	47.48
认同	213	37.11	347	33.62
一般	69	12.02	152	14.73
不认同	11	1.92	35	3.39
非常不认同	4	0.70	8	0.78
合计	574	100.00	1032	100.00

如表4-40（基于作答此项且标注年级的1606份数据）所示，在对高校思政课教师理论功底的认同度选项上，85.37%担任学生干部的大学生选择了"非常认同""认同"，而作出相同选择的非学生干部比例为81.10%。通过比较分析发现，担任学生干部的大学生对高校思政课教师理论功底的认同度高于非学生干部。

表4-41 成绩排名与对高校思政课教师理论功底的认同度

认同度	成绩排名							
	前25%		26%—50%		51%—75%		76%—100%	
	人数	百分比	人数	百分比	人数	百分比	人数	百分比
非常认同	248	47.78	264	47.83	159	49.69	81	44.75
认同	186	35.84	193	34.96	108	33.75	61	33.70
一般	68	13.10	79	14.31	41	12.81	31	17.13
不认同	12	2.31	13	2.36	11	3.44	5	2.76

续表

认同度	成绩排名							
	前25%		26%—50%		51%—75%		76%—100%	
	人数	百分比	人数	百分比	人数	百分比	人数	百分比
非常不认同	5	0.96	3	0.54	1	0.31	3	1.66
合计	519	100.00	552	100.00	320	100.00	181	100.00

如表4-41（基于作答此项且标注成绩排名的1572份数据）所示，在对高校思政课教师理论功底的认同度选项上，成绩排名在前25%，26%—50%，51%—75%及76%—100%的大学生选择"非常认同""认同"的人数比例分别为83.62%，82.79%，83.44%，78.45%。通过比较分析发现，不同成绩排名的大学生对高校思政课教师理论功底的认同度存在一定差异，其中，成绩排名在前25%的大学生的认同度最高。

2. 您的思政课教师有教育情怀，工作认真负责

表4-42 性别与对高校思政课教师教育情怀的认同度

认同度	性别			
	男		女	
	人数	百分比	人数	百分比
非常认同	364	52.83	423	47.64
认同	224	32.51	323	36.37
一般	85	12.34	126	14.19
不认同	12	1.74	16	1.80
非常不认同	4	0.58	0	0.00
合计	689	100.00	888	100.00

如表4-42（基于作答此项且标注性别的1577份数据）所示，在对高校思政课教师教育情怀的认同度选项上，97.97%的大学生选择了"非常认同""认同""一般"，即绝大部分学生认为高校思政课教师有

深厚的教育情怀，工作认真负责。具体来说，85.34%的男大学生在该问题上选择了"非常认同""认同"，而作出相同选择的女大学生占女生总体的84.01%。通过比较分析发现，男大学生对此问题的认同度高于女大学生。

表4-43 政治面貌与对高校思政课教师教育情怀的认同度

认同度	政治面貌					
	中共党员		共青团员		群众	
	人数	百分比	人数	百分比	人数	百分比
非常认同	43	49.43	729	52.18	38	47.50
认同	28	32.18	475	34.00	23	28.75
一般	12	13.79	173	12.38	15	18.75
不认同	4	4.60	17	1.22	3	3.75
非常不认同	0	0.00	3	0.21	1	1.25
合计	87	100.00	1397	100.00	80	100.00

如表4-43（基于作答此项且标注政治面貌的1564份数据）所示，在对高校思政课教师教育情怀的认同度选项上，选择"非常认同""认同"的中共党员、共青团员和群众的学生人数比例分别为81.61%，86.18%，76.25%。通过比较分析发现，不同政治面貌的大学生对高校思政课教师教育情怀的认同度存在差异，中共党员和共青团员对高校思政课教师教育情怀的认同度均高于群众。

表4-44 年级与对高校思政课教师教育情怀的认同度

认同度	年级							
	一年级		二年级		三年级		四年级	
	人数	百分比	人数	百分比	人数	百分比	人数	百分比
非常认同	244	55.96	291	53.99	183	45.98	106	44.17
认同	139	31.88	172	31.91	144	36.18	91	37.92
一般	40	9.17	67	12.43	65	16.33	39	16.25

续表

认同度	年级							
	一年级		二年级		三年级		四年级	
	人数	百分比	人数	百分比	人数	百分比	人数	百分比
不认同	12	2.75	9	1.67	5	1.26	2	0.83
非常不认同	1	0.23	0	0.00	1	0.25	2	0.83
合计	436	100.00	539	100.00	398	100.00	240	100.00

如表4-44（基于作答此项且标注年级的1613份数据）所示，在对高校思政课教师教育情怀的认同度选项上，随着年级的变化，认同度稍有起伏，具体来说，一年级至四年级选择"非常认同""认同"的人数比例分别为87.84%，85.90%，82.16%，82.09%。通过比较分析发现，不同年级的大学生对高校思政课教师教育情怀的认同度存在一定差异，其中，一年级大学生的认同度最高。

表4-45 是否担任学生干部与对高校思政课教师教育情怀的认同度

认同度	是否担任学生干部			
	是		否	
	人数	百分比	人数	百分比
非常认同	297	51.74	524	50.82
认同	208	36.24	337	32.69
一般	58	10.10	151	14.65
不认同	10	1.74	16	1.55
非常不认同	1	0.17	3	0.29
合计	574	100.00	1031	100.00

如表4-45（基于作答此项且标注年级的1605份数据）所示，在对高校思政课教师教育情怀的认同度选项上，87.98%担任学生干部的大学生选择了"非常认同""认同"，而作出相同选择的非学生干部比例为83.51%。通过比较分析发现，担任学生干部的大学生对高校思政课教师教育情怀的认同度高于非学生干部。

表4-46 成绩排名与对高校思政课教师教育情怀的认同度

认同度	成绩排名							
	前25%		26%—50%		51%—75%		76%—100%	
	人数	百分比	人数	百分比	人数	百分比	人数	百分比
非常认同	263	50.67	290	52.54	166	51.88	85	47.22
认同	173	33.33	192	34.78	112	35.00	57	31.67
一般	73	14.07	62	11.23	36	11.25	35	19.44
不认同	7	1.35	7	1.27	6	1.88	3	1.67
非常不认同	3	0.58	1	0.18	0	0.00	0	0.00
合计	519	100.00	552	100.00	320	100.00	180	100.00

如表4-46（基于作答此项且标注成绩排名的1571份数据）所示，在对高校思政课教师教育情怀的认同度选项上，成绩排名在前25%，26%—50%，51%—75%及76%—100%的大学生选择"非常认同""认同"的人数比例分别为84.00%，87.32%，86.88%，78.89%。通过比较分析发现，不同成绩排名的大学生对高校思政课教师教育情怀的认同度存在一定差异，其中，成绩排名在76%—100%的大学生的认同度最低。

3.您的思政课教师教学方法灵活多样，能综合运用现代化技术手段，"包装"时尚

表4-47 性别与对高校思政课教师教学方法的认同度

认同度	性别			
	男		女	
	人数	百分比	人数	百分比
非常认同	280	40.70	310	34.91
认同	199	28.92	298	33.56
一般	150	21.80	219	24.66
不认同	46	6.69	54	6.08
非常不认同	13	1.89	7	0.79
合计	688	100.00	888	100.00

如表 4-47（基于作答此项且标注性别的 1576 份数据）所示，在对高校思政课教师教学方法的认同度选项上，92.39% 的大学生选择了"非常认同""认同""一般"。通过比较分析发现，68.47% 的女大学生在该问题上选择了"非常认同""认同"，而作出相同选择的男大学生占男生总体的 69.62%，男大学生对高校思政课教师教学方法的认同度高于女大学生。

表 4-48 政治面貌与对高校思政课教师教学方法的认同度

认同度	政治面貌					
	中共党员		共青团员		群众	
	人数	百分比	人数	百分比	人数	百分比
非常认同	38	44.19	546	39.14	25	31.25
认同	15	17.44	440	31.54	27	33.75
一般	21	24.42	315	22.58	21	26.25
不认同	11	12.80	79	5.66	4	5.00
非常不认同	1	1.16	15	1.08	3	3.75
合计	86	100.00	1395	100.00	80	100.00

如表 4-48（基于作答此项且标注政治面貌的 1561 份数据）所示，在对高校思政课教师教学方法的认同度选项上，不同政治面貌的大学生对高校思政课教师教学方法的认同度存在差异，中共党员、共青团员和群众选择"非常认同""认同"的人数比例分别为 61.63%，70.68%，65.00%。通过比较分析发现，共青团员对高校思政课教师教学方法的认同度最高。

表 4-49 年级与对高校思政课教师教学方法的认同度

认同度	一年级 人数	一年级 百分比	二年级 人数	二年级 百分比	三年级 人数	三年级 百分比	四年级 人数	四年级 百分比
非常认同	203	46.67	192	35.69	146	36.68	86	35.83
认同	117	26.90	188	34.94	116	29.15	75	31.25
一般	85	19.54	128	23.79	105	26.38	50	20.83
不认同	22	5.06	27	5.02	28	7.04	23	9.58
非常不认同	8	1.84	3	0.56	3	0.75	6	2.50
合计	435	100.00	538	100.00	398	100.00	240	100.00

如表 4-49（基于作答此项且标注年级的 1611 份数据）所示，在对高校思政课教师教学方法的认同度选项上，随着年级的变化，认同度稍有起伏，具体来说，一年级至四年级选择"非常认同""认同"的人数比例分别为 73.57%，70.63%，65.83%，67.08%。通过比较分析发现，一年级大学生对高校思政课教师教学方法的认同度最高，而三年级大学生的认同度最低。

表 4-50 是否担任学生干部与对高校思政课教师教学方法的认同度

认同度	是 人数	是 百分比	否 人数	否 百分比
非常认同	227	39.69	397	38.51
认同	182	31.82	309	29.97
一般	126	22.03	243	23.57
不认同	33	5.77	66	6.40
非常不认同	4	0.70	16	1.55
合计	572	100.00	1031	100.00

如表 4-50（基于作答此项且标注是否担任学生干部的 1603 份数据）所示，在对高校思政课教师教学方法的认同度选项上，71.51% 担

任学生干部的大学生选择了"非常认同""认同",而作出相同选择的非学生干部的比例为68.48%。通过比较分析发现,学生干部对高校思政课教师教学方法的认同度高于非学生干部。

表4-51 成绩排名与对思政课教师教学方法的认同度

认同度	成绩排名							
	前25%		26%—50%		51%—75%		76%—100%	
	人数	百分比	人数	百分比	人数	百分比	人数	百分比
非常认同	210	40.54	216	39.20	121	37.93	67	37.02
认同	152	29.34	163	29.58	110	34.48	56	30.94
一般	115	22.20	126	22.87	71	22.26	48	26.52
不认同	34	6.56	42	7.62	14	4.39	6	3.31
非常不认同	7	1.35	4	0.73	3	0.94	4	2.21
合计	518	100.00	551	100.00	319	100.00	181	100.00

如表4-51(基于作答此项且标注成绩排名的1569份数据)所示,在对高校思政课教师教学方法的认同度选项上,成绩排名在前25%,26%—50%,51%—75%及76%—100%的大学生选择"非常认同""认同"的人数比例分别为69.88%,68.78%,72.41%,67.96%。通过比较分析发现,不同成绩排名的大学生对高校思政课教师教学方法的认同度存在差异,成绩排名在前25%,26%—50%及51%—75%的大学生的认同度均高于成绩排名在76%—100%的大学生。

4.您的思政课教师注重教学互动,课堂上能充分调动学生参与的积极性

表4-52 性别与对高校思政课教师教学互动的认同度

认同度	性别			
	男		女	
	人数	百分比	人数	百分比
非常认同	296	43.02	306	34.46

续表

认同度	性别			
	男		女	
	人数	百分比	人数	百分比
认同	201	29.22	310	34.91
一般	139	20.20	203	22.86
不认同	38	5.52	57	6.42
非常不认同	14	2.03	12	1.35
合计	688	100.00	888	100.00

如表4-52（基于作答此项且标注性别的1576份数据）所示，在对高校思政课教师教学互动的认同度选项上，69.37%的女大学生选择了"非常认同""认同"，而作出相同选择的男大学生占男生总体的72.24%。通过比较分析发现，女大学生的认同度低于男大学生，高校思政课教师应进一步加强教学互动。

表4-53 政治面貌与对高校思政课教师教学互动的认同度

认同度	政治面貌					
	中共党员		共青团员		群众	
	人数	百分比	人数	百分比	人数	百分比
非常认同	33	38.37	557	39.90	36	45.00
认同	27	31.40	447	32.02	18	22.50
一般	19	22.09	291	20.85	18	22.50
不认同	4	4.65	81	5.80	6	7.50
非常不认同	3	3.49	20	1.43	2	2.50
合计	86	100.00	1396	100.00	80	100.00

如表4-53（基于作答此项且标注政治面貌的1562份数据）所示，在对高校思政课教师教学互动的认同度选项上，不同政治面貌的大学生对高校思政课教师教学互动的认同度存在差异，中共党员、共青团员和

群众选择"非常认同""认同"的人数比例分别为69.77%，71.92%，67.50%。通过数据比较发现，中共党员和共青团员的认同度均高于群众，而在此二者之间，共青团员的认同度更高。

表4-54　年级与对高校思政课教师教学互动的认同度

认同度	一年级 人数	一年级 百分比	二年级 人数	二年级 百分比	三年级 人数	三年级 百分比	四年级 人数	四年级 百分比
非常认同	199	45.85	214	39.78	141	35.34	85	35.42
认同	115	26.50	171	31.78	137	34.34	86	35.83
一般	86	19.82	122	22.68	92	23.06	42	17.50
不认同	24	5.53	27	5.02	25	6.27	19	7.92
非常不认同	10	2.30	4	0.74	4	1.00	8	3.33
合计	434	100.00	538	100.00	399	100.00	240	100.00

如表4-54（基于作答此项且标注年级的1611份数据）所示，在对高校思政课教师教学互动的认同度选项上，随着年级的变化，认同度稍有起伏，具体来说，一年级至四年级选择"非常认同""认同"的人数比例分别为72.35%，71.56%，69.68%，71.25%。通过数据比较发现，不同年级的大学生对高校思政课教师教学互动的认同度存在差异，其中，一年级大学生的认同度最高。

表4-55　是否担任学生干部与对高校思政课教师教学互动的认同度

认同度	是 人数	是 百分比	否 人数	否 百分比
非常认同	250	42.23	405	39.28
认同	191	32.26	316	30.65
一般	118	19.93	222	21.53
不认同	27	4.56	68	6.60

续表

认同度	是否担任学生干部			
	是		否	
	人数	百分比	人数	百分比
非常不认同	6	1.01	20	1.94
合计	592	100.00	1031	100.00

如表4-55（基于作答此项且标注是否担任学生干部的1623份数据）所示，在对高校思政课教师教学互动的认同度选项上，74.49%担任学生干部的大学生选择了"非常认同""认同"，而作出相同选择的非学生干部的比例为69.93%。通过比较分析发现，学生干部对高校思政课教师教学互动的认同度高于非学生干部。

表4-56　成绩排名与对高校思政课教师教学互动的认同度

认同度	成绩排名							
	前25%		26%—50%		51%—75%		76%—100%	
	人数	百分比	人数	百分比	人数	百分比	人数	百分比
非常认同	206	39.69	218	39.64	132	41.25	64	35.56
认同	154	29.67	191	34.73	97	30.31	56	31.11
一般	123	23.70	105	19.09	63	19.69	42	23.33
不认同	24	4.62	30	5.45	26	8.13	13	7.22
非常不认同	12	2.31	6	1.09	2	0.63	5	2.78
合计	519	100.00	550	100.00	320	100.00	180	100.00

如表4-56（基于作答此项且标注成绩排名的1569份数据）所示，在对高校思政课教师教学互动的认同度选项上，成绩排名在前25%，26%—50%，51%—75%及76%—100%的大学生选择"非常认同""认同"的人数比例分别为69.36%，74.37%，71.56%，66.67%。通过比较分析发现，不同成绩排名的大学生对高校思政课教师教学互动的认同度存在差异，成绩排名在前25%，26%—50%，51%—75%的大学

生的认同度均高于成绩排名在76%—100%的大学生。其中，成绩排名在26%—50%的大学生认同度最高。可见，高校思政课教师应加强与成绩排名靠后的学生的教学互动。

5. 您的思政课教师有人格魅力

表4-57 性别与对高校思政课教师人格魅力的认同度

认同度	性别			
	男		女	
	人数	百分比	人数	百分比
非常认同	318	46.15	360	40.54
认同	211	30.62	284	31.98
一般	104	15.09	186	20.95
不认同	46	6.68	51	5.74
非常不认同	10	1.45	7	0.79
合计	689	100.00	888	100.00

如表4-57（基于作答此项且标注性别的1577份数据）所示，在对高校思政课教师有人格魅力的认同度选项上，92.77%的大学生选择了"非常认同""认同""一般"，即绝大多数学生认为高校思政课教师用高尚的人格感染了学生，赢得了学生的喜爱与尊重。通过比较分析发现，72.52%的女大学生在该问题上选择了"非常认同""认同"，而作出相同选择的男大学生占男生总体的76.77%，男大学生的认同度高于女大学生。

表4-58 政治面貌与对高校思政课教师人格魅力的认同度

认同度	政治面貌					
	中共党员		共青团员		群众	
	人数	百分比	人数	百分比	人数	百分比
非常认同	37	42.53	626	44.81	34	42.50

续表

认同度	政治面貌					
	中共党员		共青团员		群众	
	人数	百分比	人数	百分比	人数	百分比
认同	22	25.29	433	30.99	23	28.75
一般	19	21.84	251	17.97	10	12.50
不认同	7	8.05	76	5.44	10	12.50
非常不认同	2	2.30	11	0.79	3	3.75
合计	87	100.00	1397	100.00	80	100.00

如表4-58（基于作答此项且标注政治面貌的1564份数据）所示，在对高校思政课教师有人格魅力的认同度选项上，不同政治面貌的大学生对高校思政课教师人格魅力的认同度存在差异，中共党员、共青团员和群众选择"非常认同""认同"的比例分别为67.82%，75.80%，71.25%。通过数据比较发现，共青团员的认同度最高，中共党员对高校思政课教师有更高的角色期望。

表4-59 年级与对高校思政课教师人格魅力的认同度

认同度	年级							
	一年级		二年级		三年级		四年级	
	人数	百分比	人数	百分比	人数	百分比	人数	百分比
非常认同	221	50.69	233	43.23	160	40.10	102	42.50
认同	122	27.98	185	34.32	109	27.32	78	32.50
一般	62	14.22	84	15.58	102	25.56	42	17.50
不认同	25	5.73	32	5.94	25	6.27	15	6.25
非常不认同	6	1.38	5	0.93	3	0.75	3	1.25
合计	436	100.00	539	100.00	399	100.00	240	100.00

如表4-59（基于作答此项且标注年级的1614份数据）所示，在对高校思政课教师有人格魅力的认同度选项上，随着年级的变化，认同

度稍有起伏,具体来说,一年级至四年级选择"非常认同""认同"的人数比例分别为78.67%,77.55%,67.42%,75.00%。通过数据比较发现,不同年级的大学生对高校思政课教师人格魅力的认同度存在差异,其中,一年级大学生的认同度最高。

表4-60 是否担任学生干部与对高校思政课教师人格魅力的认同度

认同度	是否担任学生干部			
	是		否	
	人数	百分比	人数	百分比
非常认同	260	45.30	455	44.09
认同	183	31.88	309	29.94
一般	99	17.25	188	18.22
不认同	25	4.36	70	6.78
非常不认同	7	1.22	10	0.97
合计	574	100.00	1032	100.00

如表4-60（基于作答此项且标注是否担任学生干部的1606份数据）所示,在对高校思政课教师有人格魅力的认同度选项上,77.18%担任学生干部的大学生选择了"非常认同""认同",而作出相同选择的非学生干部比例为74.03%。通过比较分析发现,学生干部对高校思政课教师人格魅力的认同度高于非学生干部。

表4-61 成绩排名与对高校思政课教师人格魅力的认同度

认同度	成绩排名							
	前25%		26%—50%		51%—75%		76%—100%	
	人数	百分比	人数	百分比	人数	百分比	人数	百分比
非常认同	235	45.37	260	47.10	135	42.19	71	39.23
认同	155	29.92	167	30.25	108	33.75	52	28.73
一般	95	18.34	91	16.49	55	17.19	37	20.44
不认同	27	5.21	30	5.43	20	6.25	17	9.39

续表

认同度	成绩排名							
	前25%		26%—50%		51%—75%		76%—100%	
	人数	百分比	人数	百分比	人数	百分比	人数	百分比
非常不认同	6	1.16	4	0.72	2	0.63	4	2.21
合计	518	100.00	552	100.00	320	100.00	181	100.00

如表4-61（基于作答此项且标注成绩排名的1571份数据）所示，在对高校思政课教师有人格魅力的认同度选项上，成绩排名在前25%，26%—50%，51%—75%及76%—100%的大学生选择"非常认同""认同"的人数比例分别为75.29%，77.35%，75.94%，67.96%。通过比较分析发现，不同成绩排名的大学生对高校思政课教师人格魅力的认同度存在差异，成绩排名在前25%，26%—50%，51%—75%的大学生的认同度均高于成绩排名在76%—100%的大学生，其中，成绩排名在26%—50%的大学生的认同度最高。

6. 您对您的辅导员的工作满意

表4-62 性别与对高校辅导员工作的认同度

认同度	性别			
	男		女	
	人数	百分比	人数	百分比
非常认同	416	61.00	467	52.59
认同	182	26.69	285	32.09
一般	66	9.68	116	13.06
不认同	17	2.49	13	1.46
非常不认同	1	0.15	7	0.79
合计	682	100.00	888	100.00

如表4-62（基于作答此项且标注性别的1570份数据）所示，在对高校辅导员工作的认同度选项上，97.58%的大学生选择了"非常认

同""认同""一般",即绝大多数大学生对辅导员工作感到满意。通过比较分析发现,84.68%的女大学生在该问题上选择了"非常认同""认同",而作出相同选择的男大学生占男生总体的87.69%,男大学生的认同度高于女大学生。

表4-63 政治面貌与对高校辅导员工作的认同度

认同度	政治面貌					
	中共党员		共青团员		群众	
	人数	百分比	人数	百分比	人数	百分比
非常认同	59	67.82	796	57.64	44	55.00
认同	20	22.99	402	29.11	17	21.25
一般	7	8.05	149	10.79	17	21.25
不认同	1	1.15	26	1.88	2	2.50
非常不认同	0	0.00	8	0.58	0	0.00
合计	87	100.00	1381	100.00	80	100.00

如表4-63(基于作答此项且标注政治面貌的1548份数据)所示,在对高校辅导员工作的认同度选项上,选择"非常认同""认同"的学生人数比例随着学生的政治面貌自中共党员到共青团员再到群众的变化逐渐降低,分别为90.81%,86.75%,76.25%。通过比较分析发现,中共党员和共青团员对辅导员工作的认同度均高于群众,而在此二者之间,中共党员的认同度更高。

表4-64 年级与对高校辅导员工作的认同度

认同度	年级							
	一年级		二年级		三年级		四年级	
	人数	百分比	人数	百分比	人数	百分比	人数	百分比
非常认同	257	59.77	301	56.26	213	54.06	141	59.00
认同	122	28.37	160	29.91	117	29.70	67	28.03
一般	44	10.23	61	11.40	53	13.45	24	10.04

续表

认同度	年级							
	一年级		二年级		三年级		四年级	
	人数	百分比	人数	百分比	人数	百分比	人数	百分比
不认同	5	1.16	9	1.68	9	2.28	7	2.93
非常不认同	2	0.47	4	0.75	2	0.51	0	0.00
合计	430	100.00	535	100.00	394	100.00	239	100.00

如表4-64（基于作答此项且标注年级的1598份数据）所示，在对高校辅导员工作的认同度选项上，随着年级的变化，认同度稍有起伏，具体来说，一年级至四年级选择"非常认同""认同"的人数比例分别为88.14%，86.17%，83.76%，87.03%。通过数据比较发现，不同年级的大学生对辅导员工作的认同度存在差异，其中，一年级大学生的认同度最高。

表4-65 是否担任学生干部与对高校辅导员工作的认同度

认同度	是否担任学生干部			
	是		否	
	人数	百分比	人数	百分比
非常认同	353	61.93	556	54.56
认同	161	28.25	301	29.54
一般	48	8.42	132	12.95
不认同	7	1.23	23	2.26
非常不认同	1	0.18	7	0.69
合计	570	100.00	1019	100.00

如表4-65（基于作答此项且标注是否担任学生干部的1589份数据）所示，在对高校辅导员工作的认同度选项上，90.18%担任学生干部的大学生选择了"非常认同""认同"，而作出相同选择的非学生干部学生的比例为84.10%。通过比较分析发现，学生干部对高校辅导员

工作的认同度高于非学生干部。

表4-66 成绩排名与对高校辅导员工作的认同度

认同度	成绩排名							
	前25%		26%—50%		51%—75%		76%—100%	
	人数	百分比	人数	百分比	人数	百分比	人数	百分比
非常认同	289	56.78	338	61.45	175	55.38	91	50.56
认同	151	29.67	157	28.55	84	26.58	61	33.89
一般	56	11.00	45	8.18	46	14.56	24	13.33
不认同	9	1.77	7	1.27	10	3.16	4	2.22
非常不认同	4	0.79	3	0.55	1	0.32	0	0.00
合计	509	100.00	550	100.00	316	100.00	180	100.00

如表4-66（基于作答此项且标注成绩排名的1555份数据）所示，在对高校辅导员工作的认同度选项上，成绩排名在前25%，26%—50%，51%—75%及76%—100%的大学生选择"非常认同""认同"的人数比例分别为86.45%，90.00%，81.96%，84.45%。通过比较分析发现，不同成绩排名的大学生对辅导员工作的认同度存在差异，成绩排名在前25%，26%—50%，76%—100%的大学生的认同度均高于成绩排名在51%—75%的大学生。其中，成绩排名在26%—50%的大学生的认同度最高。

7.您的辅导员具有亲和力

表4-67 性别与对高校辅导员亲和力的认同度

认同度	性别			
	男		女	
	人数	百分比	人数	百分比
非常认同	423	62.11	475	53.49
认同	161	23.64	263	29.62
一般	72	10.57	116	13.06

续表

认同度	性别			
	男		女	
	人数	百分比	人数	百分比
不认同	16	2.35	25	2.82
非常不认同	9	1.32	9	1.01
合计	681	100.00	888	100.00

如表4-67（基于作答此项且标注性别的1569份数据）所示，在对高校辅导员亲和力的认同度选项上，96.24%的大学生选择了"非常认同""认同""一般"，即绝大多数大学生认为高校辅导员具有亲和力。通过比较分析发现，83.11%的女大学生在该问题上选择了"非常认同""认同"，而作出相同选择的男大学生占男生总体的85.75%，男大学生的认同度高于女大学生。

表4-68 政治面貌与对高校辅导员亲和力的认同度

认同度	政治面貌					
	中共党员		共青团员		群众	
	人数	百分比	人数	百分比	人数	百分比
非常认同	60	68.97	796	57.64	42	53.16
认同	18	20.69	402	29.11	17	21.52
一般	9	10.34	149	10.79	17	21.52
不认同	0	0.00	26	1.88	2	2.53
非常不认同	0	0.00	8	0.58	1	1.27
合计	87	100.00	1381	100.00	79	100.00

如表4-68（基于作答此项且标注政治面貌的1547份数据）所示，在对高校辅导员亲和力的认同度选项上，选择"非常认同""认同"的学生人数比例随着学生的政治面貌自中共党员到共青团员再到群众的变化逐渐降低，分别为89.66%，86.75%，74.68%。通过比较分析发现，

中共党员和共青团员对辅导员亲和力的认同度均高于群众，而在此二者之间，中共党员的认同度更高。

表4-69　年级与对高校辅导员亲和力的认同度

认同度	年级							
	一年级		二年级		三年级		四年级	
	人数	百分比	人数	百分比	人数	百分比	人数	百分比
非常认同	262	60.79	301	56.37	222	56.35	143	59.83
认同	112	25.99	150	28.09	107	27.16	54	22.59
一般	49	11.37	60	11.24	49	12.44	30	12.55
不认同	6	1.39	18	3.37	9	2.28	8	3.35
非常不认同	2	0.46	5	0.94	7	1.78	4	1.67
合计	431	100.00	534	100.00	394	100.00	239	100.00

如表4-69（基于作答此项且标注年级的1598份数据）所示，在对高校辅导员亲和力的认同度选项上，随着年级的变化，认同度稍有起伏，具体来说，一年级至四年级选择"非常认同""认同"的人数比例分别为86.78%，84.46%，83.51%，82.42%。通过比较分析发现，不同年级的大学生对辅导员亲和力的认同度不存在明显差异，其中，一年级大学生的认同度最高。

表4-70　是否担任学生干部与对高校辅导员亲和力认同度

认同度	是否担任学生干部			
	是		否	
	人数	百分比	人数	百分比
非常认同	358	62.70	567	55.64
认同	147	25.74	277	27.18
一般	49	8.58	134	13.15
不认同	11	1.93	29	2.85
非常不认同	6	1.05	12	1.18
合计	571	100.00	1019	100.00

如表4-70（基于作答此项且标注是否担任学生干部的1590份数

据）所示，在对高校辅导员亲和力的认同度选项上，88.44%担任学生干部的大学生选择了"非常认同""认同"，而作出相同选择的非学生干部比例为82.82%。通过比较分析发现，学生干部对高校辅导员亲和力的认同度高于非学生干部。

表4-71 成绩排名与对高校辅导员亲和力的认同度

认同度	成绩排名							
	前25%		26%—50%		51%—75%		76%—100%	
	人数	百分比	人数	百分比	人数	百分比	人数	百分比
非常认同	297	58.24	341	62.00	182	57.59	89	49.72
认同	136	26.67	143	26.00	78	24.68	56	31.28
一般	55	10.78	54	9.82	40	12.66	26	14.53
不认同	14	2.75	7	1.27	13	4.11	6	3.35
非常不认同	8	1.57	5	0.91	3	0.95	2	1.12
合计	510	100.00	550	100.00	316	100.00	179	100.00

如表4-71（基于作答此项且标注成绩排名的1555份数据）所示，在对高校辅导员亲和力的认同度选项上，成绩排名在前25%，26%—50%，51%—75%及76%—100%的大学生选择"非常认同""认同"的人数比例分别为84.91%，88.00%，82.27%，81.00%。通过比较分析发现，不同成绩排名的大学生对高校辅导员亲和力的认同度存在差异，成绩排名在前25%，26%—50%，51%—75%的大学生的认同度均高于成绩排名在76%—100%的大学生。其中，成绩排名在26%—50%的大学生的认同度最高。

8.您的辅导员具有高尚的教育情怀，工作敬业负责

表4-72 性别与对高校辅导员教育情怀的认同度

认同度	性别			
	男		女	
	人数	百分比	人数	百分比
非常认同	457	67.01	520	58.56

续表

认同度	性别			
	男		女	
	人数	百分比	人数	百分比
认同	141	20.67	258	29.05
一般	67	9.82	86	9.68
不认同	14	2.05	17	1.91
非常不认同	3	0.44	7	0.79
合计	682	100.00	888	100.00

如表4-72（基于作答此项且标注性别的1570份数据）所示，在对高校辅导员具有教育情怀的认同度选项上，97.39%的大学生选择了"非常认同""认同""一般"，即绝大多数大学生认为高校辅导员具有教育情怀，工作敬业负责。通过比较分析发现，87.61%的女大学生在该问题上选择了"非常认同""认同"，而作出相同选择的男大学生占男生总体的87.68%，男女大学生对此问题的认同度没有显著差异。

表4-73 政治面貌与对高校辅导员教育情怀的认同度

认同度	政治面貌					
	中共党员		共青团员		群众	
	人数	百分比	人数	百分比	人数	百分比
非常认同	65	77.38	874	63.24	48	61.54
认同	15	17.86	344	24.89	14	17.95
一般	2	2.38	132	9.55	11	14.10
不认同	1	1.19	24	1.74	5	6.41
非常不认同	1	1.19	8	0.58	0	0.00
合计	84	100.00	1382	100.00	78	100.00

如表4-73（基于作答此项且标注政治面貌的1544份数据）所示，在对高校辅导员具有教育情怀的认同度选项上，选择"非常认同""认

同"的学生人数比例随着学生的政治面貌自中共党员到共青团员再到群众的变化逐渐降低，分别为95.24%，88.13%，79.49%。通过比较分析发现，中共党员和共青团员对辅导员教育情怀的认同度均高于群众，而在此二者之间，中共党员的认同度更高。

表4-74 年级与对高校辅导员教育情怀的认同度

认同度	一年级 人数	一年级 百分比	二年级 人数	二年级 百分比	三年级 人数	三年级 百分比	四年级 人数	四年级 百分比
非常认同	275	63.81	328	61.31	238	60.56	164	68.62
认同	107	24.83	138	25.79	103	26.21	51	21.34
一般	38	8.82	57	10.65	39	9.92	19	7.95
不认同	10	2.32	8	1.50	9	2.29	4	1.67
非常不认同	1	0.23	4	0.75	4	1.02	1	0.42
合计	431	100.00	535	100.00	393	100.00	239	100.00

如表4-74（基于作答此项且标注年级的1598份数据）所示，在对高校辅导员具有教育情怀的认同度选项上，随着年级的变化，认同度稍有起伏，具体来说，一年级至四年级选择"非常认同""认同"的人数比例分别为88.64%，87.10%，86.77%，89.96%。通过比较分析发现，不同年级的大学生对辅导员教育情怀的认同度不存在显著差异，其中，四年级大学生的认同度最高。

表4-75 是否担任学生干部与对高校辅导员教育情怀的认同度

认同度	是 人数	是 百分比	否 人数	否 百分比
非常认同	378	66.32	625	61.33
认同	145	25.44	248	24.34
一般	36	6.32	116	11.38

续表

认同度	是否担任学生干部			
	是		否	
	人数	百分比	人数	百分比
不认同	5	0.88	26	2.55
非常不认同	6	1.05	4	0.39
合计	570	100.00	1019	100.00

如表4-75（基于作答此项且标注是否担任学生干部的1589份数据）所示，在对高校辅导员具有教育情怀的认同度选项上，91.76%担任学生干部的大学生选择了"非常认同""认同"，而作出相同选择的非学生干部比例为85.67%。通过比较分析发现，学生干部对高校辅导员教育情怀的认同度高于非学生干部。

表4-76 成绩排名与对高校辅导员教育情怀的认同度

认同度	成绩排名							
	前25%		26%—50%		51%—75%		76%—100%	
	人数	百分比	人数	百分比	人数	百分比	人数	百分比
非常认同	317	62.16	369	67.21	199	62.97	100	55.56
认同	131	25.69	127	23.13	77	24.37	51	28.33
一般	48	9.41	41	7.47	30	9.49	24	13.33
不认同	10	1.96	7	1.28	10	3.16	4	2.22
非常不认同	4	0.78	5	0.91	0	0.00	1	0.56
合计	510	100.00	549	100.00	316	100.00	180	100.00

如表4-76（基于作答此项且标注成绩排名的1555份数据）所示，在对高校辅导员具有教育情怀的认同度选项上，成绩排名在前25%，26%—50%，51%—75%及76%—100%的大学生选择"非常认同""认同"的人数比例分别为87.85%，90.34%，87.34%，83.89%。通过比较分析发现，不同成绩排名的大学生对辅导员具有教育情怀的认同

度存在差异，成绩排名在前25%，26%—50%，51%—75%的大学生的认同度均高于成绩排名在76%—100%的大学生，其中，成绩排名在26%—50%的大学生认同度最高。

9.您的辅导员具有积极的人格特质（例如开朗、幽默、充满正能量）

表4-77 性别与对高校辅导员积极人格特质的认同度

认同度	性别			
	男		女	
	人数	百分比	人数	百分比
非常认同	440	64.52	499	56.19
认同	164	24.05	265	29.84
一般	61	8.94	100	11.26
不认同	12	1.76	20	2.25
非常不认同	5	0.73	4	0.45
合计	682	100.00	888	100.00

如表4-77（基于作答此项且标注性别的1570份数据）所示，在对高校辅导员具有积极人格特质的认同度选项上，86.03%的女大学生选择了"非常认同""认同"，而作出相同选择的男大学生占男生总体的88.57%。通过比较分析发现，女大学生的认同度低于男大学生，男大学生更认同自己的辅导员具有积极的人格特质。

表4-78 政治面貌与对高校辅导员积极人格特质的认同度

认同度	政治面貌					
	中共党员		共青团员		群众	
	人数	百分比	人数	百分比	人数	百分比
非常认同	56	64.37	852	62.14	40	50.63
认同	22	25.29	362	26.40	22	27.85
一般	8	9.20	124	9.04	14	17.72

续表

认同度	政治面貌					
	中共党员		共青团员		群众	
	人数	百分比	人数	百分比	人数	百分比
不认同	1	1.15	25	1.82	2	2.53
非常不认同	0	0.00	8	0.58	1	1.27
合计	87	100.00	1371	100.00	79	100.00

如表4-78（基于作答此项且标注政治面貌的1537份数据）所示，在对高校辅导员具有积极人格特质的认同度选项上，选择"非常认同""认同"的学生人数比例随着学生的政治面貌自中共党员到共青团员再到群众的变化逐渐降低，分别为89.66%，88.54%，78.48%。通过比较分析发现，中共党员和共青团员对辅导员积极人格特质的认同度均高于群众，而在此二者之间，中共党员的认同度更高。

表4-79 年级与对高校辅导员积极人格特质的认同度

认同度	年级							
	一年级		二年级		三年级		四年级	
	人数	百分比	人数	百分比	人数	百分比	人数	百分比
非常认同	269	62.56	320	59.81	229	58.12	150	62.76
认同	121	28.14	148	27.66	105	26.65	54	22.59
一般	33	7.67	53	9.91	48	12.18	27	11.30
不认同	4	0.93	12	2.24	8	2.03	8	3.35
非常不认同	3	0.70	2	0.37	4	1.02	0	0.00
合计	430	100.00	535	100.00	394	100.00	239	100.00

如表4-79（基于作答此项且标注年级的1598份数据）所示，在对高校辅导员具有积极人格特质的认同度选项上，随着年级的变化，认同度稍有起伏，具体来说，一年级至四年级选择"非常认同""认同"的人数比例分别为90.70%，87.47%，84.77%，85.35%。通过比较分

析发现，不同年级的大学生对辅导员具有积极人格特质的认同度存在差异，其中，一年级大学生的认同度最高。

表4-80 是否担任学生干部与对高校辅导员积极人格特质的认同度

认同度	是否担任学生干部				
	是		否	
	人数	百分比	人数	百分比
非常认同	360	63.16	603	59.18
认同	156	27.37	270	26.50
一般	46	8.07	114	11.19
不认同	6	1.05	25	2.45
非常不认同	2	0.35	7	0.69
合计	570	100.00	1019	100.00

如表4-80（基于作答此项且标注是否担任学生干部的1589份数据）所示，在对高校辅导员具有积极人格特质的认同度选项上，90.53%担任学生干部的大学生选择了"非常认同""认同"，而作出相同选择的非学生干部比例为85.68%。通过比较分析发现，学生干部对高校辅导员具有积极人格特质的认同度高于非学生干部。

表4-81 成绩排名与对高校辅导员积极人格特质的认同度

认同度	成绩排名							
	前25%		26%—50%		51%—75%		76%—100%	
	人数	百分比	人数	百分比	人数	百分比	人数	百分比
非常认同	314	61.45	345	62.84	190	60.13	97	53.89
认同	133	26.03	152	27.69	79	25.00	52	28.89
一般	48	9.39	46	8.38	36	11.39	24	13.33
不认同	10	1.96	4	0.73	11	3.48	6	3.33
非常不认同	6	1.17	2	0.36	0	0.00	1	0.56
合计	511	100.00	549	100.00	316	100.00	180	100.00

如表4-81（基于作答此项且标注成绩排名的1556份数据）所示，在对高校辅导员具有积极人格特质的认同度选项上，成绩排名在前25%，26%—50%，51%—75%及76%—100%的大学生选择"非常认同""认同"的人数比例分别为87.48%，90.53%，85.13%，82.78%。通过比较分析发现，不同成绩排名的大学生对辅导员具有积极人格特质的认同度存在差异，成绩排名在前25%，26%—50%，51%—75%的大学生的认同度均高于成绩排名在76%—100%的大学生。其中，成绩排名在26%—50%的大学生认同度最高。

10. 您的辅导员具有良好的职业素养

表4-82 性别与对高校辅导员职业素养的认同度

认同度	性别			
	男		女	
	人数	百分比	人数	百分比
非常认同	432	63.34	499	56.19
认同	158	23.17	281	31.64
一般	74	10.85	85	9.57
不认同	15	2.20	16	1.80
非常不认同	3	0.44	7	0.79
合计	682	100.00	888	100.00

如表4-82（基于作答此项且标注性别的1570份数据）所示，在对辅导员职业素养的认同度选项上，97.39%的大学生选择了"非常认同""认同""一般"，即绝大多数大学生认为高校辅导员具有良好的职业素养。通过比较分析发现，87.83%的女大学生在该问题上选择了"非常认同""认同"，而作出相同选择的男大学生占男生总体的86.51%，可见，男女大学生对辅导员职业素养的认同度不存在显著差异，女大学生的认同度略高于男大学生。

表4-83 政治面貌与对高校辅导员职业素养的认同度

认同度	政治面貌					
	中共党员		共青团员		群众	
	人数	百分比	人数	百分比	人数	百分比
非常认同	60	68.97	836	60.45	47	60.26
认同	21	24.14	379	27.40	15	19.23
一般	4	4.60	137	9.91	11	14.10
不认同	1	1.15	22	1.59	5	6.41
非常不认同	1	1.15	9	0.65	0	0.00
合计	87	100.00	1383	100.00	78	100.00

如表4-83（基于作答此项且标注政治面貌的1548份数据）所示，在对高校辅导员职业素养的认同度选项上，选择"非常认同""认同"的学生人数比例随着学生的政治面貌自中共党员到共青团员再到群众的变化逐渐降低，分别为93.11%，87.85%，79.49%。通过比较分析发现，中共党员和共青团员对辅导员职业素养的认同度均高于群众，而在此二者之间，中共党员的认同度更高。

表4-84 年级与对高校辅导员职业素养的认同度

认同度	年级							
	一年级		二年级		三年级		四年级	
	人数	百分比	人数	百分比	人数	百分比	人数	百分比
非常认同	268	62.18	311	58.13	234	59.39	148	61.92
认同	118	27.38	154	28.79	100	25.38	66	27.62
一般	34	7.89	57	10.65	48	12.18	20	8.37
不认同	9	2.09	9	1.68	9	2.28	4	1.67
非常不认同	2	0.46	4	0.75	3	0.76	1	0.42
合计	431	100.00	535	100.00	394	100.00	239	100.00

如表4-84（基于作答此项且标注年级的1599份数据）所示，在对高

校辅导员职业素养的认同度选项上,随着年级的变化,认同度稍有起伏,具体来说,一年级至四年级选择"非常认同""认同"的人数比例分别为89.56%、86.92%、84.77%、89.54%。通过比较分析发现,不同年级的大学生对辅导员职业素养的认同度存在差异,其中,一年级大学生的认同度最高。

表4-85 是否担任学生干部与对高校辅导员职业素养的认同度

认同度	是否担任学生干部			
	是		否	
	人数	百分比	人数	百分比
非常认同	360	63.16	597	58.53
认同	156	27.37	281	27.55
一般	44	7.72	113	11.08
不认同	6	1.05	24	2.35
非常不认同	4	0.70	5	0.49
合计	570	100.00	1020	100.00

如表4-85(基于作答此项且标注是否担任学生干部的1590份数据)所示,在对高校辅导员职业素养的认同度选项上,90.53%担任学生干部的大学生选择了"非常认同""认同",而作出相同选择的非学生干部的比例为86.08%。通过比较分析发现,学生干部对辅导员职业素养的认同度高于非学生干部。

表4-86 成绩排名与对高校辅导员职业素养的认同度

认同度	成绩排名							
	前25%		26%—50%		51%—75%		76%—100%	
	人数	百分比	人数	百分比	人数	百分比	人数	百分比
非常认同	295	57.73	353	64.18	192	60.76	100	55.87
认同	144	28.18	142	25.82	84	26.58	57	31.84
一般	55	10.76	45	8.18	32	10.13	17	9.50

续表

认同度	成绩排名							
	前25%		26%—50%		51%—75%		76%—100%	
	人数	百分比	人数	百分比	人数	百分比	人数	百分比
不认同	12	2.35	6	1.09	7	2.22	5	2.79
非常不认同	5	0.98	4	0.73	1	0.32	0	0.00
合计	511	100.00	550	100.00	316	100.00	179	100.00

如表4-86（基于作答此项且标注成绩排名的1556份数据）所示，在对高校辅导员职业素养的认同度选项上，成绩排名在前25%，26%—50%，51%—75%及76%—100%的大学生选择"非常认同""认同"的人数比例分别为85.91%，90.00%，87.34%，87.71%。通过比较分析发现，不同成绩排名的大学生对辅导员职业素养的认同度存在差异，其中，成绩排名在26%—50%的大学生认同度最高。

11. 您的辅导员关心关爱学生

表4-87 性别与对高校辅导员关爱学生的认同度

认同度	性别			
	男		女	
	人数	百分比	人数	百分比
非常认同	412	60.32	489	55.07
认同	173	25.33	253	28.49
一般	79	11.57	111	12.50
不认同	14	2.05	27	3.04
非常不认同	5	0.73	8	0.90
合计	683	100.00	888	100.00

如表4-87（基于作答此项且标注性别的1571份数据）所示，在对高校辅导员关爱学生的认同度选项上，83.56%的女大学生选择了"非常认同""认同"，而作出相同选择的男大学生占男生总体的

85.65%。通过比较分析发现,男大学生对高校辅导员关爱学生的认同度高于女大学生。

表4-88 政治面貌与对高校辅导员关爱学生的认同度

认同度	政治面貌					
	中共党员		共青团员		群众	
	人数	百分比	人数	百分比	人数	百分比
非常认同	61	70.11	808	58.42	41	51.90
认同	17	19.54	367	26.54	20	25.32
一般	7	8.05	163	11.79	13	16.46
不认同	1	1.15	33	2.39	5	6.33
非常不认同	1	1.15	12	0.87	0	0.00
合计	87	100.00	1383	100.00	79	100.00

如表4-88(基于作答此项且标注政治面貌的1549份数据)所示,在对高校辅导员关爱学生的认同度选项上,选择"非常认同""认同"的学生人数比例随着学生的政治面貌自中共党员到共青团员再到群众的变化逐渐降低,分别为89.65%,84.96%,77.22%。通过比较分析发现,中共党员和共青团员对辅导员关爱学生的认同度均高于群众,而在此二者之间,中共党员的认同度更高。

表4-89 年级与对高校辅导员关爱学生的认同度

认同度	年级							
	一年级		二年级		三年级		四年级	
	人数	百分比	人数	百分比	人数	百分比	人数	百分比
非常认同	252	58.47	303	56.64	220	55.70	155	64.85
认同	120	27.84	146	27.29	106	26.84	54	22.59
一般	50	11.60	67	12.52	50	12.66	23	9.62
不认同	8	1.86	14	2.62	14	3.54	5	2.09
非常不认同	1	0.23	5	0.93	5	1.27	2	0.84
合计	431	100.00	535	100.00	395	100.00	239	100.00

如表4-89（基于作答此项且标注年级的1600份数据）所示，在对高校辅导员关爱学生的认同度选项上，随着年级的变化，认同度稍有起伏，具体来说，一年级至四年级选择"非常认同""认同"的人数比例分别为86.31%，83.93%，82.54%，87.44%。通过比较分析发现，不同年级的大学生对辅导员关爱学生的认同度存在差异，其中，四年级大学生的认同度最高。

表4-90 是否担任学生干部与对高校辅导员关爱学生的认同度

认同度	是否担任学生干部			
	是		否	
	人数	百分比	人数	百分比
非常认同	349	61.12	579	56.76
认同	148	25.92	274	26.86
一般	57	9.98	131	12.84
不认同	11	1.93	29	2.84
非常不认同	6	1.05	7	0.69
合计	571	100.00	1020	100.00

如表4-90（基于作答此项且标注是否担任学生干部的1591份数据）所示，在对高校辅导员关爱学生的认同度选项上，87.04%担任学生干部的大学生选择了"非常认同""认同"，而作出相同选择的非学生干部比例为83.62%。通过比较分析发现，学生干部对高校辅导员关爱学生的认同度高于非学生干部。

表4-91 成绩排名与对辅导员关爱学生的认同度

认同度	成绩排名							
	前25%		26%—50%		51%—75%		76%—100%	
	人数	百分比	人数	百分比	人数	百分比	人数	百分比
非常认同	288	56.36	343	62.36	190	60.13	90	50.00
认同	139	27.20	136	24.73	77	24.37	63	35.00

续表

认同度	成绩排名							
	前25%		26%—50%		51%—75%		76%—100%	
	人数	百分比	人数	百分比	人数	百分比	人数	百分比
一般	62	12.13	61	11.09	33	10.44	23	12.78
不认同	16	3.13	6	1.09	15	4.75	3	1.67
非常不认同	6	1.17	4	0.73	1	0.32	1	0.56
合计	511	100.00	550	100.00	316	100.00	180	100.00

如表4-91（基于作答此项且标注成绩排名的1557份数据）所示，在对高校辅导员关爱学生的认同度选项上，成绩排名在前25%，26%—50%，51%—75%及76%—100%的大学生选择"非常认同""认同"的人数比例分别为83.56%，87.09%，84.50%，85.00%。通过比较分析发现，不同成绩排名的大学生对辅导员关爱学生的认同度存在差异，其中，成绩排名在26%—50%的大学生对辅导员关爱学生的认同度最高。

新时代高校思想政治教育亲和力现状调查第四方面是了解被调查人对高校思想政治教育内容亲和力的看法，主要包括以下条目。

1. 您所在高校重视推动中华优秀传统文化融入思想政治教育

表4-92 性别与对高校推动中华优秀传统文化融入思想政治教育的认同度

认同度	性别			
	男		女	
	人数	百分比	人数	百分比
非常认同	259	37.70	306	34.46
认同	216	31.44	325	36.60
一般	148	21.54	200	22.52
不认同	49	7.13	49	5.52
非常不认同	15	2.18	8	0.90
合计	687	100.00	888	100.00

如表 4-92（基于作答此项且标注性别的 1575 份数据）所示，在对高校重视推动中华优秀传统文化融入思想政治教育的认同度选项上，92.32% 的大学生选择了"非常认同""认同""一般"，即绝大部分学生认为高校重视推动中华优秀传统文化融入思想政治教育。通过比较分析发现，71.06% 的女大学生在该问题上选择了"非常认同""认同"，而作出相同选择的男大学生占男生总体的 69.14%，女大学生的认同度高于男大学生。

表 4-93 政治面貌与对高校推动中华优秀传统文化融入思想政治教育的认同度

认同度	政治面貌					
	中共党员		共青团员		群众	
	人数	百分比	人数	百分比	人数	百分比
非常认同	31	36.05	528	37.82	28	35.00
认同	34	39.53	467	33.45	22	27.50
一般	13	15.12	303	21.70	19	23.75
不认同	6	6.98	81	5.80	8	10.00
非常不认同	2	2.33	17	1.22	3	3.75
合计	86	100.00	1396	100.00	80	100.00

如表 4-93（基于作答此项且标注政治面貌的 1562 份数据）所示，在对高校重视推动中华优秀传统文化融入思想政治教育的认同度选项上，选择"非常认同""认同"的学生人数比例随着学生的政治面貌自中共党员到共青团员再到群众分别为 75.58%，71.27%，62.50%。通过比较分析发现，中共党员和共青团员的认同度均高于群众，而在此三者之间，中共党员认同度最高。

表 4-94 年级与对高校推动中华优秀传统文化融入思想政治教育的认同度

认同度	年级							
	一年级		二年级		三年级		四年级	
	人数	百分比	人数	百分比	人数	百分比	人数	百分比
非常认同	183	41.97	179	33.33	146	36.68	96	39.83

续表

认同度	年级							
	一年级		二年级		三年级		四年级	
	人数	百分比	人数	百分比	人数	百分比	人数	百分比
认同	137	31.42	197	36.69	125	31.41	80	33.20
一般	91	20.87	118	21.97	98	24.62	41	17.01
不认同	18	4.13	38	7.08	25	6.28	17	7.05
非常不认同	7	1.61	5	0.93	4	1.01	7	2.90
合计	436	100.00	537	100.00	398	100.00	241	100.00

如表4-94（基于作答此项且标注年级的1612份数据）所示，在对高校重视推动中华优秀传统文化融入思想政治教育的认同度选项上，随着年级的变化，认同度稍有起伏，具体来说，一年级至四年级选择"非常认同""认同"的人数比例分别为73.39%，70.02%，68.09%，73.03%。通过比较分析发现，不同年级的大学生对高校推动中华优秀传统文化融入思想政治教育的认同度有一定差异，其中，一年级大学生的认同度最高。

表4-95 是否担任学生干部与对高校推动中华优秀传统文化融入思想政治教育的认同度

认同度	是否担任学生干部			
	是		否	
	人数	百分比	人数	百分比
非常认同	216	37.70	384	37.25
认同	206	35.95	333	32.30
一般	116	20.24	230	22.31
不认同	28	4.89	68	6.60
非常不认同	7	1.22	16	1.55
合计	573	100.00	1031	100.00

如4-95（基于作答此项且标注是否担任学生干部的1604份数据）

所示,在对高校重视推动中华优秀传统文化融入思想政治教育的认同度选项上,73.65%担任学生干部的大学生选择了"非常认同""认同",而作出相同选择的非学生干部的比例为69.55%。通过比较分析发现,学生干部对高校重视推动中华优秀传统文化融入思想政治教育的认同度高于非学生干部。

表4-96 成绩排名与对高校推动中华优秀传统文化融入思想政治教育的认同度

认同度	成绩排名							
	前25%		26%—50%		51%—75%		76%—100%	
	人数	百分比	人数	百分比	人数	百分比	人数	百分比
非常认同	206	39.92	207	37.43	120	37.50	61	33.70
认同	172	33.33	191	34.54	106	33.13	60	33.15
一般	100	19.38	118	21.34	68	21.25	45	24.86
不认同	28	5.43	31	5.61	24	7.50	12	6.63
非常不认同	10	1.94	6	1.08	2	0.63	3	1.66
合计	516	100.00	553	100.00	320	100.00	181	100.00

如表4-96(基于作答此项且标注成绩排名的1570份数据)所示,在对高校重视推动中华优秀传统文化融入思想政治教育的认同度选项上,成绩排名在前25%,26%—50%,51%—75%及76%—100%的大学生选择"非常认同""认同"的人数比例分别为73.25%,71.97%,70.63%,66.85%。通过比较分析发现,不同成绩排名的大学生对高校重视推动中华优秀传统文化融入思想政治教育的认同度存在差异,成绩排名在前25%,26%—50%,51%—75%的大学生的认同度均高于成绩排名在76%—100%的大学生,而在三者之间,成绩排名在前25%的大学生的认同度最高。

2. 您所在高校的大学生思想政治教育内容贴近你们的生活

表 4-97　性别与对高校思想政治教育内容贴近生活的认同度

认同度	性别			
	男		女	
	人数	百分比	人数	百分比
非常认同	247	35.95	287	32.32
认同	215	31.30	325	36.60
一般	159	23.14	214	24.10
不认同	54	7.86	52	5.86
非常不认同	12	1.75	10	1.13
合计	687	100.00	888	100.00

如表 4-97（基于作答此项且标注性别的 1575 份数据）所示，在对高校的思想政治教育内容贴近大学生生活的认同度选项上，91.87% 的大学生选择了"非常认同""认同""一般"，即绝大多数学生认为高校思想政治教育内容贴近大学生生活，但同时可以看出，此认同度还有待进一步提高。通过比较分析发现，68.92% 的女大学生在该问题上选择了"非常认同""认同"，而作出相同选择的男大学生占男生总体的67.25%，女大学生的认同度略高于男大学生。

表 4-98　政治面貌与对高校思想政治教育内容贴近生活的认同度

认同度	政治面貌					
	中共党员		共青团员		群众	
	人数	百分比	人数	百分比	人数	百分比
非常认同	31	35.63	501	35.91	26	32.50
认同	26	29.89	470	33.69	22	27.50
一般	24	27.59	317	22.72	19	23.75
不认同	5	5.75	90	6.45	10	12.50
非常不认同	1	1.15	17	1.22	3	3.75
合计	87	100.00	1395	100.00	80	100.00

如表4-98（基于作答此项且标注政治面貌的1562份数据）所示，在对高校的思想政治教育内容贴近大学生生活的认同度选项上，选择"非常认同""认同"的学生人数比例随着学生的政治面貌自中共党员到共青团员再到群众略有起伏，分别为65.52%，69.60%，60.00%。通过比较分析发现，中共党员和共青团员的认同度高于群众，而在此二者之间，共青团员的认同度更高。

表4-99 年级与对高校思想政治教育内容贴近生活的认同度

认同度	一年级 人数	一年级 百分比	二年级 人数	二年级 百分比	三年级 人数	三年级 百分比	四年级 人数	四年级 百分比
非常认同	173	39.86	184	34.14	133	33.25	83	34.73
认同	139	32.03	193	35.81	124	31.00	82	34.31
一般	90	20.74	119	22.08	114	28.50	50	20.92
不认同	25	5.76	37	6.86	25	6.25	19	7.95
非常不认同	7	1.61	6	1.11	4	1.00	5	2.09
合计	434	100.00	539	100.00	400	100.00	239	100.00

如表4-99（基于作答此项且标注年级的1612份数据）所示，在对高校的思想政治教育内容贴近大学生生活的认同度选项上，随着年级的变化，认同度稍有起伏，具体来说，一年级至四年级选择"非常认同""认同"的人数比例分别为71.89%，69.95%，64.25%，69.04%。通过比较分析发现，一年级大学生认为思想政治教育内容贴近大学生生活的比例高于其他年级。

表4-100 是否担任学生干部与对高校思想政治教育内容贴近生活的认同度

认同度	是 人数	是 百分比	否 人数	否 百分比
非常认同	199	34.67	328	33.00

续表

认同度	是否担任学生干部			
	是		否	
	人数	百分比	人数	百分比
认同	214	37.28	326	32.80
一般	126	21.95	247	24.85
不认同	31	5.40	75	7.55
非常不认同	4	0.70	18	1.81
合计	574	100.00	994	100.00

如表4-100（基于作答此项且标注是否担任学生干部的1568份数据）所示，在对高校的思想政治教育内容贴近大学生生活的认同度选项上，71.95%担任学生干部的大学生选择了"非常认同""认同"，而作出相同选择的非学生干部为65.80%。通过比较分析发现，学生干部对学校开展的思想政治教育内容贴近大学生生活的认同度高于非学生干部。

表4-101 成绩排名与对高校思想政治教育内容贴近生活的认同度

认同度	成绩排名							
	前25%		26%—50%		51%—75%		76%—100%	
	人数	百分比	人数	百分比	人数	百分比	人数	百分比
非常认同	194	37.45	198	35.93	110	34.38	60	33.15
认同	162	31.27	196	35.57	109	34.06	58	32.04
一般	118	22.78	119	21.60	77	24.06	46	25.41
不认同	35	6.76	33	5.99	23	7.19	14	7.73
非常不认同	9	1.74	5	0.91	1	0.31	3	1.66
合计	518	100.00	551	100.00	320	100.00	181	100.00

如表4-101（基于作答此项且标注成绩排名的1570份数据）所示，在对高校的思想政治教育内容贴近大学生生活的认同度选项上，成

绩排名在前25%，26%—50%，51%—75%及76%—100%的大学生选择"非常认同""认同"的人数比例分别为68.72%，71.50%，68.44%，65.19%。通过比较分析发现，不同成绩排名的大学生对学校开展的思想政治教育内容贴近大学生生活的认同度存在差异，其中，成绩排名在26%—50%的大学生的认同度最高。

3. 高校的思想政治教育内容能与时俱进，彰显了鲜明的时代特性

表4-102　性别与对高校思想政治教育内容彰显时代性的认同度

认同度	性别			
	男		女	
	人数	百分比	人数	百分比
非常认同	309	44.98	378	42.57
认同	221	32.17	330	37.16
一般	114	16.59	145	16.33
不认同	36	5.24	29	3.27
非常不认同	7	1.02	6	0.68
合计	687	100.00	888	100.00

如表4-102（基于作答此项且标注性别的1575份数据）所示，在对高校的思想政治教育内容彰显了鲜明的时代性的认同度选项上，79.73%的女大学生选择了"非常认同""认同"，而作出相同选择的男大学生占男生总体的77.15%。通过比较分析发现，女大学生在此问题上的认同度高于男大学生。

表4-103　政治面貌与对高校思想政治教育内容彰显时代性的认同度

认同度	政治面貌					
	中共党员		共青团员		群众	
	人数	百分比	人数	百分比	人数	百分比
非常认同	38	43.68	629	45.15	35	44.30

续表

认同度	政治面貌					
	中共党员		共青团员		群众	
	人数	百分比	人数	百分比	人数	百分比
认同	29	33.33	488	35.03	18	22.78
一般	15	17.24	224	16.08	19	24.05
不认同	5	5.75	42	3.02	4	5.06
非常不认同	0	0.00	10	0.72	3	3.80
合计	87	100.00	1393	100.00	79	100.00

如表4-103（基于作答此项且标注政治面貌的1559份数据）所示，在对高校的思想政治教育内容彰显了鲜明的时代性的认同度选项上，选择"非常认同""认同"的学生人数比例随着学生的政治面貌自中共党员到共青团员再到群众略有起伏，分别为77.01%，80.18%，67.08%。通过比较分析发现，中共党员和共青团员的认同度均高于群众，而在此二者之间，共青团员的认同度更高。

表4-104 年级与对高校思想政治教育内容彰显时代性的认同度

认同度	年级							
	一年级		二年级		三年级		四年级	
	人数	百分比	人数	百分比	人数	百分比	人数	百分比
非常认同	223	51.38	224	41.71	165	41.46	110	46.03
认同	123	28.34	196	36.50	147	36.93	83	34.73
一般	69	15.90	100	18.62	67	16.83	33	13.81
不认同	14	3.23	15	2.79	16	4.02	10	4.18
非常不认同	5	1.15	2	0.37	3	0.75	3	1.26
合计	434	100.00	537	100.00	398	100.00	239	100.00

如表4-104（基于作答此项且标注年级的1608份数据）所示，在对高校的思想政治教育内容彰显了鲜明的时代性的认同度选项上，随着

年级的变化,认同度稍有起伏,具体来说,一年级至四年级选择"非常认同""认同"的人数比例分别为 79.72%,78.21%,78.39%,80.76%。通过比较分析发现,不同年级的大学生对高校思想政治教育内容彰显时代性的认同度存在差异,其中,四年级大学生的认同度最高。

表 4 - 105　是否担任学生干部与对高校思想政治教育内容彰显时代性的认同度

认同度	是否担任学生干部			
	是		否	
	人数	百分比	人数	百分比
非常认同	266	46.34	454	43.91
认同	211	36.76	340	32.88
一般	78	13.59	191	18.47
不认同	18	3.14	37	3.58
非常不认同	1	0.17	12	1.16
合计	574	100.00	1034	100.00

如表 4 - 105（基于作答此项且标注是否担任学生干部的 1608 份数据）所示,在对高校的思想政治教育内容彰显了鲜明的时代性的认同度选项上,83.10% 担任学生干部的大学生选择了"非常认同""认同",而作出相同选择的非学生干部比例为 76.80%。通过比较分析发现,学生干部对高校的思想政治教育内容彰显了鲜明的时代性的认同度高于非学生干部。

表 4 - 106　成绩排名与对高校思想政治教育内容彰显时代性的认同度

认同度	成绩排名							
	前 25%		26%—50%		51%—75%		76%—100%	
	人数	百分比	人数	百分比	人数	百分比	人数	百分比
非常认同	231	44.68	265	48.09	138	43.26	73	40.56
认同	182	35.20	181	32.85	109	34.17	69	38.33

续表

认同度	成绩排名							
	前25%		26%—50%		51%—75%		76%—100%	
	人数	百分比	人数	百分比	人数	百分比	人数	百分比
一般	86	16.63	83	15.06	59	18.50	27	15.00
不认同	12	2.32	20	3.63	12	3.76	9	5.00
非常不认同	6	1.16	2	0.36	1	0.31	2	1.11
合计	517	100.00	551	100.00	319	100.00	180	100.00

如表4-106（基于作答此项且标注成绩排名的1567份数据）所示，在对高校的思想政治教育内容彰显了鲜明的时代性的认同度选项上，成绩排名在前25%，26%—50%，51%—75%及76%—100%的大学生选择"非常认同""认同"的人数比例分别为79.88%，80.94%，77.43%，78.89%。通过比较分析发现，成绩排名在26%—50%的大学生认同度最高。

4. 您所在高校重视用文化感染人、熏陶人

表4-107 性别与对高校重视以文化人的认同度

认同度	性别			
	男		女	
	人数	百分比	人数	百分比
非常认同	285	41.42	351	39.53
认同	212	30.81	334	37.61
一般	138	20.06	147	16.55
不认同	42	6.10	47	5.29
非常不认同	11	1.60	9	1.01
合计	688	100.00	888	100.00

如表4-107（基于作答此项且标注性别的1576份数据）所示，在对高校重视用文化感染人、熏陶人的认同度选项上，93.08%的大学生选择了"非常认同""认同""一般"，即绝大部分学生认为高校重视以

文化人。通过比较分析发现，77.14%的女大学生在该问题上选择了"非常认同""认同"，而作出相同选择的男大学生占男生总体的72.23%，女大学生的认同度高于男大学生。

表 4-108 政治面貌与对高校重视以文化人的认同度

认同度	政治面貌					
	中共党员		共青团员		群众	
	人数	百分比	人数	百分比	人数	百分比
非常认同	40	46.51	581	41.62	31	38.75
认同	32	37.21	475	34.03	21	26.25
一般	9	10.47	251	17.98	16	20.00
不认同	4	4.65	73	5.23	9	11.25
非常不认同	1	1.16	16	1.15	3	3.75
合计	86	100.00	1396	100.00	80	100.00

如表 4-108（基于作答此项且标注政治面貌的 1562 份数据）所示，在对高校重视用文化感染人、熏陶人的认同度选项上，选择"非常认同""认同"的学生人数比例随着学生的政治面貌自中共党员到共青团员再到群众逐步降低，分别为 83.72%，75.65%，65.00%。通过比较分析发现，中共党员和共青团员的认同度均高于群众，而在此二者之间，中共党员认同度更高。

表 4-109 年级与对高校重视以文化人的认同度

认同度	年级							
	一年级		二年级		三年级		四年级	
	人数	百分比	人数	百分比	人数	百分比	人数	百分比
非常认同	206	47.47	204	38.06	156	39.00	107	44.40
认同	128	29.49	191	35.63	144	36.00	81	33.61
一般	69	15.90	103	19.22	70	17.50	43	17.84
不认同	27	6.22	33	6.16	24	6.00	5	2.07

续表

认同度	年级							
	一年级		二年级		三年级		四年级	
	人数	百分比	人数	百分比	人数	百分比	人数	百分比
非常不认同	4	0.92	5	0.93	6	1.50	5	2.07
合计	434	100.00	536	100.00	400	100.00	241	100.00

如表4-109（基于作答此项且标注年级的1611份数据）所示，在对高校重视用文化感染人、熏陶人的认同度选项上，随着年级的变化，认同度稍有起伏，具体来说，一年级至四年级选择"非常认同""认同"的人数比例分别为76.96%，73.69%，75.00%，78.01%。通过比较分析发现，不同年级的大学生对高校重视以文化人的认同度略有差异，其中，四年级大学生的认同度最高。

表4-110 是否担任学生干部与对高校重视以文化人的认同度

认同度	是否担任学生干部			
	是		否	
	人数	百分比	人数	百分比
非常认同	255	44.43	413	39.94
认同	202	35.19	344	33.27
一般	85	14.81	200	19.34
不认同	28	4.88	61	5.90
非常不认同	4	0.70	16	1.55
合计	574	100.00	1034	100.00

如表4-110（基于作答此项且标注是否担任学生干部的1608份数据）所示，在对高校重视用文化感染人、熏陶人的认同度选项上，79.62%担任学生干部的大学生选择了"非常认同""认同"，而作出相同选择的非学生干部比例为73.21%。通过比较分析发现，学生干部对高校重视以文化人的认同度高于非学生干部。

表 4-111　成绩排名与对高校重视以文化人的认同度

认同度	成绩排名							
	前 25%		26%—50%		51%—75%		76%—100%	
	人数	百分比	人数	百分比	人数	百分比	人数	百分比
非常认同	232	44.87	227	41.12	132	41.25	66	36.67
认同	165	31.91	204	36.96	103	32.19	64	35.56
一般	79	15.28	96	17.39	59	18.44	37	20.56
不认同	33	6.38	19	3.44	25	7.81	10	5.56
非常不认同	8	1.55	6	1.09	1	0.31	3	1.67
合计	517	100.00	552	100.00	320	100.00	180	100.00

如表 4-111（基于作答此项且标注成绩排名的 1569 份数据）所示，在对高校重视用文化感染人、熏陶人的认同度选项上，成绩排名在前 25%，26%—50%，51%—75% 及 76%—100% 的大学生选择"非常认同""认同"的人数比例分别为 76.78%，78.08%，73.44%，72.23%。通过比较分析发现，不同成绩排名的大学生对高校重视以文化人的认同度存在差异，成绩排名在前 25%，26%—50%，51%—75% 的大学生的认同度均高于成绩排名在 76%—100% 的大学生，而在三者之间，成绩排名在 26%—50% 的大学生认同度最高。

5. 高校思想政治教育内容能与时事政治紧密结合

表 4-112　性别与对高校时事政治教育的认同度

认同度	性别			
	男		女	
	人数	百分比	人数	百分比
非常认同	271	39.45	331	37.27
认同	243	35.37	334	37.61
一般	131	19.07	183	20.61
不认同	30	4.37	30	3.38

续表

认同度	性别			
	男		女	
	人数	百分比	人数	百分比
非常不认同	12	1.75	10	1.13
合计	687	100.00	888	100.00

如表4-112（基于作答此项且标注性别的1575份数据）所示，在对高校思想政治教育内容能与时事政治紧密结合的认同度选项上，94.79%的大学生选择了"非常认同""认同""一般"。通过比较分析发现，74.88%的女大学生在该问题上选择了"非常认同""认同"，而作出相同选择的男大学生占男生总体的74.82%，男女大学生在此问题上的认同度没有显著差异。

表4-113 政治面貌与对高校时事政治教育的认同度

认同度	政治面貌					
	中共党员		共青团员		群众	
	人数	百分比	人数	百分比	人数	百分比
非常认同	35	40.70	555	39.96	31	38.75
认同	30	34.88	504	36.29	20	25.00
一般	17	19.77	262	18.86	21	26.25
不认同	4	4.65	51	3.67	4	5.00
非常不认同	0	0.00	17	1.22	4	5.00
合计	86	100.00	1389	100.00	80	100.00

如表4-113（基于作答此项且标注政治面貌的1555份数据）所示，在对高校思想政治教育内容能与时事政治紧密结合的认同度选项上，选择"非常认同""认同"的学生人数比例随着学生的政治面貌自中共党员到共青团员再到群众略有起伏，分别为75.58%，76.25%，63.75%。通过比较分析发现，中共党员和共青团员的认同度均高于群

众，而在此二者之间，共青团员的认同度更高。

表4-114 年级与对高校时事政治教育的认同度

认同度	年级							
	一年级		二年级		三年级		四年级	
	人数	百分比	人数	百分比	人数	百分比	人数	百分比
非常认同	184	42.49	202	37.69	155	39.14	91	38.24
认同	139	32.10	213	39.74	141	35.61	83	34.87
一般	84	19.40	96	17.91	82	20.71	51	21.43
不认同	17	3.93	21	3.92	12	3.03	10	4.20
非常不认同	9	2.08	4	0.75	6	1.52	3	1.26
合计	433	100.00	536	100.00	396	100.00	238	100.00

如表4-114（基于作答此项且标注年级的1603份数据）所示，在对高校思想政治教育内容能与时事政治紧密结合的认同度选项上，随着年级的变化，认同度稍有起伏，具体来说，一年级至四年级选择"非常认同""认同"的人数比例分别为74.59%，77.43%，74.75%，73.11%。通过比较分析发现，不同年级的大学生对高校思想政治教育内容能与时事政治紧密结合的认同度存在差异，其中，二年级大学生的认同度最高。

表4-115 是否担任学生干部与对高校时事政治教育的认同度

认同度	是否担任学生干部			
	是		否	
	人数	百分比	人数	百分比
非常认同	229	40.32	400	38.68
认同	224	39.44	353	34.14
一般	96	16.90	218	21.08
不认同	15	2.64	45	4.35
非常不认同	4	0.70	18	1.74
合计	568	100.00	1034	100.00

如表4-115（基于作答此项且标注是否担任学生干部的1602份数据）所示，在对高校思想政治教育内容能与时事紧密结合的认同度选项上，79.76%担任学生干部的大学生选择了"非常认同""认同"，而作出相同选择的非学生干部比例为72.82%。通过比较分析发现，学生干部对高校思想政治教育内容能与时事紧密结合的认同度高于非学生干部。

表4-116 成绩排名与对高校时事政治教育的认同度

认同度	成绩排名							
	前25%		26%—50%		51%—75%		76%—100%	
	人数	百分比	人数	百分比	人数	百分比	人数	百分比
非常认同	216	41.94	220	40.07	109	34.28	70	39.11
认同	182	35.34	208	37.89	120	37.74	57	31.84
一般	93	18.06	95	17.30	72	22.64	43	24.02
不认同	17	3.30	18	3.28	14	4.40	8	4.47
非常不认同	7	1.36	8	1.46	3	0.94	1	0.56
合计	515	100.00	549	100.00	318	100.00	179	100.00

如表4-116（基于作答此项且标注成绩排名的1561份数据）所示，在对高校思想政治教育内容能与时事政治紧密结合的认可度选项上，成绩排名在前25%，26%—50%，51%—75%及76%—100%的大学生选择"非常认同""认同"的人数比例分别为77.28%，77.96%，72.02%，70.95%。通过比较分析发现，不同成绩排名的大学生对高校思想政治教育内容能与时事政治紧密结合的认同度存在差异，其中，成绩排名在76%—100%的大学生的认同度最低。

6.高校能针对学生关注的热点难点问题，制定有针对性的教育方案，解决学生的思想困惑

表4-117 性别与对高校善于回应学生关注的热点难点问题的认同度

认同度	性别			
	男		女	
	人数	百分比	人数	百分比
非常认同	249	36.09	291	32.77
认同	256	37.10	337	37.95
一般	125	18.12	200	22.52
不认同	47	6.81	48	5.41
非常不认同	13	1.88	12	1.35
合计	690	100.00	888	100.00

如表4-117（基于作答此项且标注性别的1578份数据）所示，在对高校能针对学生关注的热点难点问题，制定有针对性的教育方案，解决学生的思想困惑的认同度选项上，70.72%的女大学生选择了"非常认同""认同"，而作出相同选择的男大学生占男生总体的73.19%，男大学生的认同度高于女大学生。通过数据分析发现，高校应进一步加强对学生思想、心理及关心的热点难点问题的研究，制定有针对性的教育方案，解决学生的思想困惑。

表4-118 政治面貌与对高校善于回应学生关注的热点难点问题的认同度

认同度	政治面貌					
	中共党员		共青团员		群众	
	人数	百分比	人数	百分比	人数	百分比
非常认同	32	36.78	508	36.36	26	32.50
认同	32	36.78	520	37.22	24	30.00
一般	18	20.69	267	19.11	19	23.75
不认同	4	4.60	82	5.87	7	8.75
非常不认同	1	1.15	20	1.43	4	5.00
合计	87	100.00	1397	100.00	80	100.00

如表 4-118（基于作答此项且标注政治面貌的 1564 份数据）所示，在对高校能针对学生关注的热点难点问题，制定有针对性的教育方案，解决学生的思想困惑的认同度选项上，选择"非常认同""认同"的学生人数比例随着学生的政治面貌自中共党员到共青团员再到群众有所起伏，分别为 73.56%，73.58%，62.50%。通过比较分析发现，中共党员和共青团员的认同度均高于群众，且此二者之间没有显著差异。

表 4-119 年级与对高校善于回应学生关注的热点难点问题的认同度

认同度	一年级 人数	一年级 百分比	二年级 人数	二年级 百分比	三年级 人数	三年级 百分比	四年级 人数	四年级 百分比
非常认同	166	38.07	186	34.51	142	35.68	83	34.58
认同	151	34.63	213	39.52	143	35.93	85	35.42
一般	83	19.04	105	19.48	85	21.36	51	21.25
不认同	26	5.96	29	5.38	22	5.53	18	7.50
非常不认同	10	2.29	6	1.11	6	1.51	3	1.24
合计	436	100.00	539	100.00	398	100.00	240	100.00

如表 4-119（基于作答此项且标注年级的 1613 份数据）所示，在对高校能针对学生关注的热点难点问题，制定有针对性的教育方案，解决学生的思想困惑的认同度选项上，随着年级的变化，认同度稍有起伏，具体来说，一年级至四年级选择"非常认同""认同"的人数比例分别为 72.70%，74.03%，71.61%，70.00%。通过比较分析发现，不同年级的大学生对高校能针对学生关注的热点难点问题，制定有针对性的教育方案，解决学生的思想困惑的认同度存在差异，其中，二年级大学生的认同度最高。

表 4-120　是否担任学生干部与对高校善于回应学生关注的热点难点问题的认同度

认同度	是否担任学生干部			
	是		否	
	人数	百分比	人数	百分比
非常认同	205	35.65	366	35.40
认同	234	40.70	359	34.72
一般	106	18.43	219	21.18
不认同	24	4.17	71	6.87
非常不认同	6	1.04	19	1.84
合计	575	100.00	1034	100.00

如表 4-120（基于作答此项且标注是否担任学生干部的 1609 份数据）所示，在对高校能针对学生关注的热点难点问题，制定有针对性的教育方案，解决学生的思想困惑的认同度选项上，76.35%担任学生干部的大学生选择了"非常认同""认同"，而作出相同选择的非学生干部的比例为 70.12%。通过比较分析发现，学生干部的认同度高于非学生干部。

表 4-121　成绩排名与对高校善于回应学生关注的热点难点问题的认同度

认同度	成绩排名							
	前 25%		26%—50%		51%—75%		76%—100%	
	人数	百分比	人数	百分比	人数	百分比	人数	百分比
非常认同	190	36.61	214	38.84	102	31.88	56	30.94
认同	195	37.57	189	34.30	127	39.69	70	38.67
一般	98	18.88	107	19.42	68	21.25	40	22.10
不认同	25	4.82	33	5.99	21	6.56	12	6.63
非常不认同	11	2.12	8	1.48	2	0.63	3	1.66
合计	519	100.00	551	100.00	320	100.00	181	100.00

如表4-121（基于作答此项且标注成绩排名的1571份数据）所示，在对高校能针对学生关注的热点难点问题，制定有针对性的教育方案，解决学生的思想困惑的认同度选项上，成绩排名在前25%，26%—50%，51%—75%及76%—100%的大学生选择"非常认同""认同"的人数比例分别为74.17%，73.13%，71.56%，69.61%。通过比较分析发现，不同成绩排名的大学生对高校能针对学生关注的热点难点问题，制定有针对性的教育方案，解决学生的思想困惑的认同度存在差异，成绩排名在前25%，26%—50%，51%—75%的大学生的认同度均高于成绩排名在76%—100%的大学生，而在三者之间，成绩排名在前25%的大学生认同度最高。

新时代高校思想政治教育亲和力现状调查第五方面是了解被调查人对高校思想政治教育方法亲和力的看法，主要包括以下诸多条目。

1.高校思政课课堂氛围轻松活跃，富有亲和力

表4-122 性别与对高校思政课亲和力的认同度

认同度	性别			
	男		女	
	人数	百分比	人数	百分比
非常认同	245	35.56	222	25.00
认同	196	28.45	295	33.22
一般	153	22.21	264	29.73
不认同	70	10.16	86	9.68
非常不认同	25	3.63	21	2.36
合计	689	100.00	888	100.00

如表4-122（基于作答此项且标注性别的1577份数据）所示，在对高校思政课亲和力的认同度选项上，超过87.19%的大学生选择了"非常认同""认同""一般"，即绝大多数学生认同思政课课堂氛围轻松活跃，具有一定的亲和力。通过数据分析发现，58.22%的女大学生

在该问题上选择了"非常认同""认同",而作出相同选择的男大学生占男生总体的64.01%,男大学生对思政课亲和力的认同度高于女大学生。

表4-123　政治面貌与对高校思政课亲和力的认同度

认同度	政治面貌					
	中共党员		共青团员		群众	
	人数	百分比	人数	百分比	人数	百分比
非常认同	30	34.48	435	31.16	25	31.25
认同	19	21.84	437	31.30	19	23.75
一般	26	29.89	353	25.29	27	33.75
不认同	9	10.34	132	9.46	6	7.50
非常不认同	3	3.45	39	2.79	3	3.75
合计	87	100.00	1396	100.00	80	100.00

如表4-123(基于作答此项且标注政治面貌的1563份数据)所示,在对高校思政课亲和力的认同度选项上,选择"非常认同""认同"的学生人数比例随着学生的政治面貌自中共党员到共青团员再到群众稍有起伏,分别为56.32%,62.46%,55.00%。通过数据分析发现,中共党员和共青团员的认同度均高于群众,而在此二者之间,共青团员对高校思政课亲和力的认可度更高。

表4-124　年级与对高校思政课亲和力的认同度

认同度	年级							
	一年级		二年级		三年级		四年级	
	人数	百分比	人数	百分比	人数	百分比	人数	百分比
非常认同	151	34.63	161	29.87	119	29.82	74	30.96
认同	135	30.96	179	33.21	117	29.32	60	25.10
一般	88	20.18	131	24.30	118	29.57	78	32.64
不认同	49	11.24	54	10.02	35	8.77	18	7.53
非常不认同	13	2.98	14	2.60	10	2.51	9	3.77
合计	436	100.00	539	100.00	399	100.00	239	100.00

如表4-124（基于作答此项且标注年级的1613份数据）所示，在对高校思政课亲和力的认同度选项上，随着年级的变化，认同度稍有起伏，具体来说，一年级至四年级学生选择"非常认同""认同"的人数比例分别为65.59%，63.08%，59.14%，56.06%。通过比较分析发现，不同年级的大学生对高校思政课亲和力的认同度存在差异，其中，一年级大学生认同度最高。

表4-125 是否担任学生干部与对高校思政课亲和力的认同度

认同度	是否担任学生干部			
	是		否	
	人数	百分比	人数	百分比
非常认同	188	32.75	310	29.98
认同	188	32.75	303	29.30
一般	129	22.47	288	27.85
不认同	56	9.76	100	9.67
非常不认同	13	2.26	33	3.19
合计	574	100.00	1034	100.00

如表4-125（基于作答此项且标注是否担任学生干部的1608份数据）所示，在对高校思政课亲和力的认同度选项上，65.50%学生干部选择了"非常认同""认同"，而作出相同选择的非学生干部比例为59.28%。通过比较分析发现，学生干部对高校思政课亲和力的认同度高于非学生干部。

表4-126 成绩排名与对高校思政课亲和力的认同度

认同度	成绩排名							
	前25%		26%—50%		51%—75%		76%—100%	
	人数	百分比	人数	百分比	人数	百分比	人数	百分比
非常认同	171	32.95	171	30.98	94	29.47	55	30.39
认同	153	29.48	173	31.34	107	33.54	44	24.31

续表

认同度	成绩排名							
	前25%		26%—50%		51%—75%		76%—100%	
	人数	百分比	人数	百分比	人数	百分比	人数	百分比
一般	122	23.51	143	25.91	84	26.33	60	33.15
不认同	51	9.83	53	9.60	30	9.40	17	9.39
非常不认同	22	4.24	12	2.17	4	1.25	5	2.76
合计	519	100.00	552	100.00	319	100.00	181	100.00

如表4-126（基于作答此项且标注成绩排名的1571份数据）所示，在对高校思政课亲和力的认同度选项上，成绩排名在前25%，26%—50%，51%—75%及76%—100%的大学生选择"非常认同""认同"的人数比例分别为62.43%，62.32%，63.01%，54.70%。通过比较分析发现，不同成绩排名的大学生对高校思政课亲和力的认同度存在差异，成绩排名在前25%，26%—50%，51%—75%的大学生的认同度均高于成绩排名在76%—100%的大学生，而在这三者之间，成绩排名在51%—75%的大学生认同度最高。

2. 高校重视开展多样化的实践教学

表4-127 性别与对高校实践教学的认同度

认同度	性别			
	男		女	
	人数	百分比	人数	百分比
非常认同	241	35.13	222	25.00
认同	189	27.55	291	32.77
一般	156	22.74	256	28.83
不认同	73	10.64	86	9.68
非常不认同	27	3.94	33	3.72
合计	686	100.00	888	100.00

如表4-127（基于作答此项且标注性别的1574份数据）所示，在对高校重视开展多样化的实践教学的认同度选项上，超过86.07%的大学生选择了"非常认同""认同""一般"，即大部分大学生均认同高校实践教学活动丰富多彩。通过数据分析发现，57.77%的女大学生在该问题上选择了"非常认同""认同"，而作出相同选择的男大学生占男生总体的62.68%，男大学生对高校重视开展多样化的实践教学活动的认同度高于女大学生。

表4-128 政治面貌与对高校实践教学的认同度

认同度	政治面貌					
	中共党员		共青团员		群众	
	人数	百分比	人数	百分比	人数	百分比
非常认同	31	36.47	430	30.82	29	35.80
认同	24	28.24	419	30.04	15	18.52
一般	21	24.71	351	25.16	24	29.63
不认同	5	5.88	144	10.32	8	9.88
非常不认同	4	4.71	51	3.66	5	6.17
合计	85	100.00	1395	100.00	81	100.00

如表4-128（基于作答此项且标注政治面貌的1561份数据）所示，在对高校重视开展多样化的实践教学的认同度选项上，选择"非常认同""认同"的学生人数比例随着学生的政治面貌自中共党员到共青团员再到群众逐步降低，分别为64.71%，60.86%，54.32%。通过数据分析发现，中共党员和共青团员的认同度均高于群众，而在此二者之间，中共党员对实践教学多样化的认同度更高。

表4-129 年级与对高校实践教学的认同度

认同度	年级							
	一年级		二年级		三年级		四年级	
	人数	百分比	人数	百分比	人数	百分比	人数	百分比
非常认同	153	35.09	159	29.55	119	29.97	70	29.29

续表

认同度	年级							
	一年级		二年级		三年级		四年级	
	人数	百分比	人数	百分比	人数	百分比	人数	百分比
认同	122	27.98	169	31.41	120	30.23	69	28.87
一般	94	21.56	146	27.14	106	26.70	65	27.20
不认同	52	11.93	48	8.92	38	9.57	20	8.37
非常不认同	15	3.44	16	2.97	14	3.53	15	6.28
合计	436	100.00	538	100.00	397	100.00	239	100.00

如表4-129（基于作答此项且标注年级的1610份数据）所示，在对高校重视开展多样化的实践教学的认同度选项上，随着年级的变化，认同度稍有起伏，具体来说，一年级至四年级选择"非常认同""认同"的人数比例分别为63.07%，60.96%，60.20%，58.16%。通过比较分析发现，不同年级的大学生对高校重视开展多样化的实践教学活动的认同度略有差异，其中，一年级大学生的认同度最高。

表4-130 是否担任学生干部与对高校实践教学的认同度

认同度	是否担任学生干部			
	是		否	
	人数	百分比	人数	百分比
非常认同	186	32.52	311	30.19
认同	175	30.59	302	29.32
一般	143	25.00	266	25.82
不认同	49	8.57	110	10.68
非常不认同	19	3.32	41	3.98
合计	572	100.00	1030	100.00

如表4-130（基于作答此项且标注是否担任学生干部的1602份数据）所示，在对高校重视开展多样化的实践教学的认同度选项上，63.11%担任学生干部的大学生选择了"非常认同""认同"，而作出相

173

同选择的非学生干部比例为 59.51%。通过比较分析发现,学生干部对高校实践教学活动多样化的认同度高于非学生干部。

表 4-131 成绩排名与对高校实践教学的认同度

认同度	成绩排名							
	前 25%		26%—50%		51%—75%		76%—100%	
	人数	百分比	人数	百分比	人数	百分比	人数	百分比
非常认同	163	31.47	166	30.18	108	33.75	48	26.52
认同	152	29.34	178	32.36	85	26.56	54	29.83
一般	131	25.29	134	24.36	88	27.50	49	27.07
不认同	47	9.07	55	10.00	30	9.38	24	13.26
非常不认同	25	4.83	17	3.09	9	2.81	6	3.31
合计	518	100.00	550	100.00	320	100.00	181	100.00

如表 4-131(基于作答此项且标注成绩排名的 1569 份数据)所示,在对高校重视开展多样化的实践教学的认同度选项上,成绩排名在前 25%,26%—50%,51%—75% 及 76%—100% 的大学生选择"非常认同""认同"的人数比例分别为 60.81%,62.54%,60.31%,56.35%。通过比较分析发现,不同成绩排名的大学生对高校实践教学活动的认同度略有差异,成绩排名在前 25%,26%—50%,51%—75% 的大学生的认同度均高于成绩排名在 76%—100% 的大学生,而在这三者之间,成绩排名在 26%—50% 的大学生认同度最高。

3. 您喜欢通过网络进行思想政治教育

表 4-132 性别与对网络思想政治教育的认同度

认同度	性别			
	男		女	
	人数	百分比	人数	百分比
非常认同	283	41.01	343	38.63
认同	211	30.58	289	32.55
一般	129	18.70	180	20.27

续表

认同度	性别			
	男		女	
	人数	百分比	人数	百分比
不认同	48	6.96	56	6.31
非常不认同	19	2.75	20	2.25
合计	690	100.00	888	100.00

如表4-132（基于作答此项且标注性别的1578份数据）所示，在对高校通过网络进行思想政治教育的认同度选项上，超过90.93%的大学生选择了"非常认同""认同""一般"，即男女大学生均认同通过网络进行思想政治教育。通过数据分析发现，71.18%的女大学生在该问题上选择了"非常认同""认同"，而作出相同选择的男大学生占男生总体的71.59%，男女大学生在此问题上的认同度没有明显差别。

表4-133 政治面貌与对网络思想政治教育的认同度

认同度	政治面貌					
	中共党员		共青团员		群众	
	人数	百分比	人数	百分比	人数	百分比
非常认同	40	45.98	573	40.96	30	37.50
认同	21	24.14	447	31.95	19	23.75
一般	20	22.99	263	18.80	18	22.50
不认同	6	6.90	83	5.93	8	10.00
非常不认同	0	0.00	33	2.36	5	6.25
合计	87	100.00	1399	100.00	80	100.00

如表4-133（基于作答此项且标注政治面貌的1566份数据）所示，在对高校通过网络进行思想政治教育的认同度选项上，选择"非常认同""认同"的学生人数比例随着学生的政治面貌自中共党员到共青团员再到群众存在差异，分别为70.12%，72.91%，61.25%。通过数据分析发现，中共党员和共青团员的认同度均高于群众，而在此二者之

间，共青团员对网络思想政治教育的认同度更高。

表4-134 年级与对网络思想政治教育的认同度

认同度	一年级 人数	一年级 百分比	二年级 人数	二年级 百分比	三年级 人数	三年级 百分比	四年级 人数	四年级 百分比
非常认同	186	42.67	214	39.70	167	41.75	99	41.08
认同	129	29.59	170	31.54	120	30.00	80	33.20
一般	79	18.12	103	19.11	79	19.75	47	19.50
不认同	30	6.88	41	7.61	24	6.00	9	3.73
非常不认同	12	2.75	11	2.04	10	2.50	6	2.49
合计	436	100.00	539	100.00	400	100.00	241	100.00

如表4-134（基于作答此项且标注年级的1616份数据）所示，在对高校通过网络进行思想政治教育的认同度选项上，随着年级的变化，认同度稍有起伏，具体来说，一年级至四年级选择"非常认同""认同"的人数比例分别为72.26%，71.24%，71.75%，74.28%。通过比较分析发现，不同年级的大学生对通过网络进行思想政治教育的认同度没有显著差异，其中，四年级大学生的认同度最高。

表4-135 是否担任学生干部与对网络思想政治教育的认同度

认同度	是 人数	是 百分比	否 人数	否 百分比
非常认同	246	42.78	417	40.37
认同	180	31.30	319	30.88
一般	102	17.74	203	19.65
不认同	35	6.09	67	6.49
非常不认同	12	2.09	27	2.61
合计	575	100.00	1033	100.00

如表4-135（基于作答此项且标注是否担任学生干部的1608份数

据）所示，在对高校通过网络进行思想政治教育的认同度选项上，74.08%担任学生干部的大学生选择了"非常认同""认同"，而作出相同选择的非学生干部比例为71.25%。通过比较分析发现，学生干部对通过网络进行思想政治教育的认同度略高于非学生干部。

表4-136 成绩排名与对网络思想政治教育的认同度

认同度	成绩排名							
	前25%		26%—50%		51%—75%		76%—100%	
	人数	百分比	人数	百分比	人数	百分比	人数	百分比
非常认同	237	45.66	209	37.73	138	43.13	67	37.02
认同	147	28.32	191	34.48	97	30.31	50	27.62
一般	91	17.53	111	20.04	59	18.44	38	20.99
不认同	33	6.36	32	5.78	22	6.88	15	8.29
非常不认同	11	2.12	11	1.99	4	1.25	11	6.08
合计	519	100.00	554	100.00	320	100.00	181	100.00

如表4-136（基于作答此项且标注成绩排名的1574份数据）所示，在对高校通过网络进行思想政治教育的认同度选项上，成绩排名在前25%，26%—50%，51%—75%及76%—100%的大学生选择"非常认同""认同"的人数比例分别为73.98%，72.21%，73.44%，64.64%。通过比较分析发现，不同成绩排名的大学生对网络思想政治教育的认同度略有差异，成绩排名在前25%，26%—50%，51%—75%的大学生的认同度均高于成绩排名在76%—100%的大学生。

4. 您所在高校网络思想政治教育效果良好

表4-137 性别与对高校网络思想政治教育效果的认同度

认同度	性别			
	男		女	
	人数	百分比	人数	百分比
非常认同	236	34.25	269	34.14

续表

认同度	性别			
	男		女	
	人数	百分比	人数	百分比
认同	255	37.01	271	34.39
一般	157	22.79	200	25.38
不认同	29	4.21	43	5.46
非常不认同	12	1.74	5	0.63
合计	689	100.00	788	100.00

如表4-137（基于作答此项且标注性别的1477份数据）所示，在对高校网络思想政治教育效果良好的认同度选项上，93.97%的大学生选择了"非常认同""认同""一般"，即男女大学生均认为所在学校进行网络思想政治教育的效果较好。通过比较分析发现，68.53%的女大学生在该问题上选择了"非常认同""认同"，而作出相同选择的男大学生占男生总体的71.26%，男大学生的认同度高于女大学生。

表4-138 政治面貌与对高校网络思想政治教育效果的认同度

认同度	政治面貌					
	中共党员		共青团员		群众	
	人数	百分比	人数	百分比	人数	百分比
非常认同	36	41.38	463	33.14	30	37.50
认同	31	35.63	549	39.30	27	33.75
一般	17	19.54	306	21.90	17	21.25
不认同	3	3.45	63	4.51	5	6.25
非常不认同	0	0.00	16	1.15	1	1.25
合计	87	100.00	1397	100.00	80	100.00

如表4-138（基于作答此项且标注政治面貌的1564份数据）所示，在对高校网络思想政治教育效果良好的认同度选项上，选择"非常

认同""认同"的学生人数比例随着学生的政治面貌自中共党员到共青团员再到群众逐步降低，分别为77.01%，72.44%，71.25%。通过比较分析发现，中共党员和共青团员的认同度均高于群众，而在此二者之间，中共党员的认同度更高。

表4-139 年级与对高校网络思想政治教育效果的认同度

认同度	一年级 人数	一年级 百分比	二年级 人数	二年级 百分比	三年级 人数	三年级 百分比	四年级 人数	四年级 百分比
非常认同	166	38.07	161	29.93	133	33.25	84	35.00
认同	156	35.78	226	42.01	148	37.00	95	39.58
一般	88	20.18	125	23.23	96	24.00	47	19.58
不认同	20	4.59	21	3.90	20	5.00	11	4.58
非常不认同	6	1.38	5	0.93	3	0.75	3	1.25
合计	436	100.00	538	100.00	400	100.00	240	100.00

如表4-139（基于作答此项且标注年级的1614份数据）所示，在对高校网络思想政治教育效果良好的认同度选项上，随着年级的变化，认同度稍有起伏，具体来说，一年级至四年级选择"非常认同""认同"的人数比例分别为73.85%，71.94%，70.25%，74.58%。通过比较分析发现，不同年级的大学生对通过网络进行思想政治教育的效果评价存在差异，但差异不显著。

表4-140 是否担任学生干部与对高校网络思想政治教育效果的认对同度

认同度	是 人数	是 百分比	否 人数	否 百分比
非常认同	187	32.52	354	34.34
认同	257	44.70	365	35.40
一般	108	18.78	247	23.96

续表

认同度	是否担任学生干部			
	是		否	
	人数	百分比	人数	百分比
不认同	18	3.13	53	5.14
非常不认同	5	0.87	12	1.16
合计	575	100.00	1031	100.00

如表4-140（基于作答此项且标注是否担任学生干部的1606份数据）所示，在对高校网络思想政治教育效果良好的认同度选项上，77.22%担任学生干部的大学生选择了"非常认同""认同"，而作出相同选择的非学生干部比例为69.74%。通过比较分析发现，学生干部对网络思想政治教育效果的评价高于非学生干部。

表4-141 成绩排名与对高校网络思想政治教育效果的认同度

认同度	成绩排名							
	前25%		26%—50%		51%—75%		76%—100%	
	人数	百分比	人数	百分比	人数	百分比	人数	百分比
非常认同	182	35.07	193	34.96	99	30.94	56	30.94
认同	200	38.54	210	38.04	131	40.94	70	38.67
一般	109	21.00	125	22.64	66	20.63	47	25.97
不认同	19	3.66	22	3.99	20	6.25	6	3.31
非常不认同	9	1.73	2	0.36	4	1.25	2	1.10
合计	519	100.00	552	100.00	320	100.00	181	100.00

如表4-141（基于作答此项且标注成绩排名的1572份数据）所示，在对高校网络思想政治教育效果良好的认同度选项上，成绩排名在前25%，26%—50%，51%—75%及76%—100%的大学生选择"非常认同""认同"的人数比例分别为73.60%，73.00%，71.88%，69.61%。通过比较分析发现，不同成绩排名的大学生对网络思想政治

教育效果的认同度略有差异，成绩排名在前25%，26%—50%，51%—75%的大学生的认同度均高于成绩排名在76%—100%的大学生，而在这三者之间，成绩排名在前25%的大学生认同度最高。

5. 您所在高校注重使用信息技术开展思想政治教育

表4-142 性别与对高校重视使用信息技术开展思想政治教育的认同度

认同度	性别			
	男		女	
	人数	百分比	人数	百分比
非常认同	298	43.19	348	39.19
认同	242	35.07	382	43.02
一般	119	17.25	131	14.75
不认同	24	3.48	24	2.70
非常不认同	7	1.01	3	0.34
合计	690	100.00	888	100.00

如表4-142（基于作答此项且标注性别的1578份数据）所示，在对高校注重使用信息技术开展思想政治教育的认同度选项上，96.32%的大学生选择了"非常认同""认同""一般"，即男女大学生均认为所在高校重视使用信息技术开展思想政治教育。通过比较分析发现，82.21%的女大学生在该问题上选择了"非常认同""认同"，而作出相同选择的男大学生占男生总体的78.26%，女大学生的认同度高于男大学生。

表4-143 政治面貌与对高校重视使用信息技术开展思想政治教育的认同度

认同度	政治面貌					
	中共党员		共青团员		群众	
	人数	百分比	人数	百分比	人数	百分比
非常认同	40	45.98	596	42.66	37	46.25
认同	27	31.03	545	39.01	25	31.25
一般	19	21.84	203	14.53	16	20.00

续表

认同度	政治面貌					
	中共党员		共青团员		群众	
	人数	百分比	人数	百分比	人数	百分比
不认同	0	0.00	44	3.15	2	2.50
非常不认同	1	1.15	9	0.64	0	0.00
合计	87	100.00	1397	100.00	80	100.00

如表4-143（基于作答此项且标注政治面貌的1564份数据）所示，在对高校注重使用信息技术开展思想政治教育的认同度选项上，选择"非常认同""认同"的学生人数比例随着学生的政治面貌自中共党员到共青团员再到群众稍有起伏，分别为77.01%，81.67%，77.50%。通过比较分析发现，共青团员的认同度最高。

表4-144 年级与对高校重视使用信息技术开展思想政治教育的认同度

认同度	年级							
	一年级		二年级		三年级		四年级	
	人数	百分比	人数	百分比	人数	百分比	人数	百分比
非常认同	202	46.44	230	42.67	155	38.75	97	40.42
认同	152	34.94	209	38.78	162	40.50	99	41.25
一般	61	14.02	83	15.40	73	18.25	33	13.75
不认同	17	3.91	15	2.78	9	2.25	7	2.92
非常不认同	3	0.69	2	0.37	1	0.25	4	1.67
合计	435	100.00	539	100.00	400	100.00	240	100.00

如表4-144（基于作答此项且标注年级的1614份数据）所示，在对高校注重使用信息技术开展思想政治教育的认同度选项上，随着年级的变化，认同度稍有起伏，具体来说，一年级至四年级选择"非常认同""认同"的人数比例分别为81.38%，81.45%，79.25%，81.67%。通过比较分析发现，不同年级的大学生对高校注重使用信息技术开展思想政治教育的认同度存在一定差异，但差异不显著。

表4-145　是否担任学生干部与对高校重视使用信息技术开展思想政治教育的认同度

认同度	是否担任学生干部			
	是		否	
	人数	百分比	人数	百分比
非常认同	257	44.70	424	41.12
认同	226	39.30	392	38.02
一般	80	13.91	169	16.39
不认同	8	1.39	40	3.88
非常不认同	4	0.70	6	0.58
合计	575	100.00	1031	100.00

如表4-145（基于作答此项且标注是否担任学生干部的1606份数据）所示，在对高校注重使用信息技术开展思想政治教育的认同度选项上，84.00%担任学生干部的大学生选择了"非常认同""认同"，而作出相同选择的非学生干部比例为79.14%。通过比较分析发现，学生干部对高校注重使用信息技术开展思想政治教育的认同度高于非学生干部。

表4-146　成绩排名与对高校重视使用信息技术开展思想政治教育的认同度

认同度	成绩排名							
	前25%		26%—50%		51%—75%		76%—100%	
	人数	百分比	人数	百分比	人数	百分比	人数	百分比
非常认同	237	45.66	237	42.93	122	38.13	71	39.23
认同	189	36.42	225	40.76	126	39.38	67	37.02
一般	75	14.45	77	13.95	55	17.19	37	20.44
不认同	13	2.50	12	2.17	14	4.38	5	2.76
非常不认同	5	0.96	1	0.18	3	0.94	1	0.55
合计	519	100.00	552	100.00	320	100.00	181	100.00

如表4-146（基于作答此项且标注成绩排名的1572份数据）所示，在对高校注重使用信息技术开展思想政治教育的认同度选项上，成

绩排名在前25%，26%—50%，51%—75%及76%—100%的大学生选择"非常认同""认同"的人数比例分别为82.08%，83.69%，77.51%，76.25%。通过比较分析发现，不同成绩排名的大学生对学校注重使用信息技术开展思想政治教育的认同度略有差异，成绩排名在前25%，26%—50%，51%—75%的大学生的认同度均高于成绩排名在76%—100%的大学生，而在这三者之间，成绩排名在26%—50%的大学生认同度最高。

6. 您愿意参加学校组织的校园文化活动

表4-147 性别与对参与校园文化活动的认同度

认同度	性别			
	男		女	
	人数	百分比	人数	百分比
非常认同	333	48.47	455	51.24
认同	203	29.55	261	29.39
一般	104	15.14	131	14.75
不认同	35	5.09	27	3.04
非常不认同	12	1.75	14	1.58
合计	687	100.00	888	100.00

如表4-147（基于作答此项且标注性别的1575份数据）所示，在对参加校园文化活动的认同度选项上，超过96.20%的大学生选择了"非常认同""认同""一般"，即男女大学生均愿意参加校园文化活动。通过比较分析发现，80.63%的女大学生在该问题上选择了"非常认同""认同"，而作出相同选择的男大学生占男生总体的78.02%，女大学生参与校园文化活动的积极性高于男大学生。

表4-148 政治面貌与对参与校园文化活动的认同度

认同度	政治面貌					
	中共党员		共青团员		群众	
	人数	百分比	人数	百分比	人数	百分比
非常认同	50	57.47	718	51.40	33	41.77
认同	24	27.59	402	28.78	25	31.65
一般	9	10.34	202	14.46	16	20.25
不认同	3	3.45	52	3.72	3	3.80
非常不认同	1	1.15	23	1.65	2	2.53
合计	87	100.00	1397	100.00	79	100.00

如表4-148（基于作答此项且标注政治面貌的1563份数据）所示，在对参加校园文化活动的认同度选项上，选择"非常认同""认同"的学生人数比例随着学生的政治面貌自中共党员到共青团员再到群众逐渐降低，分别为85.06%，80.18%，73.42%。通过比较分析发现，中共党员和共青团员的积极性均高于群众，而在此二者之间，中共党员的积极性更高。

表4-149 年级与对参与校园文化活动的认同度

认同度	年级							
	一年级		二年级		三年级		四年级	
	人数	百分比	人数	百分比	人数	百分比	人数	百分比
非常认同	226	51.83	271	50.28	195	48.99	136	56.67
认同	122	27.98	153	28.39	122	30.65	65	27.08
一般	58	13.30	85	15.77	63	15.83	29	12.08
不认同	21	4.82	23	4.27	13	3.27	5	2.08
非常不认同	9	2.06	7	1.30	5	1.26	5	2.08
合计	436	100.00	539	100.00	398	100.00	240	100.00

如表4-149（基于作答此项且标注年级的1613份数据）所示，在对参加校园文化活动的认同度选项上，随着年级的增高，认同度稍有起

伏，具体来说，一年级至四年级选择"非常认同""认同"的人数比例分别为79.81%，78.67%，79.64%，83.75%。通过比较分析发现，不同年级的大学生对参与校园文化活动的积极性略有差别，其中，二年级大学生参与的积极性最低。

表4-150 是否担任学生干部与对校园文化活动的认同度

认同度	是否担任学生干部			
	是		否	
	人数	百分比	人数	百分比
非常认同	314	54.61	512	49.71
认同	173	30.09	289	28.06
一般	66	11.48	165	16.02
不认同	18	3.13	42	4.08
非常不认同	4	0.70	22	2.14
合计	575	100.00	1030	100.00

如表4-150（基于作答此项目标注是否担任学生干部的1605份数据）所示，在对参加校园文化活动的认同度问题上，84.70%担任学生干部的大学生选择了"非常认同""认同"，而作出相同选择的非学生干部比例为77.77%。通过比较分析发现，学生干部参与校园文化活动的积极性高于非学生干部。

表4-151 成绩排名与对校园文化活动的认同度

认同度	成绩排名							
	前25%		26%—50%		51%—75%		76%—100%	
	人数	百分比	人数	百分比	人数	百分比	人数	百分比
非常认同	278	53.67	296	53.53	157	49.06	79	43.89
认同	148	28.57	153	27.67	91	28.44	60	33.33
一般	63	12.16	79	14.29	54	16.88	31	17.22
不认同	18	3.47	16	2.89	18	5.63	6	3.33

续表

认同度	成绩排名							
	前25%		26%—50%		51%—75%		76%—100%	
	人数	百分比	人数	百分比	人数	百分比	人数	百分比
非常不认同	11	2.12	9	1.63	0	0.00	4	2.22
合计	518	100.00	553	100.00	320	100.00	180	100.00

如表4-151（基于作答此项且标注成绩排名的1571份数据）所示，在对参加校园文化活动的认同度选项上，成绩排名在前25%，26%—50%，51%—75%及76%—100%的大学生选择"非常认同""认同"的人数比例分别为82.24%，81.20%，77.50%，77.22%。通过比较分析发现，不同成绩排名的大学生对参与校园文化活动的积极性略有差异，成绩排名在前25%，26%—50%，51%—75%的大学生的认同度均高于成绩排名在76%—100%的大学生，而在这三者之间，成绩排名在前25%的大学生认同度最高。

新时代高校思想政治教育亲和力现状调查第六方面是了解被调查人对高校思想政治教育情境亲和力的看法，主要包括以下诸多条目。

1. 您对学校的硬件环境满意

表4-152 性别与对学校硬件环境的认同度

认同度	性别			
	男		女	
	人数	百分比	人数	百分比
非常认同	238	34.49	250	28.15
认同	227	32.90	342	38.51
一般	159	23.04	209	23.54
不认同	49	7.10	64	7.21
非常不认同	17	2.46	23	2.59
合计	690	100.00	888	100.00

如表4-152（基于作答此项且标注性别的1578份数据）所示，在对学校硬件环境满意的认同度选项上，90.30%的大学生选择了"非常认同""认同""一般"，即男女大学生均比较认可学校的硬件环境。通过比较分析发现，66.66%的女大学生在该问题上选择了"非常认同""认同"，而作出相同选择的男大学生占男生总体的67.39%，男大学生对学校硬件环境的认同度高于女大学生。

表4-153 政治面貌与对学校硬件环境的认同度

认同度	政治面貌					
	中共党员		共青团员		群众	
	人数	百分比	人数	百分比	人数	百分比
非常认同	29	33.33	446	31.95	32	40.51
认同	38	43.68	489	35.03	19	24.05
一般	13	14.94	326	23.35	17	21.52
不认同	5	5.75	100	7.16	8	10.13
非常不认同	2	2.30	35	2.51	3	3.80
合计	87	100.00	1396	100.00	79	100.00

如表4-153（基于作答此项且标注政治面貌的1562份数据）所示，在对学校硬件环境满意的认同度选项上，选择"非常认同""认同"的学生人数比例随着学生的政治面貌自中共党员到共青团员再到群众逐渐降低，分别为77.01%，66.98%，64.56%。通过比较分析发现，中共党员对学校硬件环境满意度最高，其他二者之间则没有明显差异。

表4-154 年级与对学校硬件环境的认同度

认同度	年级							
	一年级		二年级		三年级		四年级	
	人数	百分比	人数	百分比	人数	百分比	人数	百分比
非常认同	158	36.24	165	30.61	111	27.82	91	38.08
认同	136	31.19	210	38.96	135	33.83	87	36.40
一般	91	20.87	124	23.01	114	28.57	38	15.90

续表

认同度	年级							
	一年级		二年级		三年级		四年级	
	人数	百分比	人数	百分比	人数	百分比	人数	百分比
不认同	41	9.40	28	5.19	29	7.27	15	6.28
非常不认同	10	2.29	12	2.23	10	2.51	8	3.35
合计	436	100.00	539	100.00	399	100.00	239	100.00

如表4-154（基于作答此项且标注年级的1613份数据）所示，在对学校硬件环境满意的认同度选项上，随着年级的变化，认同度稍有起伏，具体来说，一年级至四年级选择"非常认同""认同"的人数比例分别为67.43%，69.57%，61.65%，74.48%。通过比较分析发现，不同年级的大学生对学校硬件环境的认同度略有差别，其中，三年级大学生的认同度最低，四年级大学生的认同度最高。

表4-155 是否学生干部与对学校硬件环境的认同度

认同度	是否担任学生干部			
	是		否	
	人数	百分比	人数	百分比
非常认同	190	33.16	331	32.10
认同	222	38.74	345	33.46
一般	124	21.64	239	23.18
不认同	26	4.54	87	8.44
非常不认同	11	1.92	29	2.81
合计	573	100.00	1031	100.00

如表4-155（基于作答此项且标注是否担任学生干部的1604份数据）所示，在对学校硬件环境满意的认同度选项上，71.90%担任学生干部的大学生选择了"非常认同""认同"，而作出相同选择的非学生干部比例为65.56%。通过比较分析发现，学生干部对学校硬件环境的认同度高于非学生干部。

表 4-156 成绩排名与对学校硬件环境的认同度

认同度	成绩排名							
	前25%		26%—50%		51%—75%		76%—100%	
	人数	百分比	人数	百分比	人数	百分比	人数	百分比
非常认同	173	33.46	186	33.63	102	31.88	51	28.18
认同	170	32.88	203	36.71	109	34.06	77	42.54
一般	119	23.02	111	20.07	80	25.00	43	23.76
不认同	38	7.35	39	7.05	24	7.50	7	3.87
非常不认同	17	3.29	14	2.53	5	1.56	3	1.66
合计	517	100.00	553	100.00	320	100.00	181	100.00

如表 4-156（基于作答此项且标注成绩排名的 1571 份数据）所示，在对学校硬件环境满意的认同度选项上，成绩排名在前 25%，26%—50%，51%—75% 及 76%—100% 的大学生选择"非常认同""认同"的人数比例分别为 66.34%，70.34%，65.94%，70.72%。通过比较分析发现，不同成绩排名的大学生对学校硬件环境的认同度略有差异，但差异不显著。

2. 漫步校园，您总能感受到强烈的文化气息

表 4-157 性别与对高校文化氛围的认同度

认同度	性别			
	男		女	
	人数	百分比	人数	百分比
非常认同	226	32.94	268	30.18
认同	218	31.78	316	35.59
一般	159	23.18	219	24.66
不认同	66	9.62	67	7.55
非常不认同	17	2.48	18	2.03
合计	686	100.00	888	100.00

如表 4-157（基于作答此项且标注性别的 1574 份数据）所示，在

对高校文化氛围的认同度选项上，89.33%的大学生选择了"非常认同""认同""一般"，即男女大学生均认可校园的文化氛围。通过比较分析发现，65.77%的女大学生在该问题上选择了"非常认同""认同"，而作出相同选择的男大学生占男生总体的64.72%，女大学生对学校文化氛围的认同度略高于男大学生。

表4-158 政治面貌与对高校文化氛围的认同度

认同度	政治面貌					
	中共党员		共青团员		群众	
	人数	百分比	人数	百分比	人数	百分比
非常认同	34	39.53	443	31.94	29	36.25
认同	24	27.91	471	33.96	19	23.75
一般	21	24.42	327	23.58	20	25.00
不认同	6	6.98	118	8.51	6	7.50
非常不认同	1	1.16	28	2.02	6	7.50
合计	86	100.00	1387	100.00	80	100.00

如表4-158（基于作答此项且标注政治面貌的1553份数据）所示，在对高校文化氛围的认同度选项上，选择"非常认同""认同"的学生人数比例随着学生的政治面貌自中共党员到共青团员再到群众逐渐降低，分别为67.44%，65.90%，60.00%。通过比较分析发现，中共党员对学校文化氛围的认同度最高。

表4-159 年级与对高校文化氛围的认同度

认同度	年级							
	一年级		二年级		三年级		四年级	
	人数	百分比	人数	百分比	人数	百分比	人数	百分比
非常认同	156	36.03	172	32.09	110	27.71	87	36.71
认同	134	30.95	173	32.28	144	36.27	83	35.02
一般	102	23.56	135	25.19	92	23.17	47	19.83
不认同	32	7.39	42	7.84	43	10.83	16	6.75

续表

认同度	年级							
	一年级		二年级		三年级		四年级	
	人数	百分比	人数	百分比	人数	百分比	人数	百分比
非常不认同	9	2.08	14	2.61	8	2.02	4	1.69
合计	433	100.00	536	100.00	397	100.00	237	100.00

如表4-159（基于作答此项且标注年级的1603份数据）所示，在对高校文化氛围的认同度选项上，随着年级的变化，认同度稍有起伏，具体来说，一年级至四年级选择"非常认同""认同"的人数比例分别为66.98%，64.37%，63.98%，71.73%。通过比较分析发现，不同年级的大学生对学校文化氛围的认同度略有差别，其中，三年级大学生的认同度最低，四年级大学生的认同度最高。

表4-160 是否担任学生干部与对学校文化氛围的认同度

认同度	是否担任学生干部			
	是		否	
	人数	百分比	人数	百分比
非常认同	202	35.50	321	31.29
认同	195	34.27	335	32.65
一般	121	21.27	256	24.95
不认同	45	7.91	85	8.28
非常不认同	6	1.05	29	2.83
合计	569	100.00	1026	100.00

如表4-160（基于作答此项且标注是否担任学生干部的1595份数据）所示，在对高校文化氛围的认同度选项上，69.77%担任学生干部的大学生选择了"非常认同""认同"，而作出相同选择的非学生干部比例为63.94%。通过比较分析发现，学生干部对学校文化氛围的认同度高于非学生干部。

表4-161　成绩排名与对高校文化氛围的认同度

认同度	成绩排名							
	前25%		26%—50%		51%—75%		76%—100%	
	人数	百分比	人数	百分比	人数	百分比	人数	百分比
非常认同	172	33.33	175	31.99	104	32.60	60	33.33
认同	165	31.98	193	35.28	104	32.60	64	35.56
一般	121	23.45	122	22.30	80	25.08	38	21.11
不认同	47	9.11	41	7.50	28	8.78	14	7.78
非常不认同	11	2.13	16	2.93	3	0.94	4	2.22
合计	516	100.00	547	100.00	319	100.00	180	100.00

如表4-161（基于作答此项且标注成绩排名的1562份数据）所示，在对学校文化氛围的认同度选项上，成绩排名在前25%，26%—50%，51%—75%及76%—100%的大学生选择"非常认同""认同"的人数比例分别为65.31%，67.27%，65.20%，68.89%。通过比较分析发现，不同成绩排名的大学生对学校文化氛围的认同度略有差异，但差异不明显，成绩排名在51%—75%的大学生认同度最低。

3.您所在学校在进行教育活动时注重综合运用色彩、语言、新媒体等方法创设教育情境

表4-162　性别与对高校创设思想政治教育情境的认同度

认同度	性别			
	男		女	
	人数	百分比	人数	百分比
非常认同	272	39.48	340	38.29
认同	237	34.40	320	36.04
一般	133	19.30	177	19.93
不认同	40	5.81	40	4.50
非常不认同	7	1.02	11	1.24
合计	689	100.00	888	100.00

如表4-162（基于作答此项且标注性别的1577份数据）所示，在对高校思想政治教育过程中注重创设教育情境的认同度选项上，93.79%的大学生选择了"非常认同""认同""一般"，即男女大学生均比较认同高校思想政治教育情境的亲和力。通过比较分析发现，74.33%的女大学生在该问题上选择了"非常认同""认同"，而作出相同选择的男大学生占男生总体的73.88%，男女大学生对此问题的认同度差别不明显，女大学生的认同度略高于男大学生。

表4-163 政治面貌与对高校创设思想政治教育情境的认同度

认同度	政治面貌					
	中共党员		共青团员		群众	
	人数	百分比	人数	百分比	人数	百分比
非常认同	43	49.43	554	39.68	29	36.25
认同	23	26.44	497	35.60	23	28.75
一般	16	18.39	269	19.27	18	22.50
不认同	5	5.75	62	4.44	6	7.50
非常不认同	0	0.00	14	1.00	4	5.00
合计	87	100.00	1396	100.00	80	100.00

如表4-163（基于作答此项且标注政治面貌的1563份数据）所示，在对高校思想政治教育过程中注重创设教育情境的认同度选项上，选择"非常认同""认同"的学生人数比例随着学生的政治面貌自中共党员到共青团员再到群众逐渐降低，分别为75.87%，75.28%，65.00%。通过比较分析发现，中共党员和共青团员的认同度均高于群众，中共党员对学校创设教育情境的认同度最高。

表4-164 年级与对学校创设思想政治教育情境的认同度

认同度	年级							
	一年级		二年级		三年级		四年级	
	人数	百分比	人数	百分比	人数	百分比	人数	百分比
非常认同	200	45.87	208	38.66	146	36.59	96	40.00

续表

认同度	年级							
	一年级		二年级		三年级		四年级	
	人数	百分比	人数	百分比	人数	百分比	人数	百分比
认同	140	32.11	191	35.50	140	35.09	85	35.42
一般	71	16.28	109	20.26	88	22.06	41	17.08
不认同	19	4.36	25	4.65	21	5.26	15	6.25
非常不认同	6	1.38	5	0.93	4	1.00	3	1.25
合计	436	100.00	538	100.00	399	100.00	240	100.00

如表4-164（基于作答此项且标注年级的1613份数据）所示，在对高校思想政治教育过程中注重创设教育情境的认同度选项上，随着年级的增高，认同度稍有起伏，具体来说，一年级至四年级选择"非常认同""认同"的人数比例分别为77.98%，74.16%，71.68%，75.42%。通过比较分析发现，不同年级的大学生对学校创设教育情境的认同度略有差异，其中，三年级大学生的认同度最低，一年级大学生的认同度最高。

表4-165 是否担任学生干部与对高校创设思想政治教育情境的认同度

认同度	是否担任学生干部			
	是		否	
	人数	百分比	人数	百分比
非常认同	240	41.88	406	39.34
认同	212	37.00	343	33.24
一般	97	16.93	211	20.45
不认同	22	3.84	56	5.43
非常不认同	2	0.35	16	1.55
合计	573	100.00	1032	100.00

如表4-165（基于作答此项且标注是否担任学生干部的1605份数

据）所示，在对高校思想政治教育过程中注重创设教育情境的认同度选项上，78.88%担任学生干部的大学生选择了"非常认同""认同"，而作出相同选择的非学生干部比例为72.58%。通过比较分析发现，学生干部对学校创设教育情境的认同度高于非学生干部。

表4-166 成绩排名与对高校创设思想政治教育情境的认同度

认同度	成绩排名							
	前25%		26%—50%		51%—75%		76%—100%	
	人数	百分比	人数	百分比	人数	百分比	人数	百分比
非常认同	216	41.70	230	41.59	127	39.69	63	34.81
认同	179	34.56	201	36.35	99	30.94	63	34.81
一般	87	16.80	98	17.72	76	2375	41	22.65
不认同	29	5.60	16	2.89	15	4.69	14	7.73
非常不认同	7	1.35	8	1.45	3	0.94	0	0.00
合计	518	100.00	553	100.00	320	100.00	181	100.00

如表4-166（基于作答此项且标注成绩排名的1572份数据）所示，在对高校思想政治教育过程中注重创设教育情境的认同度选项上，成绩排名在前25%，26%—50%，51%—75%及76%—100%的大学生选择"非常认同""认同"的人数比例分别为76.26，77.94%，70.63%，69.62%。通过比较分析发现，不同成绩排名的大学生对学校创设教育情境的认同度略有差异，成绩排名在前25%，26%—50%，51%—75%的大学生的认同度均高于成绩排名在76%—100%的大学生，而在此三者之间，成绩排名在26%—50%的大学生认同度最高。

（二）新时代高校思想政治教育亲和力的针对性、实效性分析

本问卷重点从高校思想政治教育的总体评价、教育目标、教育者、教育内容、教育方法和教育情境六个维度调查高校思想政治教育亲和力的现状。从统计数据来看，大学生普遍认同高校思想政治工作，普遍认

同提升高校思想政治教育的亲和力对于增强高校思想政治教育的实效性具有重大意义。此外，为了让思想政治教育亲和力更具有针对性和实效性，真正实现质量上的突破，还需要从以下方面来加强和改进高校思想政治教育：

第一，转变发展理念，推动思想政治教育的精准化发展。伴随着经济社会的快速发展，大学生对美好生活的需求也日益增长，这包括日益增长的精神需求、多元化的发展需求等，因此，推动思想政治教育的精准化、提升思想政治教育的获得感就成为时代要求。思想是行动的先导，通过对教育目标的数据分析，我们认为，提升高校思想政治教育亲和力首先要解决的是观念问题，也就是说，高校教育工作者要转变工作思路。其一，要关注教育对象的成长发展需求和期待。建设有中国特色的社会主义，实现两个一百年的战略目标，既向当代大学生的全面发展提出了更高的要求，又为实现每个人自由而全面的发展提供了良好的社会条件，思想政治教育目标必须反映社会主义现代化建设的总目标，但与此同时，思想政治教育目标也要兼顾个体的目标。从统计数据（基于性别的统计数据，下文同）来看，不确定（即表格中的"一般"选项。下文同）、不认同和非常不认同"高校的思想政治教育目标兼顾了个人目标和社会目标"的调查对象占到了26.60%，由此可见，高校思想政治教育在满足个体的成长发展需求和期待，实现精准化思想政治教育供给方面，还有一定的提升空间。其二，要加强对教育对象的个体研究。由于人们的社会地位、成长经历、家庭背景、生活条件以及思想、道德水平等都存在差异，因此人们在实际生活中所产生的问题、困难、矛盾也会有差异，这就决定了思想政治教育必须研究教育对象的思想和行为特点，教育目标要体现差异性和个性化。从统计数据来看，35.19%的调查对象不确定、不认同或非常不认同"高校会针对学生个性特点确立符合个人实际的具体思想政治教育目标"，这也说明，高校思想政治工作不仅要着眼于覆盖面的扩大、影响力的增强,更要致力于质量的不断提升。

第二,加强队伍建设,推动思想政治教育高质量发展。高水平的思想政治教育人才队伍建设是推动思想政治教育高质量发展的基础,高校应立足于整体,构建思政课教师、辅导员、班主任、专业课教师、行政人员、后勤保障人员等在内的全员育人队伍。本问卷重点研究了高校思政课教师和高校辅导员两支重要队伍,并得出如下结论:其一,应进一步加强高校思政课教师队伍建设。"思想政治理论课是落实立德树人根本任务的关键课程……思政课作用不可替代,思政课教师队伍责任重大。"[1] 从统计数据来看,绝大部分学生喜欢上思政课,但高校思政课教师还需要不断提升学识修养、教学艺术和人格修养。同时,统计数据也显示,17.95%的调查对象不确定、不认同或非常不认同"思政课教师具有深厚的理论功底";31.03%的调查对象不确定、不认同或非常不认同"思政课教师的教学方法灵活多样";25.62%的调查对象不确定、不认同或非常不认同"思政课教师有人格魅力"。其二,应进一步加强高校辅导员队伍建设。从统计数据来看,大学生对高校辅导员的工作普遍比较认可,但高校辅导员也需进一步涵养积极人格、提高职业素养、坚持公平公正的处事原则、关心关爱学生。具体来看,12.87%的调查对象不确定、不认同或非常不认同自己的辅导员"具有积极的人格特质";12.74%的调查对象不确定、不认同或非常不认同自己的辅导员"具有良好的职业素养";15.53%的调查对象不确定、不认同或非常不认同自己的辅导员"关心关爱学生"。

第三,优化教育内容,着力构建高质量思想政治教育内容体系。恩格斯深刻指出,我们的理论"是一种历史的产物,它在不同的时代具有

---

[1] 习近平:《习近平谈治国理政》第 3 卷,外文出版社 2020 年版,第 329 页。

完全不同的形式，同时具有完全不同的内容"①。当前，构建高质量的思想政治教育内容体系，应以习近平新时代中国特色社会主义思想为统领，吸纳各种有益的思想政治教育资源，确保思想政治教育内容的时代性、科学性、针对性和先进性。其一，教育内容要进一步增强时代特性。从统计数据来看，21.40%的调查对象不确定、不认同或非常不认同"高校的思想政治教育内容彰显了鲜明的时代特性"。习近平总书记强调，"当前形势下，办好思政课，要放在世界百年未有之大变局、党和国家事业发展全局中来看待，要从坚持和发展中国特色社会主义、建设社会主义现代化强国、实现中华民族伟大复兴的高度来对待"②。要构建高质量的思想政治教育内容体系，思想政治教育内容就必须紧扣时代的脉搏，进一步优化，体现马克思主义中国化的最新成果。其二，教育内容要进一步贴近生活。从统计数据来看，31.81%的调查对象不确定、不认同或非常不认同"您所在高校的大学生思想政治教育内容贴近你们的生活"，在一定程度上，高校思想政治教育内容由于不够贴近实际，难以跟教育对象产生共鸣。要构建高质量的思想政治教育内容体系，使思想政治教育内容贴近教育对象实际，需寻找思想政治教育内容与教育对象生活世界的契合点，将富有亲和力的生活实际转化为教育资源，否则，思想政治教育就会变成空洞的说教。其三，教育内容要进一步增强针对性。从统计数据来看，28.20%的调查对象不确定、不认同或非常不认同"高校能针对学生关注的热点难点问题，制定有针对性的教育方案，解决学生的思想困惑"，可见，高校思想政治教育内容的针对性不够，未能很好地发挥思想政治教育的释疑解惑功能。思想政治教

---

①中共中央马克思恩格斯列宁斯大林著作编译局编译：《马克思恩格斯选集》第4卷，人民出版社1985年版，第284页。
②《〈求是〉杂志发表习近平总书记重要文章　思政课是落实立德树人根本任务的关键课程》，载《人民日报》2020年9月1日，第1版。

育如果忽视教育对象的思想基础、道德水准、文化程度、接受能力、社会经历等，不针对教育对象的实际情况设计教育内容，就无法解决教育对象的困惑，就会削弱教育对象的接受度。其四，高校要进一步增强文化育人的意识。从统计数据来看，25.00%的调查对象不确定、不认同或非常不认同"您所在高校重视用文化感染人、熏陶人"，可见，一些高校未能很好地实现以文化人。思想政治教育是以文化人的实践过程，要构建高质量的思想政治教育内容体系，思想政治教育内容应进一步彰显以文化人的特质，让以文化人成为思想政治教育的自觉活动。

第四，拓展教育方法，提升思想政治教育感染力。在新时代的征程中，高校要积极创新思想政治工作方法和载体，从传统方法和新技术手段相融合、理论育人与实践育人相结合、线上和线下相关联的视角，推动思想政治教育方法创新。其一，推动传统思想政治教育方法与新技术相融合。从统计数据来看，39.25%的调查对象不确定、不认同或非常不认同"高校思政课课堂氛围轻松活跃"，这也反映了高校思想政治工作"包装"不够时尚，吸引力、感召力不够的现实情况，因此，高校需要推动传统思想政治教育方法与新技术的高度融合，调动学生的积极性。其二，推动理论育人与实践育人相结合。科学认识和定位实践在教育中的地位与作用，不仅是教育改革持之以恒的方向，也是教育主动适应新时代要求的关键所在，因此，高校要着力加强实践育人课程建设，科学合理地搭建育人于行的实践体系。从统计数据来看，思政课的实践教学依然是高校人才培养中的薄弱环节，实践教学内容和形式单一，40.10%的调查对象不确定、不认同或非常不认同"高校重视开展多样化的实践教学"，因此，加强实践育人工作的总体规划，强化实践教学环节，深化实践教学改革成为高校思想政治教育建设的必然之举。其三，推动线上教育和线下教育相结合。从统计数据来看，绝大部分调查对象认同网络思想政治教育的方式，但超过6.03%的调查对象对网络思想政治教育的效果是不认同或非常不认同的。拓展思想政治教育方法，应进一步促进线上教育与线下教育的结合，例如，要积极"开展形式多样、健康向上、格调高雅的校园文化活动"①，推动线上教育与线下教育的同频共振。

第五，创设教育情境，营造良好的教育氛围。在教育活动中，创设能够为教育对象所感知、把握的微观的教育环境对于提高思想政治教育效果具有积极作用。从统计数据来看，25.87%的调查对象不确定、不认同或非常不认同"您所在学校在进行教育活动时注意综合运用色彩、语言、新媒体等方法创设教育情境"，可见，一些高校对思想政治教育情境创设的意义认识还不足，在实践中教育环境创设的技巧也有待提升。

---

①习近平：《习近平谈治国理政》第2卷，外文出版社2017年版，第378页。

第五章　提升新时代高校思想政治教育亲和力的原则与遵循

原则是必须把握和坚持的行为准则。思想政治教育亲和力的建构原则反映思想政治教育的客观规律，是马克思主义意识形态规定性的本质体现。本章将对思想政治教育亲和力的建构问题作进一步探讨。

一、提升新时代高校思想政治教育亲和力的基本原则

党的十八大以来，习近平总书记高度重视如何做好新时代的思想政治工作的问题并作出了重要论述，提出了诸多富有创造性的原则性指示，对于深入推进新时代高校思想政治教育亲和力建设具有重要的指导性意义。其中，新时代高校思想政治教育亲和力提升的基本原则主要有"高举旗帜、明确方向""同向同行、协同育人""围绕学生、关照学生、服务学生""因事而化、因时而进、因势而新"等。

（一）坚持"高举旗帜、明确方向"的原则

强调思想政治教育的重要地位，发挥思想政治教育的作用，是中国共产党的优良传统和政治优势。"高举旗帜、明确方向"的原则是提升高校思想政治教育亲和力的本质要求，是任何时候都不能偏移的本体性质的原则。

"高举旗帜"就是新时代高校思想政治教育要高举马克思主义和中

国特色社会主义伟大旗帜，深入学习贯彻习近平新时代中国特色社会主义思想，坚持党管思想政治教育，充分发挥党的思想政治优势。列宁曾指出，"唯物主义本身包含有所谓党性，要求在对事变作任何评价时都必须直率而公开地站到一定社会集团的立场上"①，这既表明社会存在决定社会意识，思想政治教育必须如实地反映社会存在，又说明了思想政治教育必须坚持政治性。2018 年 5 月，习近平总书记在北京大学考察时强调，马克思主义是我国大学最鲜亮的底色。也就是说，高校要把党管思想政治教育作为办学的政治原则和政治方向，掌握思想政治教育的主导权，重视对大学生的引导，澄清与纠正各种错误思想，不断增强思想政治教育的有效性。

"明确方向"就是要坚持社会主义办学方向，践行社会主义核心价值观，把"四个服务"和"三个培养"作为思想政治教育的根本方向和指导原则。传播主导政治意识，引领社会导向是思想政治教育的重要使命和功能之一。高校是意识形态斗争的关键阵地，只能加强，不能削弱，更不能失守，因此强化对教育对象的主旋律教育就显得尤为重要。"这种导向和引领作用，与现代社会的多元多样性并不矛盾，而且正是因为社会生活的多元多样，人们才更需要社会主流的引领。"② 这种引领以尊重个性、包容差异为基础性前提，避免教育对象陷入价值迷茫中，有助于教育对象实现个体价值。可以说，明确方向对于引导教育对象的政治行为、和谐社会关系、造就时代新人具有积极意义。

(二) 坚持"同向同行、协同育人"的原则

习近平总书记指出，"要用好课堂教学这个主渠道，思想政治理论

---

① 中共中央马克思恩格斯列宁斯大林著作编译局编译：《列宁全集》第 1 卷，人民出版社 1984 年版，第 363 页。
② 刘建军：《新时代思想政治工作的十大原则——习近平对思想政治工作原则的创新发展》，载《学术界》2018 年第 9 期，第 8 页。

课要坚持在改进中加强，提升思想政治教育亲和力和针对性，满足学生成长发展需求和期待，其他各门课都要守好一段渠、种好责任田，使各类课程与思想政治理论课同向同行，形成协同效应"①。坚持"同向同行，协同育人"原则是思想政治教育的内在属性和根本要求，具有丰富的思想内容和深刻的思想内涵。提升思想政治教育亲和力是一个复杂的系统工程，必须以整体的视野，把思想政治教育实践看作由各个构成要素形成的有机整体，从整体与部分相互依赖、相互制约的关系中揭示思想政治教育实践的特征和运作规律，研究教育对象的整体性质。

第一，坚持"同向同行，协同育人"原则就是要分析思想政治教育亲和力的构成要素，进而发现它们之间的内在联系，最终梳理出完整的逻辑网络。"思想政治教育学科理论，在各个时期的研究成果虽然可以各有侧重、显示特色，但不管其研究成果多么与众不同，必须遵循思想政治教育的内涵、外延与规范，必须坚持学科的学术体系和话语体系，必须共同为形成严密的逻辑体系作贡献。"② 因此，培育和提升思想政治教育亲和力，不仅要研究思想政治教育亲和力的构成要素、相关理论范畴，诸如思想政治教育亲和力的概念、方法和反馈机制等，还要研究其各要素、各环节之间的密切联系。只有这样，才能全面系统地把握思想政治教育亲和力研究的科学性与价值性。

第二，坚持"同向同行，协同育人"原则就是要推进各类课程与思想政治理论课同向同行，形成协同效应。一方面，课堂教学是思想政治教育的主渠道，要用好课堂教学这个主渠道，特别是发挥好思想政治理论课作为关键课程的重要作用。另一方面，要坚持"德业融合"，充分挖掘高校其他各类课程的隐性育人资源——高校其他各类课程也蕴含

---

① 习近平：《习近平谈治国理政》第 2 卷，外文出版社 2017 年版，第 378 页。
② 郑永廷、胡子祥：《学习习近平在哲学社会科学工作座谈会上的讲话 推进思想政治教育学科发展》，载《思想教育研究》2016 年第 6 期，第 7 页。

着丰富的思想政治教育素材和育人资源，充分发挥高校其他各类课程的育人优势，可以起到润物细无声的育人作用。重视发挥其他专业课的育人功能，立足学科，深入挖掘专业课程的思想政治教育资源，构建全课程育人格局，是提升高校思想政治教育亲和力的一条重要途径。

第三，坚持"同向同行，协同育人"原则就是协同推进课堂思想政治教育"主渠道"和日常思想政治教育"主阵地"一体化建设，提升高校思想政治教育整体亲和力，构建"大思政"格局。思想政治理论课教学与日常思想政治教育工作是对大学生开展思想政治教育不可或缺、不可替代的两种重要形式，二者目标一致，功能互补，相互依赖，互为支撑。提升高校思想政治教育亲和力要注重二者的协同推进，既要着力提升思想政治教育课堂教学的学习氛围，也要注重为学生搭建日常中的思想政治教育亲和关系，实现二者的融合互通。一方面，思想政治理论课教师要更多地融入学生的日常思想政治教育，加强与学生的课下沟通，推动思想政治理论课由"教材体系"向"信仰体系"转化。另一方面，要创新体制机制，吸引班主任与辅导员关心、关注并积极参加思想政治理论课教学，推动思想政治理论课教学质量提升，使思想政治教育贯穿大学生教育教学全过程。

（三）坚持"围绕学生、关照学生、服务学生"的原则

习近平总书记指出，"思想政治工作从根本上说是做人的工作，必须围绕学生、关照学生、服务学生"[1]。这一论述为如何提升思想政治教育亲和力给出了直接的方向性指导。"围绕学生、关照学生、服务学生"原则，掷地有声地重申了以人为本的理念，是提升高校思想政治教育亲和力的基本遵循，具有丰富的思想内容和深刻的思想内涵。坚持"围绕学生、关照学生、服务学生"原则，必须着力把握以下几方面：

---

[1] 习近平：《习近平谈治国理政》第2卷，外文出版社2017年版，第377页。

第一,要以青年人的成长需求和期待作为思想政治教育亲和力研究的起点,认真做好青年人成长成才的工作。当代青年因其成长历程和所经历的社会发展阶段不同,思想和需求自然有其新的特点,了解和把握青年人成长发展的需求和期待对提升高校思想政治教育亲和力至关重要。我们一方面要看到新时代青年的思想和需要更加多样,尤其是总体上更加进步的优点,另一方面也不应该忽视青年人在成长中出现的思想问题。而对于这些问题,片面地采取"一刀切"的强制措施是并不合时宜的,应该采取更具针对性、更加行之有效的规范和引导措施,在满足青年人成长发展的需求和期待的基础上,引导青年人承担历史使命,肩负时代责任,在新时代找到自己的历史维度。

第二,要以抓好青年人的价值养成为根本,促进青年人健康成长和全面发展。价值观在青年人的人生发展中具有基础性作用,"青年的价值取向决定了未来整个社会的价值取向,而青年又处在价值观形成和确立的时期,抓好这一时期的价值观养成十分重要"[①]。当代青年面对剧烈变化的社会、形形色色的思潮、多元化的生活,容易陷入价值迷茫,因此,要对青年的价值观进行有力引导,使得信仰、实践和传播社会主义核心价值观成为青年人自觉的责任。坚持"围绕学生、关照学生、服务学生"的原则,就要以抓好青年价值养成为根本,打造好价值养成这块"压舱石"。

第三,要以服务青年人为导向,在深刻把握"围绕、关照、服务"三者的逻辑关系的基础上推动工作。围绕学生、关照学生、服务学生,既相互区别又相互联系,统一于推进高校思想政治教育的具体实践中,同时作用于学生思想政治工作的全过程。具体来讲,提升思想政治教育

[①] 中共中央文献研究室编:《十八大以来重要文献选编》中,中央文献出版社2016年版,第6页。

亲和力必须以围绕学生为前提，树立"以生为本"的理念；以关照学生为基础，使思想政治教育者成为学生的知心朋友和人生导师；以服务学生为根本，把以管理学生为主转换为以服务学生为主，润化学生心灵，指引学生成长。思想政治教育如果片面强调某一方面而忽视其他方面，就会出现各种问题，不利于学生的成长发展，因此，要在对"围绕、关照、服务"的统一认识中推动思想政治教育，增强思想政治教育的亲和力。

（四）坚持"因事而化、因时而进、因势而新"的原则

习近平总书记指出，"做好高校思想政治工作，要因事而化、因时而进、因势而新"[1]。这一原则不仅是对马克思主义与时俱进的理论品格和科学方法的深刻概括，也是做好高校思想政治教育的重要遵循。正确认识和深刻理解这一原则，对于提升思想政治教育的亲和力具有重大指导意义。

第一，坚持"因事而化"就是要针对不同个性特征的学生和具体的思想政治教育情境开展思想政治教育，把准教育对象的思想脉搏，为教育对象解疑释惑，引领教育对象成长成才。高校思想政治教育的对象是处于青春期的大学生，他们具有较强的自我意识，自信乐观，富有活力，具有较高的理想，但又时常会在现实中碰壁，容易苛求他人与社会，有一些难以回避的心理或行为问题。思想政治教育没有统一的模式，针对不同个性特征的教育对象和不同的教育情境，所采取的方法应有所区别，正如教育学家范梅南所言，教育实践智慧是指在教育情境中，教育实践者"瞬间知道该怎么做"，而且能展现"与他人相处的临场智慧和才艺"[2]。解开学生的思想疙瘩，就是要从学生的实际出发，

---

[1] 习近平：《习近平谈治国理政》第2卷，外文出版社2017年版，第378页。
[2] 马克斯·范梅南：《教学机智——教育智慧的意蕴》第2版，李树英译，教育科学出版社2014年版，第119页。

按照不同的情况，结合不同的方式，使事实与价值教育相融合，正确引导大学生以树立正确的人生观和价值观为目标，循序渐进地解决大学生遇到的各种问题，做到"因事而化"。

第二，坚持"因时而进"就是高校思想政治教育要与时俱进，紧扣时代脉搏，反映时代要求，顺应时代潮流。当前，实现中华民族伟大复兴的中国梦是包括广大青年学生在内的全体中华儿女的共同盼愿，是团结动员中国人民为共同的民族复兴大业不懈奋斗的精神动力，因此高校思想政治教育要做到"因时而进"，其核心内容之一就是精准把握这一时代主题，引领青年学生深刻认识"国家的前途，民族的命运，人民的幸福，是当代中国青年必须和必将承担的重任"①。故而，高校要在广大学生当中深入开展中国梦教育实践活动，引导青年人在这样一个可以大有作为而且应当大有作为的时代，努力做到胸怀理想、志存高远，投身中国特色社会主义伟大实践。

第三，坚持"因势而新"就是高校要适应国际国内态势的发展变化，结合世界新变局、社会新变革、青年网上学习生活的新常态来创新开展思想政治教育工作，引导青年形成"四个正确认识"，坚定"四个自信"。从国际来看，经济全球化、世界多极化在继续深入发展，意识形态领域的矛盾依然尖锐，西方意识形态渗透一直未曾停止。从国内来看，新时代社会主要矛盾已发生转化，但中国所处的发展阶段仍然没有变化，所以引导青年深刻理解并牢牢把握社会主义初级阶段这个当代中国的"最大国情、最大实际"，是引导青年"正确认识时代责任和历史使命"② 关系的总依据。由于国际国内形势深刻变化，高校的思想政治教育工作还存在复杂性，同时，互联网正深刻地改变着世界、影响着青

---

① 习近平：《习近平致全国青联十二届全委会和全国学联二十六大的贺信》，载《人民日报》2015年7月25日，第1版。
② 习近平：《习近平谈治国理政》第2卷，外文出版社2017年版，第378页。

年学生，掌握网络权力也将成为赢得全球主导权的重要因素之一。高校主动适应、把握和引领好互联网这个新常态，推动思想政治工作传统优势同信息技术深度、高度融合，积极占领网络主阵地，无疑对提升高校思想政治教育亲和力有着至关重要的影响。可见，深刻理解和把握国际国内形势的变化，赢得网络主导权，是"因势而新"的关键所在。

二、提升新时代高校思想政治教育亲和力的基本遵循

提升新时代高校思想政治教育亲和力要遵循六个方面的统一，即价值性与知识性的统一、理论性与实践性的统一、主导性与主体性的统一、外显性与内隐性的统一、内容性与形式性的统一、过程性与结果性的统一。这"六个统一"内涵丰富、意义重大，需要我们从理论上加以全面分析和把握。

（一）遵循价值性与知识性的统一

实现价值性与知识性的统一是思想政治教育的目标，也是思想政治教育亲和力的必然要求。其中，思想政治教育的价值性是指在思想政治教育过程中要注重价值的传达，思想政治教育的知识性是指在思想政治教育过程中必须注重知识的传授。在思想政治教育过程中，必须寓价值引导于知识传授之中，两者具有不可分割性。在提升思想政治教育亲和力的过程中，必须遵循思想政治教育价值性与知识性的辩证统一。

第一，提升思想政治教育亲和力，必须把握思想政治教育的价值性。思想政治教育的目的是要极大地发挥思想政治教育的价值，促进社会发展和人自身的发展。思想政治教育作为其他一切工作的生命线，强调的就是思想政治教育在社会、政治、经济、文化包括人自身发展过程中的存在意义和价值。在马克思主义哲学中，价值是一个表示主客体关系的范畴，价值兼具社会规范价值和人道价值，体现着人的崇高理想和永恒追求。思想政治教育的价值，也就是思想政治教育在其教育活动和

社会关系中合乎人的全面发展和人类社会进步的意义价值。思想政治教育就其政治价值而言，具有"扩大政治认同，形成政治共识""维护政治稳定、平衡利益冲突""营造舆论氛围，进行社会动员""培养时代新人，促进政治发展"等作用；就其经济价值而言，能够为经济发展提供价值导向、营造良好环境、提供精神动力，从而促进经济增长，优化资源配置，活跃市场经济；就其文化价值而言，具有文化传播、文化继承、文化选择、文化渗透、文化创新等功能；就人的发展价值而言，具有"保证个体适应社会，促进个体社会化""满足精神需求，建设精神家园""塑造现代人格，促进全面发展"等作用。因此，彰显思想政治教育亲和力，用习近平新时代中国特色社会主义思想铸魂育人，需要我们深入挖掘思想政治教育内容和方法中所蕴含的价值因素，将马克思主义与现实相结合，在铸魂育人过程中实现思想政治教育的价值性。

第二，提升思想政治教育亲和力，必须把握思想政治教育的知识性。最初的思想政治教育包含在政治工作之中，主要进行马克思主义理论宣传教育，以巩固马克思主义在意识形态领域的指导地位。20世纪80年代初实施的《国营企业职工思想政治工作纲要（试行）》，第一次区分了"思想政治教育""思想政治工作""政治工作"的基本内涵，思想政治教育被作为独立的领域从政治工作之中划分出来，并因注重从思想理论教育方面施加影响而有了学理意义上的"思想政治教育"。把握思想政治教育的知识性，最主要的就是要把握好思想政治教育的学理性。政治教育、思想教育和道德教育是构成思想政治教育的三大主体，也是形成思想政治教育的学理基础。首先，思想政治教育作为一种政治教育，就是要有计划、有目的、有组织地对人们施加意识形态的影响，以帮助人们形成政治意识，培养一定的政治素质，从而实现一定的政治目的。当下，政治教育除了要旗帜鲜明地巩固马克思主义在意识形态的指导地位，重点是用习近平新时代中国特色社会主义思想培养教育对象的政治意识和政治觉悟。其次，思想政治教育作为一种思想教育，就是要以一定的理论教育对人们的思想施加影响，包括通过马克思主义、党的路线方针政策等，解决人们的思想认知问题，帮助人们逐步树立正确的思想观念，解决人民的政治立场、态度等问题，也就是要关注人们的世界观、人生观和价值观等方面的问题，从而提高人们认识世界、改造世界的能力。最后，思想政治教育作为一种道德教育，简单说来，就是要对人的道德思想、道德行为的形成施加影响，塑造道德高尚、品行兼优的人。在开展思想政治教育时，应该高度重视其学理性，通过结合对理论体系与理论问题的阐释，鼓励学生真正掌握运用马克思主义的基本立场、观点与方法提出问题、分析问题以及解决问题的能力。

第三，提升思想政治教育亲和力，必须寓价值观引导于知识传授之中。思想政治教育具有价值性与知识性相统一的特点，要求思想政治教育亲和力的提升必须寓价值观教育于知识传授之中。知识形成于人们认识世界和改造世界的过程之中，要求主观同客观一致，追求和服从真理，而价值是人类按照自己的需要去认识和改造世界，从而实现客观同主观的一致。可见，真理和价值是人类实践活动中的"一体两面"，统一于实践之中，任何实践活动都必须在这两种尺度的共同制约下进行。思想政治教育作为一种教育实践活动，要顺利进行，就必须遵循真理尺度和价值尺度的统一。基于这样一种关系，首先，思想政治教育亲和力价值的形成和实现必须坚持寓于知识传授之中，而知识传授的成功又依赖于一定的价值实现。因此，思想政治教育亲和力的提升必然也是以真理和价值的辩证统一为前提的，是合规律性和合目的性的统一。其次，思想政治教育亲和力价值的形成和实现也必须以坚持思想政治教育的知识性为前提，而知识性又必然是具有价值的，因为人类自身需要的内在尺度推动着人们不断发现新的真理。最后，思想政治教育亲和力价值的形成必须坚持的知识尺度与价值尺度的统一又是具体的和历史的，也就是必须在实践之中实现。这意味着思想政治理论课的展开重在塑造价值观,思想政治教育不能停留在知识传授这个层面,必须改变在教学过程中只重知识传授而忽视价值引领的状况,要在讲授知识的基础上不断提升学生的思想政治素质;也意味着思想政治教育不能只重视价值引领而忽视知识传授,因为作为真理的科学的知识是价值形成和发展的奠基石,思想政治教育的实施不仅是为了实现其价值性,也是为了实现其知识性,即引导教育对象按照"物的尺度"也就是客观规律来认识世界和改造世界。总而言之,提升思想政治教育的亲和力,必须把价值性融入知识性,把知识性融入价值性,实现价值性与知识性的结合。

(二)遵循理论性与实践性的统一

理论性与实践性的统一既有现实的普遍性,也有思想政治教育中的特殊性。思想政治教育之所以能够成为一门科学,是因为它有马克思主义这一坚实的理论基础,强调思想政治这一实践活动要以马克思主义理论为指导,对教育对象进行马克思主义基本理论及其中国化理论创新成果的教育。思想政治教育的实践性是马克思主义实践观在思想政治教育工作中的具体化,主张思想政治理论对现实的观照,强调理论性需要通过强化实践性来实现,因为理论性功能的发挥程度取决于理论对现实实践的解释力。坚持理论性和实践性相统一是提升思想政治教育亲和力的必然要求。思想政治教育既要彰显理论性,用科学的理论武装人、培养人,推动理论创新;又要凸显实践性,充分发挥实践育人的功能。

第一,推进理论性与实践性的统一,要重视理论讲解,引导教育对象真学真懂真信,不断推动理论创新。一方面,思想政治教育要重视理论讲解。毫无疑问,思想政治教育应以理论知识的传授和价值引导为主,把相关的理论内涵、理论意义、基本方法、运用技巧、价值取向、实践要求等内容向学生讲清楚。比如,在讲解为什么实现中华民族伟大复兴是近代以来中华民族最伟大的梦想这个理论问题时,要讲清楚中国梦与青春梦的关系是什么，谁创造中国梦，谁享有中国梦，青年人如何在新时代找到自己的历史维度，等等。这些问题是大学生的理论关切所在，只有把理论讲实讲透，才能吸引学生，提高学生的抬头率、点头率和获得感。另一方面，要不断推动理论创新。马克思指出，"理论在一个国家实现的程度，总是取决于理论满足这个国家的需要的程度"①——马克思不仅突出强调理论紧密联系实际的重要作用，还高度重视理论创新对实践的引导作用。习近平总书记多次强调要结合新的实践不断推进新的理论创造。增强思想政治教育的理论性，要求教育者切实掌握马克思主义中国化的最新成果，并善于将理论讲清、讲深、讲透，以彻底的思想理论说服教育对象，以透彻的学理分析回应教育对象，用真理的强大力量引导教育对象，推动理论与实践的双向融合，在实践中推动理论创新。具体到思想政治教育亲和力这一理论问题，它是习近平总书记在全国高校思想政治工作会议上提出来的，并在全国学校思政课教师座谈会上被再一次强调。近些年，学术界开展了不少与思想政治教育亲和力相关的理论研究，对思想政治教育亲和力的生成规律进行了归纳和总结，取得了一些研究成果，但总体来说，相关研究还存在系统性不强、深入性不足等问题。要破解思想政治教育实践中亲和力不足的问题，我们还需要对一些基础性的问题进行深入探究，从而更好地发挥理论对实践的指导意义。总的来说，提升思想政治教育亲和力是一项复杂的系统工程，需要不断地在实践中总结经验，在实践中推动理论创新。

第二，推进理论性与实践性的统一，要重视实践育人，推动教育对象知行合一。思想政治教育既具有理论的维度，也具有实践的维度，其

---

① 中共中央马克思恩格斯列宁斯大林著作编译局编译：《马克思恩格斯文集》第1卷，人民出版社2009年版，第12页。

在现实中的运用经常是理论与实践的融合,是由教育主体不断地从实践中获得经验,进一步推动理论创新,从而不断提升实践的品质和能力的。理论知识与实践应用的辩证关系在思想政治教育中尤为突出,因为思想政治教育是一门育人的基本学科,对于实践与理论的融合性要求更高,也具有特殊性。推进思想政治教育理论性与实践性的统一,需要着重把握以下几个方面:

首先,思想政治教育的理论与实践结合重在将课堂与社会生活相结合。思想政治理论课尽管是以理论的方式讲授给学生,学生也必须在实践中融会贯通,否则容易产生所学理论无用的错觉。如果实践不深入,学生的认识也往往会停留于感性认识的层面上,不能有效地将经验上升为理论,这就会产生经验与理论知识的落差。因此应将思政小课堂同社会大课堂有机结合起来。一方面,在思政课堂上要敏锐捕捉和正确回应教育对象关注的社会热点难点问题,将思政小课堂拓展到社会大课堂。思政课并不能单纯地讲授理论,而要在讲授理论的同时增强学生的马克思主义理论自觉和理论自信,因此,思政课堂要以学生日常生活中遇到的问题为基点,及时解答学生在实践中遇到的问题,使思政小课堂连接社会大课堂。比如,思政课教师应该通过各种渠道了解现在的大学生的思想动态,考察学生的所思所想,回应学生的理论关切,培养其理论兴趣,提升他们的理论素养。另一方面,应当鼓励和支持学生走向社会、深入基层,向人民群众学习,在社会实践中提升观察问题、了解问题、剖析问题和解决问题的能力,从而砥砺家国情怀,激发使命担当。1890年9月7日,恩格斯在《给〈萨克森工人报〉编辑部的答复》一文中,表达了在实践中向工人学习的思想。文中谈道:"但愿他们能懂得:他们那种本来还需要彻底的、批判性的自我修正的'学院式教育',并没有授予他们有资格在党内担任相应职位的军官证书;在我们党内,每个人都应该从普通一兵做起……一句话,他们这些受过'学院式教育'

的人，总的说来，应该向工人学习的地方，比工人应该向他们学习的地方要多得多。"① 习近平总书记也多次强调要深入实践，在实践中学习，发扬理论联系实际的马克思主义学风。在这方面，我们已经有了一些有益的探索。例如在中宣部、中央文明办、教育部、共青团中央、全国学联持续组织开展的全国大中专学生志愿者暑期文化科技卫生"三下乡"社会实践活动中，师生们利用暑假时间，围绕当前中国经济社会发展的重大现实问题，开展了系统、规范的社会调研活动。学生们深入基层，不仅提升了自身的理论素养，也提高了将理论应用到现实的实践能力。

其次，推动思想政治教育理论性与实践性的统一，要教育引导青年学生立鸿鹄志，做奋斗者。青年是人口数量、质量和结构的最关键部分，在民族发展进程中起着基础性作用，是实现中华民族伟大复兴的中国梦的进程中的有生力量。思想政治教育要引导青年学生立鸿鹄志，做奋斗者，一方面，应让青年学生深刻认识自己所肩负的历史使命。当代青年有丰富的创新思维，有远大的理想追求，更有踏实苦干的作风，是社会发展最活跃、最具潜力的力量，将全过程参与未来的民族复兴，也必将成为社会主义现代化建设的根基力量和铸就历史伟业的有生力量，而教育引导青年学生明确自己的时代定位正是青年学生立鸿鹄志和做奋斗者的前提。另一方面，应教育引导青年学生立鸿鹄志，做奋斗者，在实践中培养青年学生坚韧不拔的意志品质。从古至今，成大事业的人都需要很多的磨练。当代青年学生身处国家发展的重要战略机遇期，既面临着难得的人生际遇，也面临着巨大的人生挑战。推进思想政治教育理论性与实践性相统一，就是要让青年学生在实践中接受考验，在磨炼中成长。正如习近平总书记指出的，"青年时期多经历一点摔打、挫折、

---

① 中共中央马克思恩格斯列宁斯大林著作编译局编译：《马克思恩格斯文集》第 4 卷，人民出版社 2009 年版，第 397 页。

考验，有利于走好一生的路"①。实现中华民族伟大复兴是一项伟大的事业，既需要青年人努力奋斗，也需要青年人形成良好的政治素养，做新时代中国特色社会主义的坚定拥护者和合格建设者。

再次，推动思想政治教育理论性与实践性的统一，既要防止"泛理论性"，也要防止"泛实践性"。所谓"泛理论性"，是指刻意追求思想政治教育的理论灌输，忽视乃至抛弃思想政治教育的实践性。"泛理论性"的主要成因在于过分强调理论讲授，忽视理论与实践相结合的重要性，也不重视发挥实践育人的积极作用。"泛理论性"由于过分强调理论性，导致理论与实践脱节，理论讲解晦涩、抽象、深奥，教学形式单一，难以激发教育对象的主观能动性，教育者讲授的思想、观点难以被教育对象接受并内化，教育效果大打折扣。与"泛理论性"相对应的是"泛实践性"。所谓"泛实践性"，是指淡化甚至抛弃思想政治教育的理论性，片面强调实践性。"泛实践性"的主要成因在于刻意追求思想政治教育形式，而忽视理论讲授的重要意义。"泛实践性"过分强调实践而忽视理论的重要性，会导致理论讲授缺乏系统性、全面性、整体性，甚至会导致思想政治教育泛娱乐化，完全违背思想政治教育使命，也容易使青年学生对思想政治教育产生反感情绪，影响极为恶劣。

(三) 遵循主导性与主体性的统一

教育者和教育对象这对关系在思想政治教育系统中居于核心位置，思想政治教育内容、方法、情境等都是围绕这对关系创设的，所以，在思想政治教育中，首先要把握好思想政治教育者主导性和教育对象主体性的关系。

在思想政治教育活动中，思想政治教育者居于主导地位，发挥着主导性作用，这是毋庸置疑的。思想政治教育对象虽然是教育者的施教对

---

① 习近平：《习近平谈治国理政》第 1 卷，外文出版社 2014 年版，第 54 页。

象,但并不是被动的客体,"在接受、实践思想政治教育内容的过程中,教育对象则是以主体的身份出现,他自觉能动地以主体的视角体察教育者的教育活动及其所表达的意义,以自己的认知图式诠释、选择、内化教育者所传递的思想政治教育内容,并通过自己的实际活动来实践思想政治教育内容所具有的行动指令意义"①,可见,思想政治教育对象又具有主体性。教育者的主导性和教育对象的主体性的关系问题,一直是学术界关注的一个热点问题,在思想政治教育过程中,教育者和教育对象不同的地位、作用,形成了不同的教育模式,具有代表性的包括等级结构模式、客体中心模式和主体中心模式。第一种模式下,教育等级森严,教育者和教育对象地位严重不平等,教育者甚至被捧至神圣不可侵犯的至高地位,教育对象的主体性无从谈起;第二种模式表现为教育对象居于中心地位、发挥主导作用,一切教育活动围绕着教育对象来建构,教育者处于一种辅助的地位,不具有主导地位;第三种模式中,教育者居于主导地位,主导和控制着思想政治教育诸要素的运行和方向,忽视了教育对象的地位和价值,思想政治教育的目的也无从实现。以上三种模式都没有正确处理好教育者和教育对象之间的关系。本书认为,教育者的主导性与教育对象的主体性不是一对矛盾体,而是互相统一又互相促进的统一体。坚持思想政治教育主导性和主体性相统一,促进主导性与主体性彼此融合、相互促进并形成共振,是新时代思想政治教育的必然要求。要实现这一目标,思想政治教育者应注意处理好以下问题:

第一,推进主导性与主体性的统一,要坚持"以人为本"。"以人为本"是马克思主义唯物史观的根本原则,主张"从现实的、有生命

---

① 沈壮海:《思想政治教育有效性研究》第3版,武汉大学出版社2016年版,第71页。

的个人本身出发",以人的发展为尺度考察社会的发展,明确了人的发展作为唯物史观基本价值维度的地位。"以人为本"也是科学发展观的核心内容,体现了中国共产党全心全意为人民服务的根本宗旨。"以人为本"在教育领域中可以理解为,尊重教育对象的主体性地位,积极发挥教育对象的主观能动性,关注教育对象的特点、兴趣、情感与发展需求,不断满足教育对象的成长需求和发展期待。坚持"以人为本"的理念,一方面要尊重教育对象的主体地位,根据教育对象的年龄、特点、性格、能力等实际情况来制定教育目标,确定教育内容,选择教育方法,做到因材施教,努力推进精准思政。另一方面,要坚决反对一些认识上的错误倾向。例如,过分强调教育对象的主体性,忽视教育者在整个教育过程中的主导性地位,完全依据教育对象的喜好安排思想政治教育活动;过分追求"个性",过分肯定个人价值,不能正确认识个人和集体的关系,传播极端个人主义价值观;过分迎合教育对象的兴趣爱好,过分迁就教育对象的错误认识,不能很好地发挥思想政治教育的释疑解惑功能,背离了立德树人的初衷。总而言之,"以人为本"强调一切从教育对象实际出发,真正做到对教育对象负责,切实为教育对象提供指导和帮助。

第二,推进主导性与主体性的统一,要坚持"双向互动"。在传统思想政治教育中,教育者的地位得到了很好的彰显,但教育对象的地位不受重视,所以教育对象的学习动力不足,学习目标不清,久而久之,教育对象也会对思想政治教育实践形成单调、空洞、说教的刻板印象。在现代思想政治教育中,思想政治教育实践是建立在教育者与教育对象双向互动的基础之上的,它在双向互动之间,传输主流价值观,引导教育对象提升品德修养,与传统思想政治教育中教育者的单向灌输相比,更能提升思想政治教育的亲和力和针对性。首先,双向互动是建立在引导性上的双向互动。思想政治教育具有导向功能,这是"思想政治教育目的性、意识形态性的体现,是思想政治教育的基本功能,是其他任何教育都无法替代的功能"①。从思想政治教育实施的向度来看,思想政治教育者是思想政治教育活动的组织者、实施者、引导者,而思想政治教育者的导向性作用,是由思想政治教育者的职能地位所决定的。新时期的思想政治教育应进一步强调教育者与教育对象的双向互动,而且是建立在导向性基础上的互动。其次,双向互动的目的在于启发引导教育对象。习近平总书记指出,要"注重启发性教育,引导学生发现问题、分析问题、思考问题,在不断启发中让学生水到渠成得出结论"②。双向互动的目的就在于改变传统的灌输式教育模式,在传授知识的同时注重启发性教育,引导教育对象加强思考,最终帮助教育对象实现自我教育。最后,双向互动在实质上表现为解疑释惑。高校思想政治工作实际上是一个解疑释惑的过程,思想政治教育者的主要工作就在于在双向互动中回应教育对象的现实困惑,把道理讲明白、讲清楚,指导教育对象少走弯路。可以说,教育者与教育对象的双向互动,本质上是通过互动解决问题。

第三,推进主导性与主体性的统一,要坚持教育者"以身示范"。亲其师,才能信其道。推进主导性和主体性相统一,必须有效发挥思想政治教育者的主导作用。思想政治教育者的主导作用不仅体现在对教育实践的宏观设计、统筹推进和效果评估上,更体现在教育者的"以身示范"上。中国文化历来十分重视教育者的引领示范作用,在不同的历史时期,教育家对此都有过论述。孔子曰:"其身正,不令而行;其身不正,虽令不从。"周恩来同志曾经指出,"政治工作人员本身必须在思想上政治上行动上能够做全体官兵的模范……只有这样才能提高政治工

---

① 张耀灿、郑永廷:《现代思想政治教育学》,人民出版社2006年版,第131页。

② 习近平:《习近平谈治国理政》第3卷,外文出版社2020年版,第331页。

作的威信，推动政治工作的前进，发展政治工作的效果"①。习近平总书记也多次强调，思想政治教育者要"用高尚的人格感染学生、赢得学生，用真理的力量感召学生，以深厚的理论功底赢得学生，自觉做为学为人的表率，做让学生喜爱的人"②。

（四）遵循外显性与内隐性的统一

外显性的思想政治教育是针对内隐性的思想政治教育而言的，强调思想政治教育的直接性、公开性、专业性等，而内隐性的思想政治教育强调思想政治教育的间接性、隐蔽性、感染性等。将外显性思想政治教育与内隐性思想政治教育寓于思想政治教育亲和力的提升之中，具有必然性和应然性。这一方面要强调外显性思想政治教育，比如理直气壮讲好思政课，这也是思想政治教育亲和力发挥的外在表现；另一方面要强调内隐性思想政治教育，这是因为内隐性思想政治教育具有强大的渗透性和影响力，可以通过使受教育者无意识获得的教育价值，实现全面贯彻党的教育方针，培养中国特色社会主义建设者和接班人，落实立德树人的根本任务。

第一，坚持外显性与内隐性相统一，必须注重体现马克思主义思想理论教育的本质特征。无论是显性思想政治教育亲和力的发挥，还是隐性思想政治教育亲和力的发挥，都必须具备马克思主义思想理论教育的本质特征，既要具备一定的阶级性，即为广大无产阶级和劳动人民服务，又要具备一定的科学性和实践性，即思想政治教育不是抽象的无根据的教育，而是尊重客观规律，要求人们以科学态度对待的教育，而且能够指导教育实践，能够用科学的理论观点说明并回答教育对象思想上深层次的问题，引导受教育者确立马克思主义信仰，给受教育者以正确

---

① 周恩来：《周恩来选集》上卷，人民出版社1980年版，第97页。
② 习近平：《习近平谈治国理政》第3卷，外文出版社2020年版，第330页。

的价值引领和强大的精神力量。

第二,坚持外显性与内隐性相统一,必须借助显性教育和隐性教育两种方式,更充分地发挥思想政治教育理论武装和价值引领的作用。思想政治教育作为一种社会实践活动,要为社会的发展和进步服务,其目的必须反映一定社会的经济、制度、社会的客观要求,具体体现为要用马克思主义思想动员、激励和教育受教育者为建设社会主义服务,同时在为社会主义事业服务的过程中,不断提高自己的道德思想素质和政治素养。因此,必须发挥思想政治教育价值引领和理论武装的作用,坚持思想政治教育方向性与客观性的统一、一元性和多元性的统一、超越性和可行性的统一,努力实现显性思想政治教育和隐性思想政治教育内容与方法的完美契合,从而拓展思想政治教育亲和力发挥的范围,提高思想政治教育亲和力的质量。

第三,坚持外显性与内隐性相统一,必须重视教育对象的差异性。孔子认为要"因材施教",也就是要根据受教育者的年龄、资质、性格等开展教育,从而将其培养成对社会有用之人。隐性思想政治教育与显性思想政治教育相统一能够打破思想政治理论课的限制,在充分考虑个体差异的基础上选择有利于教育者的教育方式,具有较强的灵活性,因而能够真正做到思想政治教育精准施策。

第四,坚持外显性与内隐性相统一,必须注重运用一切有利的思想政治教育资源。我们生活的社会环境,蕴含着十分丰富的思想政治教育资源,其中有显性的,也有隐性的,只要善于开发和利用,就一定能够促进思想政治教育亲和力的发挥,从而引导教育对象健康成长。比如,中华优秀传统文化中的思想政治教育资源、网络文化中的思想政治教育资源,以及各种纪念活动中的思想政治教育资源等,都可以营造良好的思想政治教育环境和氛围,在显性教育和隐性教育中传播社会主流思想,构建全员全程全方位育人的新格局,共同发挥铸魂育人、立德树人的重要作用。

(五) 遵循内容性与形式性的统一

马克思主义辩证法认为内容决定形式。思想政治教育的内容也决定着思想政治教育的形式。一方面，思想政治教育的内容的变化必然引起思想政治教育的形式的变化。另一方面，思想政治教育形式也具有能动的反作用。适合思想政治教育内容的思想政治教育形式，对思想政治教育对象接受相应的内容有很大的助力；相反，不当的教育形式对于内容的开展会起到消极的阻碍作用。提升高校思想政治教育的亲和力，既要注重形式，让思想政治教育活动"有意思"，令思想政治教育对象真心喜欢；更要注重内容，让思想政治教育活动"有价值"，令思想政治教育对象终身受益。因此，提升高校思想政治教育亲和力，要将内容亲和力与形式亲和力相统一。

第一，从内容亲和力方面来讲，开展思想政治教育必须要以理服人，让教育对象"听得懂、喜欢听、记得住"，而不能自说自话，让教育对象觉得虚头巴脑、不知所云。因此，充满亲和力的思想政治教育内容应该具有说服力、吸引力和感染力。提升思想政治教育内容的亲和力，关键要从以下几个方面着力：

一是增强思想政治教育内容的说服力。在思想政治教育实践中，思想政治教育内容对教育对象是否具有说服力以及说服力的大小如何，在很大程度上决定着教育效果的好坏。那么，思想政治教育内容要怎样才具有说服力呢？首先，思想政治教育内容必须体现真理性，彰显真理伟力。列宁曾经指出，"如果认为人民跟着布尔什维克走是因为布尔什维克的鼓动较为巧妙，那就可笑了。不是的，那是因为布尔什维克的鼓动说实话"[1]。思想政治教育内容要有说服力，就是思想政治教育者所输

---

[1] 列宁：《列宁全集》第38卷，人民出版社2017年版，第84页。

出的思想、理念、观点等要符合客观实际，具有真理性。其次，要把真理讲透彻，推动理论武装入脑入心。讲不透彻的理论会让教育对象陷入迷茫，也难以服人，更无法让教育对象产生亲和感。因此，必须采取符合人们思想、行为活动规律的正确途径与方法，用科学的理论、科学的方法、科学的管理、科学的服务来开展思想政治教育。再次，要发挥逻辑严谨的说服力。思想政治教育是一种建立在双向互动基础上的实践活动，不是强制的精神灌输，教育对象接不接受也是由其主观意志决定的，因此教育者分析事理时要讲求逻辑、讲明道理，用严谨的逻辑推理来说服教育对象。习近平总书记曾对党员干部这样讲："现在，党内有些同志感到不适应，有的说要求太严，管得太死，束缚了手脚；有的说党员、干部也有七情六欲，管党治党应'人性化'；有的说都去抓管党治党，经济社会发展没精力抓了。说来说去，就是希望松一点、宽一点。"他讲："2012年12月我在中央政治局会议审议八项规定时就说过，我们不舒服一点、不自在一点，老百姓的舒适度就好一点、满意度就高一点，对我们的感觉就好一点。"他继续分析："全面从严治党，核心是加强党的领导，基础在全面，关键在严，要害在治。"① 这样的讲话既直面问题、切中时弊，让党员干部听得进去，又引人深思、催人奋进，体现着坚强的党性原则和党员的责任担当。习近平总书记的讲话之所以有突出的教育效果，之所以会引起党员干部足够的重视，最根本的原因在于讲话中蕴含着丰富的逻辑思维方法，让教育对象既信服又深受启发。

二是提升思想政治教育内容的价值性。思想政治教育内容是丰富多样、多维立体的，涵盖了政治教育、思想教育、道德教育、文化教育、

---

① 中共中央文献研究室编：《习近平关于全面从严治党论述摘编》，中央文献出版社2016年版，第10页。

法治教育和实践教育等诸多方面,这是由教育对象思想品德发展的动态性、多样性和复杂性决定的。在思想政治教育实践中,如果不考虑教育对象特点,不聚焦重点内容,而是"大水漫灌"地开展工作,不仅会使教育效果大打折扣,还会引起教育对象的抵触。因此,开展思想政治教育要注重按需施教,通过推进精准思政工作,努力实现思想政治教育需求侧和供给侧之间的平衡,提升教育内容的价值性。

三是发挥事实的解释力。俗话说,摆事实讲道理,客观事实是最有说服力的思想政治教育素材,开展思想政治教育也要善于用客观数据、历史资料、典型案例等去引导教育对象。注重用事实来说话,是党的思想政治工作的优良传统。毛泽东同志历来主张宣传思想工作要注重摆事实,他指出,对于敌人的造谣污蔑,我们反攻的方法就是"请看事实"。邓小平同志也十分重视用事实说话,他在谈到四项基本原则的教育时说:"需要根据新的丰富的事实作出新的有充分说服力的论证。"[1]习近平总书记一贯主张用事实说话,在中央政治局第二十五次集体学习时,他强调"要坚持用唯物史观来认识和记述历史","让历史说话,用史实发言"[2]。用事实说话,在思想政治工作中会起到事半功倍的效果。比如历史虚无主义思潮在一些领域沉渣泛起,但谎言撼不动铁铸的史实,如果我们坚持用唯物史观来认识和记述历史,用翔实准确的史料对颠倒是非、混淆黑白的内容进行批驳,则谣言不攻自破。

第二,从形式亲和力方面来讲,思想政治教育亲和力的提升需要借助诸多手段,这与思想政治教育主体凭借什么思想政治教育载体、创设什么思想政治教育情境、采取什么思想政治教育方法密不可分。换句话

---

[1] 邓小平:《邓小平文选》第2卷,人民出版社1994年版,第180页。
[2]《习近平在中共中央政治局第二十五次集体学习时强调:让历史说话用史实发言 深入开展中国人民抗日战争研究》,载《人民日报》2015年8月1日,第1版。

说，形式是否恰适影响着思想政治教育效果。富有亲和力的思想政治教育活动，其形式的亲和力是不容忽视的重要方面。提升思想政治教育亲和力，应重点从以下几方面着力：

一是要着力创新思想政治教育方法。思想政治教育方法承载着教育目的，传递着教育内容，连接着教育者与教育对象，其重要性不言而喻。开展思想政治教育要力求方法生动活泼、润物无声。正如毛泽东同志曾经强调的，要提出任务也要注意实行合适的工作方法，要反对官僚主义，抛弃命令主义，采取实际的具体的工作方法、耐心说服的工作方法，否则任务很难实现。创新开展思想政治教育，就是要根据对象、条件、场合来采取相应的教育方法，照本宣科、生搬硬套的工作方法，不仅会引起教育对象的抵触甚至是反感，提升思想政治教育的亲和力更是无从谈起。

二是要着力优化思想政治教育载体。思想政治教育目标的实现、教育内容的传授、教育者与教育对象的互动，都有赖于教育载体。因此，合理选择教育载体对于思想政治教育教学和研究都十分重要。毛泽东同志曾经深刻指出，思想工作不能用一个简单的口号去套一切，要对具体问题进行具体分析。开展思想政治教育，实现"因事而化、因时而进、因势而新"，对载体的选择也要做到具体问题具体分析。当前，面对复杂多变的世界，面对受众对象、传播技术、舆论生态都在发生深刻变化的现实背景，面对互联网时代的冲击，必须科学利用媒体融合，拓宽教育平台，优化思想政治教育载体。与此同时，必须在继承的基础上对传统的思想政治教育载体进行创新，使传统载体与新兴载体高度融合、优势互补、一体发展。

三是要着力创设富有亲和力的巧妙情境。思想政治教育的情境创设需要综合诸多方面的因素，其实质是对一定教育理念的现实化的实验性质的教学设计。目前，教育者通常会聚焦方法创新和载体创新，以此来提升思想政治教育形式的吸引力和感染力,但对教育情境的创新还不够重视。事实上,思想政治教育情境由教育者根据教育目标及内容进行情景创设,对优化思想政治教育客观现实条件和主观情感环境具有积极作用,因此,必须重视思想政治教育情境的创设,如可通过语言描述设境法、色彩影音设境法、实践活动设境法和新型传媒设境法等[1]创设思想政治教育情境,提升思想政治教育效果。

(六) 遵循过程性与结果性的统一

思想政治教育亲和力在一定意义上体现为一种结果,是思想政治教育者和思想政治教育活动留给教育对象的一种总体印象,但这种结果离不开过程,这种结果也并不是一个独立的、静止的存在对象,而是一个不断生成的教育过程本身的集中体现,因此,思想政治教育要在结果层面体现亲和力,就要不断优化思想政治教育过程。

思想政治教育过程亲和力可以从思想政治教育过程的环节予以分析。思想政治教育过程的环节是指思想政治教育过程中相互关联的若干阶段,也可看作教育者对教育对象施加教育影响必须遵循的一般工作程序[2],主要体现为教育的三个阶段,第一个是教育方案的制定,第二个是教育方案的实施,第三个是教育方案的评估。这三个阶段虽然各自区分,但也紧密联系,是一个统一完整的历程。提升思想政治教育的亲和力就是要把亲和力渗透到思想政治教育方案的制定、实施和评估的各个阶段,达到亲和力的一以贯之。

第一,在思想政治教育方案的制定阶段。这一阶段既是整个思想政治教育活动的起始阶段,也是影响思想政治教育亲和力结果的重要阶

---

[1] 王霞娟、陈海洲:《大学生思想政治教育情境创设的方法探究》,载《思想政治教育研究》2014年第1期,第82—85页。

[2] 毕红梅、陈万柏:《思想政治教育学原理》,中国人民大学出版社2021年版,第128页。

段。本书认为,这一阶段应聚焦以下问题:首先,要以问题为导向,精准发力。"制定思想政治教育方案,目的是要解决思想政治教育现存的或潜在的某一问题。"① 在制定方案时,问题意识最为重要,但问题并不是直接摆在那里的,需要教育者不断地从现有的教学和研究中去发现。总的来说,以问题为导向,对症下药,精准发力,是制定充满亲和力的思想政治教育方案的要求。其次,要以目标为指引,激活教育对象的共鸣点。找准问题是解决问题的关键一步,在此基础上,要通过教育方案的确定,教育方法的实施和教育情境的营造等,最终在现实的教育过程中实现所要达到的目标。在这一历程中,教育目标显得最为重要,如果目标有误,无论后面的工作开展得如何到位,也不会有思想政治教育效果,甚至会走上错误的方向。目标的确定要考虑下面两方面的因素:一是要符合客观规律,具有可行性;二是要符合实际情况,具有针对性,以激活教育对象的共鸣点。所谓具有可行性,就是确定思想政治教育目标时要立足实际和客观规律,如果目标定得过于高远,不具可行性,则无法实施。比如,确定青年人思想政治教育的目标,必须要遵循青年人成长的规律,满足青年人的成长发展需求和期待,并且是经过努力可以实现的目标。具有可行性的思想政治教育目标能使教育对象产生共鸣,激励教育者和教育对象更好地开展活动。所谓针对性就是应该对思想政治教育的对象进行区分,针对教育对象的具体情形诸如年龄、性别、地区、身心发展阶段等施教。有针对性的目标是教育者甄选教育内容、教育方法和科学评价教育结果的依据,能使思想政治教育实践切中要害,更好地把握教育时机,实现精准思政。最后,要以提升亲和力为目标,优化教育方案。在找准问题、确立目标之后,就需要制定切实可

---

① 陈万柏、张耀灿:《思想政治教育学原理》,高等教育出版社2007年版,第128页。

行的实施方案，以解决问题，实现思想政治教育目标了。思想政治教育具体的实施方案中包括实践主题、实践主体、活动时间、活动地点、方法步骤等，无论是哪一方面，都要求把提升亲和力贯穿始终。因此，要对这些内容进行深入的考察，在每个步骤的拟定中，都以提升亲和力、针对性为目标，实现亲和力的一以贯之。

第二，在思想政治教育方案的实施阶段。这一阶段是思想政治教育方案得以运行、思想政治教育目标得以实现的关键阶段。在思想政治教育方案的实施阶段要重点把握好以下三个维度：首先，要体现内容"亲"。富有亲和力的思想政治教育内容彰显着理论的深度、现实的热度、批判的力度和情感的温度，是亲和力生成和提升的基础性前提。其次，要体现话语"亲"。话语亲就是要走进生活，改用生活语；要贴近青年人，会用网络语；要避免生硬，能用通俗语。最后，要体现方法"亲"。思想政治教育要实现方法亲，关键是要做到"老方法巧用""新方法会用"，并实现传统教育方法与现代教育方法的高度融合。

第三，在思想政治教育的评估阶段。思想政治教育评估是对思想政治教育是否有亲和力的测量过程，包括质和量两方面的评估，具体来说，包括对教育内容的真理性、教育方法的恰适性、教育情境的相容性等的评估，体现为对教育对象是否受益，教育对象思想品德是否提升等方面的评估。加强评估对掌握思想政治教育的过程与结果，提升思想政治教育亲和力，改进思想政治教育工作具有重大意义。同时，作为一个重要环节，思想政治教育评估本身也具有思想政治教育功能。比如，在评估活动中对教育对象的积极评价会对教育对象产生激励作用，从而实现思想政治教育的个体发展功能；对教育对象不足的分析，会促使教育对象约束规范自己的行为；对教育者和教育实践活动的评价，会促进教育者优化教育过程，进一步提升思想政治教育质量。可见，重视思想政治教育评估，充分发挥评估活动的思想政治教育功用，具有重要意义。

本书认为，应重点从横向教育亲和力效果评估和纵向教育亲和力评估两个角度进行思想政治教育评估。横向亲和力评估又可从两个方面加以阐明：一是思想政治教育系统是否与当前社会大系统之间形成教育合力，最终形成一种融洽的社会氛围，使亲和力持久发挥作用；二是思想政治教育的各个教育要素是否综合起来，从结构上进行优化，形成一种有的放矢的整体化亲和力评估模式。纵向教育亲和力效果评估主要考察思想政治教育是否针对不同教育对象的特点，有重点地开展精准的教育实践活动，提升教育内容、教育方法、教育情境的亲和力，使教育效果呈现出螺旋式上升的发展趋势。

第六章　提升新时代高校思想政治教育亲和力的实践路径

对于新时代高校思想政治教育亲和力问题，我们不仅要对其有理论上的认识，也要把握其实践要求。本章将着重从顶层建设、主体建设、基础建设和机制建设四个方面探讨这一问题。

一、顶层建设：切实加强党对高校思想政治工作的领导

加强党对高校思想政治工作的全面领导是坚持高校办学正确方向、落实高校立德树人根本任务和增加高校思想政治教育有效性的内在要求。高校应从坚持党管高校办学方向，紧扣培养什么样的人，坚持党委统一领导，积极构建各部门齐抓共管的大思政工作格局，完善党的领导的方式方法，提升执政能力着力，切实加强党对高校思想政治工作的领导。

（一）加强党对高校思想政治工作领导的重要性

中国特色社会主义高校必须坚持党的领导，进一步加强和改进高校思想政治工作更是离不开党的领导。习近平总书记在阐述党的十八大以来教育改革发展一系列新理念新思想新观点时，将坚持党对教育事业的全面领导放在首位，深刻揭示了党的领导与我国教育事业发展的内在关系，对高校思想政治工作具有重大的指导意义。《中华人民共和国高等

教育法》第三十九条明确规定，"中国共产党高等学校基层委员会按照中国共产党章程和有关规定，统一领导学校工作"，委员会一项重要职责就是领导学校的思想政治工作和德育工作。《中国共产党普通高等学校基层组织工作条例》第十条也明确规定，"高校党委承担管党治党、办学治校主体责任"，其主要职责之一就是"领导学校的思想政治工作和德育工作，落实意识形态工作责任制，维护学校安全稳定，促进和谐校园建设"。可见，加强和改进高校思想政治工作是高校党委的职责，使命所在。加强党对高校思想政治工作的领导十分重要，改变高校思想政治教育亲和力不足的现状，就要紧紧抓住加强党对高校思想政治工作的领导这个纲和魂，其原因在于：

第一，加强党对高校思想政治工作的领导是坚持高校正确办学方向的本质要求。能否办好大学，方向问题是第一位的，扎根中国大地办大学，必须坚持社会主义办学方向。对高校来讲，只有坚持党的领导才能保持高校的社会主义性质。习近平总书记也强调，要坚持"四个服务"的高等教育发展方向，将高校的发展方向与我国发展的目标紧密联系在一起，进一步揭示了我国高校的社会主义性质。高校应坚决避免"重行政轻党建"的现象——如果党的领导核心和组织领导弱化，必然导致思想政治工作弱化，就谈不上提升思想政治教育的亲和力了。总的来说，将党的全面领导贯彻到高校工作的各个方面是提升高校思想政治教育亲和力的前提，也就是说，加强党对高校的全面领导就是确保高校的社会主义性质，确保高等教育正确的政治方向，确保高校为社会主义育人。

第二，加强党对高校思想政治工作的领导是落实高校立德树人根本任务的内在要求。立德树人彰显了"德"在大学生的全面发展中的突出地位，并科学阐明了道德素养与人的全面发展的辩证关系，即"立德"是为了"树人"，而"树人"的前提是"立德"。从党的教育方针看，立德树人是我们党对教育根本问题的时代性回答。党的十八大报告首次提出把立德树人作为教育的根本任务，党的十九大报告对此进行了重申，习近平总书记强调，"要把立德树人的成效作为检验学校一切工作的根本标准"[1]，这些都充分说明了我们党是把立德树人作为人才培养的核心环节的。从新时代高校的人才培养目标来看，立德树人居于人才培养的核心位置，强调育人和育才同等重要，高校要把握二者的辩证关系，为社会主义建设者和接班人的培养提供具体的努力方向。可以说，立德树人从战略的高度和国家、民族的未来发展的角度揭示了中国特色社会主义教育事业的本质所在，而落实高校立德树人根本任务的关键就在于坚持和加强党对高校的全面领导。

第三，加强党对高校思想政治工作的领导是提升高校思想政治教育质量的必然要求。高校思想政治教育是一项系统工程，因为"在思想政治教育活动中，不同的要素担负着不同的功能"[2]，只有思想政治教育者、教育对象、教育内容、教育方法和教育情境等要素协同发力，思想政治教育质量才能有效提升。具体到高校而言，就是要遵循教育规律，创新教育内容，变革教育方法，优化教育情境，不断增强思想政治教育的亲和力。而要使这些要素共同发生作用，就要整合各方资源，注重整体效能的发挥，避免发展产生"木桶"效应，这就要求加强党的领导，保证高校思想政治教育各项工作目标同向、部署同步、整体谋划、系统推进。习近平总书记强调，"思想政治工作是学校各项工作的生命线，各级党委、各级教育主管部门、学校党组织都必须紧紧抓在手上"[3]。

---

[1] 习近平：《在北京大学师生座谈会上的讲话》，载《人民日报》2018年5月3日，第2版。

[2] 沈壮海：《思想政治教育有效性研究》第3版，武汉大学出版社2016年版，第61页。

[3] 习近平：《坚持中国特色社会主义教育发展道路　培养德智体美劳全面发展的社会主义建设者和接班人》，载《人民日报》2018年9月11日，第1版。

只有不断加强和改进党对高校思想政治工作的领导，才能加强工作统筹，形成工作合力，从而提升思想政治教育的有效性。

（二）加强和改进党对高校思想政治工作领导策略的制定

坚持党对教育事业的全面领导是中国共产党一以贯之的坚定思想和成功法宝。加强和改进高校思想政治工作，解决高校思想政治教育亲和力不足的问题，关键是要"突出高校党组织在思想政治工作中的核心主体地位，落实高校党组织的思想政治工作主体责任。只有这样，才能从根本上加强和改进高校思想政治工作"①。本书认为，应重点在以下三个方面出实招、求实效：

第一，紧扣培养什么样的人这个根本问题，落实立德树人根本任务。习近平总书记在全国教育大会上强调，"培养什么人，是教育的首要问题"②，因此，坚持党管高校办学方向必须紧扣培养什么样的人这个根本问题，这是坚持高校社会主义性质的内在要求。高校党委要把立德树人作为中心环节，把人才培养作为最重要的工作，以学生为中心，提供全方位育人的措施，切实解决实践中可能存在的"重教书轻育人""重智育轻德育"等问题。在如何培养人的问题上，习近平总书记用坚持"六个下功夫"为高校开展工作指明了方向。概言之，面对新形势新任务，高校思想政治工作只能前进不能停滞。同时，党对高校思想政治工作的领导只能加强不能削弱，要提高政治站位，腰杆硬、底气足地领导思想政治工作，不断提升政治素养和业务水平。

第二，坚持党委统一领导，积极构建各部门齐抓共管的大思政工作格局。提升思想政治教育亲和力是一个多层次、多环节的系统工程，必

---

① 骆郁廷：《论高校党组织思想政治工作的主体责任》，载《思想理论教育》2017年第3期，第4页。
② 习近平：《坚持中国特色社会主义教育发展道路 培养德智体美劳全面发展的社会主义建设者和接班人》，载《人民日报》2018年9月11日，第1版。

须进一步加强党委的统筹协调，形成工作合力。不同历史时期的马克思主义学者都十分重视合力问题，从不同视角和方面对合力问题进行过深入探讨：马克思在论述物质生产及其发展规律的过程中，多次谈及生产过程中的合力现象及规律，恩格斯也曾明确提出历史合力思想……深刻把握马克思主义的合力理论，是高校形成思想政治教育合力的根本保证。习近平总书记强调，要"把思想政治工作贯穿教育教学全过程，实现全程育人、全方位育人"[①]，这既是对高校思想政治工作提出的新要求，也是提升思想政治教育质量的重要举措。高校应当不断把建设思想政治教育主体相互协调、思想政治内容相互衔接、思想政治教育方法相互配合和思想政治教育手段相互融合完善的体制机制作为工作的重中之重。

第三，不断加强党的领导体制和运行机制建设。高等学校实行党委领导下的校长负责制，实践证明，这一制度符合我国国情，必须毫不动摇地坚持并不断完善。在新时期新形势下，完善党的领导体制和运行机制，加强党对高校思想政治工作的领导，关键要把握以下核心要义：一是要更新领导理念。高校党委要坚持以学生为本，确立学生在学校事业发展中的主体性地位，促进学生德智体美劳全面发展；要突出教师在学校事业发展中的重要作用，加强师德师风建设，引导教师担负起立德树人的使命与责任；要关注师生的利益诉求，最大限度地激发师生的主动性、创造性和积极性，形成全员全程全方位育人的体制机制。二是要明确主体责任。在高校，党委担负思想政治工作主体责任，党委书记是思想政治工作的第一责任人，校长在党委领导下执行党委有关决议，学校班子其他成员也要结合各自工作的特点，在分工中抓好思想政治工作。

[①]《习近平在全国高校思想政治工作会议上强调：把思想政治工作贯穿教育教学全过程　开创我国高等教育事业发展新局面》，载《人民日报》2016年12月9日，第1版。

三是要完善党委决策机制，民主管理机制、监督机制和协同机制。高校既要坚持党委对学校工作的统一全面领导，又要保证校长依法行使职权，要按照实际情况，在领导、组织、执行、监督等方面把党委放在重要位置，进一步推动党委领导下的校长负责制，实现高校治理科学发展。

二、主体建设：增强思想政治教育者的亲和力

亲和力是对新时代思想政治教育者修养的基本要求，是维系师生间情感交流的纽带，不仅直接影响着思想政治教育效果，还影响着教育对象的价值塑造和品行发展。重视思想政治教育者亲和力的培养，对提升思想政治教育质量、促进教育对象健康成长具有重要的现实意义。

（一）新时代对思想政治教育者的基本素质要求

习近平总书记指出，"办好思想政治理论课关键在教师，关键在发挥教师的积极性、主动性、创造性"，他深情嘱托思想政治理论课教师，"要给学生心灵埋下真善美的种子，引导学生扣好人生第一粒扣子"[1]。他还进一步强调，思想政治理论课教师政治要强、情怀要深、思维要新、视野要广、自律要严、人格要正。[2]。习近平总书记将信念、情怀、思维、视野、自律、人格视为思想政治理论课教师应具备的素质的重要方面，对我们探讨具有亲和力的思想政治教育者应具备的素质，提供了多方面的启迪。这六个方面的要求，既是新时期思想政治教师队伍建设的重要标准，是全体思想政治教育工作者的奋斗方向，同时也是思想政治教育者亲和力培养的基本素质要求，包括相应的政治素质、能力素质和人格素质。

---

[1] 习近平：《习近平谈治国理政》第3卷，外文出版社2020年版，第330页。
[2] 习近平：《习近平谈治国理政》第3卷，外文出版社2020年版，第330页。

第一，思想政治教育者要具备坚定的政治信仰和深厚的家国情怀，锤炼过硬的政治素质。政治素质是思想政治教育者的核心素质，是由思想政治工作者的特殊职责决定的。在任何意识形态国家，不论怎么界定思想政治教育这种客观存在的教育实践活动，都无法否认它的政治色彩。"这种政治指向性，可以通过国家对教育内容的选定而规定，但是，这种政治指向性得以具体贯彻的最关键的途径却不是思想政治教育活动中其他方面的要素，而只能是作为思想政治教育施教主体的思想政治教育者。"① 马克思、恩格斯在对海因岑抽象的理论宣传进行批判时，强调了党的政论家在实践中坚定理想信念，遵循唯物主义的重要性，他们指出，党的政论家应"充分认识到自己的历史使命，满怀完成这种使命的英勇决心"②。列宁曾经指出，在任何学校里，最重要的是课程的思想政治方向。这个方向就是由教学人员来把握的。思想政治教育者的主导地位和发挥的关键作用，决定了教育者应当具备坚实的政治素养，否则就容易失去教育的方向。思想政治教育内容丰富，但其政治性、价值性居于首要地位，也同样要求思想政治教育者具有过硬的政治素质，否则立德树人的根本任务就无法完成。"让有信仰的人讲信仰"，思想政治教育者只有"真学真懂""真信真用"，才能以信仰传递信仰，提高思想政治教育实效。

思想政治教育者的政治素质包括坚守政治忠诚、强化政治担当和提升政治能力等多个方面。政治忠诚是每一位思想政治教育者必备的品质，同时也是思想政治教育沿着正确的政治方向前进的保证，主要表现为坚守正确的政治立场和政治追求，即在社会思潮纷繁多样、意识形态

---

① 沈壮海：《思想政治教育有效性研究》第3版，武汉大学出版社2016年版，第65页。

② 中共中央马克思恩格斯列宁斯大林著作编译局编译：《马克思恩格斯文集》第3卷，人民出版社2009年版，第159页。

斗争复杂多变的环境下，始终保持对马克思主义的坚定信仰、对共产主义和中国特色社会主义的坚定信念，始终保持对自身使命的自觉自醒，始终坚持对马克思主义的真学真懂真信；政治担当是思想政治教育者自觉地以主体身份开展思想政治教育的强大驱动力量，主要表现为自觉承担立德树人的政治责任，始终保持政治上的清醒，为学生解惑释疑，为学生的成长成才提供思想指引；政治能力是思想政治教育者成功开展思想政治工作的条件，也是思想政治教育深入推进、取得实效的保证，主要表现为政治敏锐性、政治鉴别力和工作推动力。

思想政治教育者还应有深厚的家国情怀。家国情怀是中华优秀传统文化的基本内涵之一，是指"个体对家庭、家族以及邦国共同体的认同、维护，自觉承担共同体的责任"[1]。习近平总书记多次在不同场合强调要注重家庭、家教、家风教育，弘扬爱国主义精神，把爱家和爱国统一起来，指的就是要有家国情怀。家国情怀在稳定社会秩序、增强民族凝聚力、支持国家建设等方面都有重要的时代价值。思想政治教育者既要涵养深厚的家国情怀，又要将这种家国情怀融入思想政治教育，培育学生的家国情怀。思想政治教育者的家国情怀是思想政治教育者自觉履行使命的内生动力，思想政治教育者自己要重视家庭、注重家教、培育家风、热爱祖国，也要引导学生深刻理解家与国的辩证关系，即家是国的基础，国是家的延伸，"没有国家繁荣发展，就没有家庭幸福美满。同样，没有千千万万家庭幸福美满，就没有国家繁荣发展"[2]，家与国是息息相关的，此外，还要引导学生理解这一辩证关系对从情感上确立学生的家国情怀的重要意义。

---

[1] 张倩：《"家国情怀"的逻辑基础与价值内涵》，载《人文杂志》2017年第6期，第68页。
[2] 习近平：《在二〇一九年春节团拜会上的讲话》，载《人民日报》2019年2月4日，第1版。

第二，思想政治教育者要具备创新的思维和宽广的视野，努力提高能力素质。能力素质教育者开展工作的基础，是教育者将思想政治教育理论应用于思想政治教育实践的能力的总和。它包括教育者根据时代要求和思想政治教育对象特征确定具体教育目标的能力，制定思想政治教育方案的能力，优化与教育对象关系的能力，确立具有亲和力的思想政治教育方法的能力，将思想政治教育方案付诸实践的能力，把控思想政治教育过程的能力，对思想政治教育效果进行评估的能力，等等。在进入思想政治教育实践之前，能力素质是以潜在的、隐性的、准备的形态存在于教育者身上，只有进入教育实践后，教育者的能力素质才能完全体现并发挥作用。思想政治教育者的能力素质建立在创新的思维和宽广的视野之上，换言之，创新的思维和宽广的视野是新时代教育者能力素质的重要组成部分，也是提升教育者整体能力需要重视的核心素质。

思想政治教育者要不断提高创新思维能力。创新是马克思的理论品质，也是中国共产党人的理论品质。在马克思看来，创新是人类特有的活动，马克思曾深刻地指出，"通过实践创造对象世界，改造无机界，人证明自己是有意识的类存在物"[1]。同一般的实践活动相比，创新作为求新求异的开创性实践活动，需要更多的知识和智慧。思想政治教育作为一种客观存在的实践活动，要取得更好的效果，创造更大的社会价值，同样需要创新。习近平总书记强调，"创新是一个民族进步的灵魂，是一个国家兴旺发达的不竭动力，也是中华民族最深沉的民族禀赋"[2]。提高创新思维能力，就要摒弃不合时宜的旧思想旧观念，以思想认识的新飞跃打开工作的新局面。思想政治教育者的创新思维是因事而化、因时而进、因势而新的科学思维，作为一名新时代的教育者，是否具备创

---

[1] 中共中央马克思恩格斯列宁斯大林著作编译局编译：《马克思恩格斯文集》第1卷，人民出版社2009年版，第162页。

[2] 习近平：《习近平谈治国理政》，外文出版社2014年版，第59页。

新思维能力，既决定了教育者自身的发展，也在很大程度上影响着思想政治教育的实效。教育者具备创新思维主要表现为有强烈的问题意识、创新的思维意识，能自觉增强创新本领。有强烈的问题意识，即面对新时期思想政治工作的新挑战，能发现问题、回应问题，抓住存在的问题进行研究、思考，着力解决思想政治教育实践中的一些突出矛盾，而不是回避现实问题，将思想政治教育演化为空洞的玄学。有创新的思维意识，即教育者有开拓认识新领域、解决现实中的新问题的思维，主要表现为教育者面对新情况新问题，不是凭经验翻老皇历，不是找教科书，而是在遵循规律的基础上，增加针对性，努力提升思想政治教育亲和力，从而不断推进实践创新。增强创新本领，即教育者善于结合实际创造性地推动工作，实现思想政治教育的科学化。

思想政治教育者要不断开阔视野。习近平总书记强调，思政课教师"视野要广，有知识视野、国际视野、历史视野，通过生动、深入、具体的纵横比较，把一些道理讲明白、讲清楚"[1]。在新时代，面对思想政治教育的更高要求，思想政治教育者只有不断拓宽眼界，更新知识储备，才能真正提升能力素质，从而更好地胜任新时代所赋予的思想政治教育重任。首先，思想政治教育者要有复合的知识视野。在现代社会，科学发展日新月异，知识推陈出新的周期不断缩短，面对新的境遇与新的使命，思想政治教育者如果囿于传统的知识结构，不及时拓宽知识视野，就很难适应形势的需要。思想政治教育者要加快知识更新的步伐，深刻理解并掌握马克思主义中国化的最新成果；要优化知识结构，既要掌握思想政治教育学以及教育学、心理学等必备的学科知识，也要掌握伦理学、社会学、哲学、法学等学科的专业知识，同时还应对我国经济、政治、社会、文化等各领域的基本状况有所了解，在不同学科领域

---

[1] 习近平：《习近平谈治国理政》第3卷，外文出版社2020年版，第330页。

之间建立联系，促进知识的活化，实现不同学科领域知识的相互衔接和融会贯通；要提升知识转化的能力，要认识到思想政治教育过程不仅是知识的讲解过程，更要体现对教育对象的价值引领，不仅要传授理论知识，而且要引导教育对象从科学的马克思主义的立场来分析问题和解决问题。其次，思想政治教育者要有广阔的国际视野。当今世界正处于大发展大变革大调整时期，国际社会的联系更加紧密，世界的发展离不开中国，中国的发展也离不开世界。在这一时代图景下，教育对象对世界形势的关注前所未有，对国际知识和全球素养的需求前所未有，教育者如果因循守旧、故步自封，视野缺乏开阔性、开放性和世界性，就难以引导教育对象正确认识中国特色，进行国际比较。思想政治教育者应当具有国际视野，主要表现在：能够科学分析中国面临的国际环境，积极回应教育对象对国际知识的渴求，引导教育对象辩证看待世界大变局为中国带来的机遇和挑战，在更宏大的国际国内环境中确立对中国特色社会主义事业的高度认同；能够深刻理解构建人类命运共同体的深刻内涵，全面介绍中国为世界和平和人类发展贡献的智慧和方案，引导教育对象讲好中国故事、共塑中国形象，成为推进人类命运共同体的一分子；能够把中国的发展问题放在世界大环境中加以考量，通过横向比较彰显中国特色社会主义道路自信、理论自信、制度自信、文化自信，同时客观分析我们还存在的不足，善于总结经验教训，把握规律；能够在复杂多变的世界背景中考察当代中国的思想政治教育，积极探讨国际化和本土化视野下的思想政治教育的多样性和复杂性，探索其发展的规律和创新路径，努力开拓思想政治教育的新局面。再次，思想政治教育者要有深远的历史视野。历史视野是历史认识和历史使命的统一，党的十九大指明，中国特色社会主义进入了新时代，确定了我国发展新的历史方位，教育者必须要用历史的视野，在更长的历史进程中把握新时代，才能深刻理解这一重大政治判断，从而引导教育对象进行社会主义建设的实践探索。教育者具有历史视野，主要表现在：坚持马克思主义的唯物史观，认真地研究历史；反对历史虚无主义，善于用史料说话、用事实发言，引导教育对象坚决抵制历史虚无主义的侵蚀；深入挖掘、精准使用史料，从我们党带领人民进行的革命、建设、改革的伟大实践中获得智慧，从马克思主义普遍真理与中国实际相结合的逻辑思考中把握我国的历史方位和发展路向，从中华优秀传统文化中汲取实现中国梦的精神力量，在历史中发现、呈现和引导主流价值，通过理性的思考、情感的融通、知识的辨析等加强自身和教育对象的爱国之情，为我国未来的发展提供良好的人才储备。

第三，思想政治教育者要严于律己、涵养人格，具备高尚的人格素质。"思想政治教育者的人格素质是思想政治教育者作为人格健全的个体所应具备的基本素质。"[①] 思想政治教育者的人格素质关系到教育者主体性作用的发挥和思想政治教育的成效，是思想政治教育队伍建设的起点。这是因为，思想政治教育不同于一般的教育活动，思想政治教育者要向教育对象传递思想观念、政治观点、道德规范等，以期传播主流的价值观，塑造教育对象的品德。这种教育实践活动，不仅以真理的力量启迪人，同时以教育者的人格感染人，其教育效果在很大程度上取决于教育者的以身示范。基于此，中外思想家都十分重视教育者言传身教的重要性。孔子认为，"不能正身，其正人何？"俄罗斯唯物主义哲学家尼古拉·加夫里诺维奇·车尔尼雪夫斯基曾经谈道："要把学生造就成一种什么人，自己就应当是什么人。"[②] 苏联教育家苏霍姆林斯基曾经指出，教育者"不仅是教课的教师，也是学生的教育者，生活的导师

[①] 沈壮海：《思想政治教育有效性研究》第 3 版，武汉大学出版社 2016 年版，第 67 页。

[②] 转引自陈雪斌编著：《高校思想政治理论课青年教师队伍研究》，广西师范大学出版社 2014 年版，第 128 页。

和道德的引路人"①。教育学研究者贝尔金指出,教师的言行、举动都潜移默化地影响着学生,都在引导学生形成道德观点,做出行动。习近平总书记也高度重视教育者的人格素质问题,他强调,"教师要时刻铭记教书育人的使命,甘当人梯,甘当铺路石,以人格魅力引导学生心灵,以学术造诣开启学生的智慧之门"②。概括而言,教育者具有高尚的人格素质主要体现为具有高尚的道德情操、广博的学识、鲜明的个性等,其中,严格自律是具有高尚人格素质的前提,人格魅力是高尚人格的外在表现形式。

思想政治教育者要严格自律。马克思曾指出,"道德的基础是人类精神的自律"③。习近平总书记也强调,思政课教师"自律要严,做到课上课下一致、网上网下一致,自觉弘扬主旋律,积极传递正能量"。可见,自律是教育者从教的根本,也是彰显教育者人格魅力的重要方面,教育者首先要通过严格自律塑造自己,修炼自己。思想政治教育是净化思想、塑造灵魂的工作,新时代思想政治教育者首先要做到学高为师、身正为范,有严格的自律意识、规范的自我行为,做到"三个一致",成为道德品行的引领者。

思想政治教育者要塑造自己的人格魅力。教育者的人格魅力会潜移默化地对教育对象产生影响,是一种重要的教育力量。习近平总书记强调,思政课教师"人格要正,有人格,才有吸引力。亲其师,才能信其道"④。概而言之,思想政治教育者的人格构成主要包括教育者的道德品质、理论功底和精神品格。首先,思想政治教育者要有良好的道德品

---

① 转引自黄良平:《苏霍姆林斯基谈怎么教学》,文心出版社2008年版,第186页。
② 习近平:《习近平谈治国理政》,外文出版社2014年版,第175页。
③ 中共中央马克思恩格斯列宁斯大林著作编译局编译:《马克思恩格斯全集》第1卷,人民出版社1995年版,第119页。
④ 习近平:《习近平谈治国理政》第3卷,外文出版社2020年版,第330页。

质。道德品质是立人之根本，"传道者自己首先要明道、信道"①，一个道德品质缺失的教育者，即使学问做得再好，也很难得到教育对象的认可。在中华民族的历史长河中，曾经涌现出无数人格高尚的优秀儿女，例如，"全国道德模范""感动中国人物"等，都以他们高尚的人格引领着社会风尚。思想政治教育者更要坚持言传与身教相统一，不断提升自身的道德品行。其次，思想政治教育者要有深厚的理论功底。教书育人的基本素养是深厚的理论功底，学生对教师基本人格的认同也源于此。思想政治教育者的理论功底主要体现为渊博的学识、严谨的治学态度、精湛的教学艺术等。习近平总书记曾生动地指出，"过去讲，要给学生一碗水，教师要有一桶水，现在看，这个要求已经不够了，应该是要有一潭水"②。这给思想政治教育者的理论储备提出了更高的要求。最后，思想政治教育者还要有积极向上的精神品格。教育者要做为人为学的表率，真正成为让教育对象喜爱的人，必须具有积极向上的精神品格。马克思在经典著作《资本论》中特别引用了里德的话说："人的个体意识，尤其智力和判断力是以审美教育——各种感受力教育——为基础的。"所以，教育者在教育实践中所外显的精神状态和情感，会直接或间接地影响教育对象。实际上，教育者所具有的精神状态往往是教育对象成长和奋进的催化剂，教育者将思想政治工作视为最崇高的事业，以良好的精神状态投入工作，是搞好思想政治工作的关键，也是思想政治教育者人格魅力的一种体现。

(二) 新时代思想政治教育者亲和力的提升途径

当前，经济全球化和文化多样化对大学生的影响不断扩大，各种社会思潮涌入，为意识形态领域带来了各种冲击与挑战。在这样的时代背

---

① 习近平：《习近平谈治国理政》第 2 卷，外文出版社 2017 年版，第 379 页。
② 习近平：《做党和人民满意的好老师——同北京师范大学师生代表座谈时的讲话》，人民出版社 2014 年版，第 9 页。

景下,打造以思想政治理论课教师和哲学社会科学课教师、高校党政干部和共青团干部、辅导员班主任和心理咨询教师等为主体的充满亲和力的思想政治教育队伍,既是应对思想政治教育新挑战的必然要求,也是解决思想政治教育针对性不足的有效方法。在具体工作中,高校可以通过以下"四个改进",提升思想政治教育者的亲和力。

第一,改进教育理念,培养教育者的亲和力思维和工作方式,构建和谐师生关系。亲和力是开启教育对象心灵之门的钥匙,能让学生亲近思想政治教育者,认同并接纳思想政治教育者传递的教育内容。马克思主义从整体性角度对人的本质作了论述,提出要遵循生命成长和发展的规律,促进人的全面发展。促进人的全面发展首先就要把教育对象视为教育关系中的主体。因此,尊重教育对象的主体性,构建亲和的师生关系,对于亲和力的生成和提升具有重要意义。思想政治教育者应由管理者转化为学生成长的指导者,由知识的传授者转化为学生发展的促进者,从而构建平等、民主、和谐的师生关系,更好地担当起学生健康成长指导者和引路人的责任,这具体包括两方面内容,一是尊重学生的主体性。主体性是指人在实践过程中所体现出来的地位、作用及能力,即人自主、能动地参与活动的地位和特性。学生不仅是思想政治教育实践活动的对象,也是其主体,在教育实践中发挥着主观能动性。尊重学生的主体性是构建良好师生关系的前提和基础。二是坚持师生平等原则。"主体间性哲学认为,世界是包括'你、我、他'在内的'我们'共同建构的世界。'你'和'他'虽然是对象,但又是主体。'你''我''他'之间的关系是主体间的关系。'我'不能将'你'和'他'当作相当于'物'的客体来加以认识和对待,'你'和'他'也不能将'我'当作客体,'我们'彼此应该将心比心,像对待自己一样对待他人。'你''我''他'之间的相互建构和对客观世界的共同建构构成了这个世界的客观性。离开了'我们'之间的这种建构，意义便不复存在。"① 充满亲和力的思想政治教育者会积极构建平等的师生关系，因为他们意识到了，教育是师生共同建构的过程。在思想政治教育过程中，教育者和教育对象都要尊重对方，在发挥自身主体性的同时，保证对方也能将主动性发挥出来。三是通过交互活动培养师生之间的深厚情谊。师生之间的交互既体现为言行上的交互，也体现为思想上、精神上、情感上的交互，这种交互是构建良好师生关系的保障。当前，随着信息化的普及和发展，交互方式也更加丰富多样，教育者除了在课堂上与学生形成良好互动之外，更要重视与学生在课后生活中的交流，同时要顺应时代的发展，多利用微信、QQ、抖音等交互平台，关注学生的思想动态，建立亲和融洽的师生关系。

第二，改进教育内容，彰显内容的亲和力。进入新时代，我国高校思想政治教育所处的历史方位发生了深刻变化，这就要求教育者不断深化理论功底，从以下几个方面着手，创新和优化思想政治教育的内容。一是体现理论的深度。思想政治教育不同于其他学科的教育，其他学科从事的是知识教育，而思想政治教育从事的是思想性的价值观的教育，因此要"以透彻的学理分析回应学生，以彻底的思想理论说服学生，用真理的强大力量引导学生"②。马克思主义理论的严整性体现出真理的强大力量，思想政治教育实践要用好马克思主义真理的力量，彰显理论的深度。二是体现现实的热度。思想政治教育者只有把潜心问道与关注社会相统一，树立问题意识，增强问题导向，对我国当前的重大的理论问题，对学生关注的热点问题、难点问题予以深入思考和正确回应，才能有效发挥思想政治教育释疑解惑的功能，解决学生的思想问题。三是

---

① 李家军：《主体间性哲学视野下和谐师生关系的构建》，载《教育理论与实践》2017年第23期，第4页。
② 习近平：《习近平谈治国理政》第3卷，外文出版社2020年版，第330页。

体现历史的厚度。历史是国家和民族盛衰兴亡的真实记录,只有在思想政治教育内容中体现出历史的厚度,才能"教育引导学生正确认识世界和中国发展大势"①。因此,思想政治教育者要多读历史,让学生"从我们党探索中国特色社会主义历史发展和伟大实践中,认识和把握人类社会发展的历史必然性,认识和把握中国特色社会主义的历史必然性"②,并通过深入浅出的讲授,教育引导学生坚定理想信念。四是体现批判的力度。列宁引证恩格斯关于理论斗争的重大意义的论述时曾指出,"在阶级社会里,没有超阶级的统一意识形态。由于阶级利益不同,必然有不同的以至根本对立的理论"③。然而,正确的思想观念并不会自发地产生,只能从外面"灌输"进去。当前,各种社会思潮交织激荡,意识形态的斗争依然尖锐,要引导学生成长为时代新人,就必须旗帜鲜明地批驳错误观点和错误言论,通过摆事实、讲道理,扭转学生思想中可能存在的错误倾向。因此,充满亲和力的思想政治教育内容还要体现批判的力度。

第三,改进教育方法,推动思想政治教育传统优势同信息技术的高度融合。从事思想政治工作,方法很重要,方法得当,事半功倍,方法不当,事倍功半。毛泽东同志曾形象地把工作方法比喻为过河的船或桥,强调没有桥或船就不可能顺畅地到达彼岸。在互联网快速发展的今天,思想政治教育者要根据大形势和具体的教育环境改进自身的教育方法。习近平总书记强调,"今天,宣传思想工作的社会条件已大不一样了,我们有些做法过去有效,现在未必有效;有些过去不合时宜,现在

---

① 习近平:《习近平谈治国理政》第 2 卷,外文出版社 2017 年版,第 377 页。
② 习近平:《习近平谈治国理政》第 2 卷,外文出版社 2017 年版,第 377—378 页。
③ 刘德华主编:《马克思主义思想政治教育著作导读》,高等教育出版社 2001 年版,第 120 页。

却势在必行；有些过去不可逾越，现在则需要突破"①。增进思想政治教育者的亲和力，改进方法很重要，其内涵包括以下几个方面：一是坚持在继承中发展。创新思想政治教育方法，首先要坚持在继承的基础上进行改革和发展。一些传统的思想政治教育方法，比如理论教育法、实践教育法、批评与自我批评的方法等，是我们党在革命战争年代进行思想政治教育的基本方法，也是被实践证明了的科学有效的思想政治教育方法，对于这些传统的思想政治教育方法，要坚持在继承的基础上，推动其与信息技术优势互补、一体发展。比如读报用报是加深思想政治理论印象、提高思想政治觉悟的传统方法，随着时代的进步，信息技术的发展，思想政治教育可以对书刊进行视觉化转化，充分运用新技术新应用创新媒体传播方式，占领信息传播制高点，继续发挥党报、党刊等的政治价值，使传统的读报用报以新的形式发挥作用。二是坚持在借鉴中发展。思想政治教育要研究其他国家和地区思想政治教育的传统与经验，集合不同学科优势，创造富有亲和力的教育方法。比如政治与道德的传播与接受方法、咨询服务方法、隐性教育法等，在西方国家已形成特色、富有成效，值得我们根据实际借鉴使用并发展。三是坚持在实践中探索新方法。思想政治教育方法的发展，"从总的发展趋势上看，是一定的时代内容、理论内容、环境内容决定一定的方法"②。随着中国特色社会主义进入新时代，思想政治教育的内容更丰富了，场域更大了，因而思想政治教育方法必须与时俱进，在实践中进行探索和创新。比如，作为传统实践教育方法之一的劳动教育法是思想政治教育的重要方法，"马克思、恩格斯、列宁和毛泽东同志都非常重视教育与生产劳

---

① 中共中央文献研究室编：《习近平关于全面深化改革论述摘编》，中央文献出版社2014年版，第84页。

② 郑永廷：《思想政治教育方法论》，高等教育出版社1999年版，第54页。

动的结合,认为在资本主义社会里这是改造社会的最强有力的手段之一;在无产阶级取得政权之后,这是培养理论与实际结合、学用一致、全面发展的新人的根本途径,是逐步消灭脑力劳动和体力劳动差别的重要措施"①,然而目前,劳动教育是整个教育体系当中的短板。时代在变,劳动教育的目标、内容、方法也和十年、二十年前有很大不同,因此要加强劳动教育,不能按照原来的老路子走,而要创新劳动教育形式,提高劳动教育的针对性,同时结合大学生身心发展的规律和特点来开展。此外,网络思想政治教育方法、隐性思想政治教育方法都是需要进一步探索的思想政治教育方法。

第四,改进教育话语,创建生动活泼的话语体系。语言是思想政治教育者从事教育实践的最基本的条件,富有感染力的语言不仅能激发教育者的学习兴趣,而且可以提升教育者的亲和力,进而增强教育实践活动的亲和力。正如苏霍姆林斯基所言:"教师的语言修养在极大的程度上决定着学生在课堂上脑力劳动的效率。"因此,思想政治教育者应注意自己的语言风格,从以下几方面改进自己的话语风格。一是贴近生活,改用生活语。思想政治教育者要变"政治话语""官方话语"为"生活话语",让语言更贴近生活,更接地气。在话语表达方面,习近平总书记是我们学习的典范,他经常用有浓郁生活气息的话语,特别是大家耳熟能详的民间谚语、歇后语等等表达思想。比如,他用"国家好,民族好,大家才会好"这样朴实无华的话语来阐明国家民族的前途命运与每个人的前途命运息息相关;用"房子是用来住的、不是用来炒的"这样通俗易懂的话来表明国家改善民生的决心;用"缺钙""软骨病"来比喻人的理想信念的缺失;用"鞋子合不合脚,只有穿的人才

---

① 邓小平:《邓小平文选》第 2 卷,人民出版社 1994 年版,第 107 页。

知道"来说明一个国家道路的选择正确与否。习近平总书记的话语风格，值得思想政治教育者研究和学习，这些家常话远比那些"打磨"过后对仗工整的大话生动活泼，也更具有亲和力，令人耳目一新。思想政治教育者不能把讲道理变成说教，要用教育对象耳熟能详的生活话语来阐述深奥的马克思主义理论，改变过去相对严肃、高冷、刻板的话语风格。二是走进网络，会用网络语。网络语是伴随着网络的发展而兴起的一种有别于传统平面媒介话语的语言形式。据中国互联网络信息中心第 50 次《中国互联网络发展状况统计报告》，截至 2022 年 6 月，中国网民规模达到 10.51 亿人，而新时代的青年学生几乎全部是网民。当前，思想政治教育场域已拓展到网络虚拟空间，教育者要熟悉青年学生喜爱的网络语言，经常上网了解舆情和青年学生的所思所想，用符合网络语境的语言与青年学生有效沟通，占领网络思想政治教育阵地。三是凝练特色，打造具有自身特质的话语体系。富有亲和力的思想政治教育者往往会打造属于自己的语言风格，或幽默风趣，或娓娓道来，或睿智精炼，让受教育者醍醐灌顶或如沐春风，留下深刻的印象。因此，思想政治教育者应该在对时代的深刻理解和准确把握的基础上，根据自身的性格特征和语言习惯，打造属于自身特质的语言风格，这种风格不是千人一面，也不是盲目模仿，而是在符合自身特质的基础上，构建新的话语表达方式，使之易于被青年学生理解和接受。当然，无论是使用生活语、网络语，还是打造个人话语风格，都要避免走向庸俗化、娱乐化，必须以话语表达的准确和规范为前提。

三、基础建设：提升新时代高校思想政治理论课的亲和力

习近平总书记强调，"思想政治理论课是落实立德树人根本任务的关键课程"，"推动思想政治理论课改革创新，要不断增强思政课的思

想性、理论性和亲和力、针对性"①。这一论述既从全局和战略高度充分肯定了思想政治理论课的重要地位,又为思想政治理论课的改革创新提供了方向和指引。

(一) 提升新时代高校思想政治理论课亲和力的必要性

加强高校思想政治理论课建设是一项战略工程、铸魂工程,事关党的教育方针的全面贯彻落实,事关思政课质量和水平的提升,事关青年学生的成长。

第一,提升高校思政课亲和力是落实铸魂育人工程的必然要求。高校的立校之本在于立德树人。习近平总书记明确指出,"我国高等教育肩负着培养德智体美全面发展的社会主义事业建设者和接班人的重大任务"②。高校思政课作为"落实立德树人根本任务的关键课程",既是开展大学生思想政治教育的主渠道,也是巩固马克思主义指导地位的主阵地。曾任教育部部长的陈宝生在十二届全国人大五次会议就"教育改革发展"答记者问时谈道:"我们高校的思想政治工作正处在一个转折阶段。高校思想政治工作存在的主要问题是亲和力不够、针对性不强。我们面临的任务就是怎样进一步加强和改进思想政治工作,真正能够为高校学生的成长助力,为他们加油,为他们'美容'。"他进一步指出,"我们到高校去调研,思想政治理论课抬头率不高,人到了心没有到,什么原因呢?内容不适应他们的需要。主要可能是'配方'比较陈旧,'工艺'比较粗糙,'包装'不那么时尚,所以亲和力就差了,抬头率就低了"③。因此,高校应当从战略高度和更长远的视角充分认识思政

---

① 习近平:《习近平谈治国理政》第 3 卷,外文出版社 2020 年版,第 329—330 页。
② 习近平:《习近平谈治国理政》第 2 卷,外文出版社 2017 年版,第 377 页。
③《陈宝生:今年要打一场提高思政课质量和水平的攻坚战》,来源:新华网,2017 年 3 月 12 日,网址:www. xinhuanet. com/politics/2017lh/2017 - 03/12/c_129507901. htm。

课的重要价值和深远意义，着力解决高校思政课亲和力不足的问题。

第二，提升高校思政课亲和力是提高思政课教学质量和水平的重要途径。提升高校思政课教学质量是高校思想政治理论课建设的必然要求。我国社会已进入改革发展的关键时期，经济体制、社会结构、利益格局和思想观念都发生着深刻的变革，青年学生思想活动的独立性、差异性、多变性和复杂性也不断增强，高校思政课对青年学生的引领力、吸引力和影响力受到挑战，高校思政课需要不断地改革创新。如果观念上不突破，内容上不更新，载体上不拓展，方法上不创新，不及时回应青年学生的思想困惑，不及时解决青年学生在学习生活中碰到的实际困难，青年学生对高校思政课就不会产生兴趣，甚至会有排斥和抵触情绪，高校思政课的教学质量也就无从谈起。而提升高校思政课的教学质量，推动高校思政课的改革创新，关键在于落实好"八个统一"——这"八个统一"对于思想政治教育推进之方向、深化之规律、理想之实现都有重要启示。

第三，提升高校思政课亲和力是提高人才培养质量的现实需要。质量是高等学校的生命线，提高人才培养质量是高等教育永恒的主题。全国教育大会提出，要培养德智体美劳全面发展的社会主义建设者和接班人，其中，品德作为人才标准的统领，被放在知识、才能之前，成为人才标准的首要条件。由此可见，道德品质培养是大学生全面成长成才的重要环节，是提高人才培养质量的核心。高校思政课作为培育精神信仰、健全人格、培养良好品德的关键课程，对于大学生的成长成才具有重要的引领作用，但是，目前的高校思政课仍无法完全满足大学生的需求。高校思政课教学只有不断提升亲和力，实现知识传授与价值传递的统一、理论供给与个人需求的统一、传统优势与信息技术的融通、课堂教学与社会实践的结合，满足学生的成长发展需求和期待，才能切实增强大学生思政课的获得感，才能塑造好时代新人。

（二）提升新时代高校思想政治理论课亲和力的策略

高校思想政治理论课是开展大学生思想政治教育的主渠道，对于加强和改进大学生思想政治教育具有重要作用。提升高校思想政治理论课的亲和力，要聚焦"八个统一"，大力推进高校思想政治理论课改革创新；要强化顶层设计，构建更为健全的思想政治理论课内容体系；要对标"六要"新要求，加强队伍建设，打造富有亲和力的高校思想政治理论课教师队伍；要创新教学方法，统筹"四个融入"，构建协同机制，打造高效思政课堂。

第一，聚焦"八个统一"，大力推进高校思想政治理论课改革创新。在实践中落实以生为本的理念，就是要深刻把握"八个统一"的科学内涵，以"八个统一"为方向，持续推进思想政治理论课改革创新。思想政治理论课既要结合中国特色社会主义的伟大实践，彰显政治性，又要以透彻的学理分析回应学生，体现学理性；既要坚持主流价值观教育，彰显价值性，又要把价值融入具体的知识性课程的讲授之中，将知识和价值合为一体；既要传播主流价值观，彰显建设性，又要坚决反对错误观点和思潮，体现批判性；既要坚持理论教育，彰显理论性，又要把思政小课堂融入社会大课堂，体现实践性；既要严格落实教育部《新时代高校思想政治理论课教学工作基本要求》，彰显统一性，又要挖掘地方教学资源，将其融入思政课，在换位思考、共情体悟中使思政课"特"起来，体现多样性；既要充分发挥教师的主导性作用，彰显主导性，又要发挥学生的主观能动性，体现主体性；既要坚持必要的理论灌输，彰显灌输性，又要优化灌输的方法，增强灌输的科技含量，体现启发性；既要发挥思政课主渠道的作用，又要从战略高度构建"课程思政"教育教学体系，将显性教育与隐性教育结合，满足学生对于思想政治理论课的期待，让思想政治理论课成为学生成长成才的重要支柱。这一定位，首先需要通过制定课程教学方案和对学生的释疑解惑来体现；而理论性和实践性相统一需通过多渠道、多层面深入推进实践教学来体现；统一性和多样性相统一，则要根据不同专业建设不同的教学团队、设置不同的教学实践主题，需通过学情分析、小班研讨、创新考核方式等来体现；主导性和主体性相统一、灌输性和启发性相统一需通过课程教学方案中教学方式的设定，师生互动中的发言、讨论，小组汇报，课程作业来体现；显性教育和隐性教育相统一需通过深入挖掘不同课程的思想政治教育资源，推进"课程思政"改革来体现。

第二，强化顶层设计，构建思想性、理论性、亲和力、针对性兼备的思想政治理论课内容体系。当前，学生对思想政治理论课满意度不高的很大一部分原因是课程内容无法满足其成长发展的需求和期待。解决这一问题，需要强化顶层设计，即通过推进教学内容优化，推进课程内容融入生活，推进学科建设融入思政课教学建设，推进特色化思政课程融入常规思政课建设，构建更为科学合理、更富吸引力的思想政治理论课内容体系来实现顶层设计的强化，具体包括以下几个方面的内容。一是以"四个服务"为方向，以明确"四个正确认识"、坚定"四个自信"为重点，推进教学内容优化。我国高等教育发展坚持的"四个服务"，不仅是我国高等教育的发展方向，而且是不断优化思想政治教育内容的重要遵循。引导学生深化"四个正确认识"，是因为"'四个正确认识'切合了学生成长的理论需要和学习期待，有利于提升思想政治教育亲和力和针对性"[1]。引导学生坚定"四个自信"，则能让学生在比较和鉴别中不断深化对中国共产党领导的中国特色社会主义的认同，从而投身伟大祖国的建设。二是推进课程内容融入时代，融入生活。思想政治理论课内容若要把握时代脉搏，融入现实生活，思想政治教育者就

---

[1] 顾海良：《高校思政课：坚持在改进中加强》，载《中国教育报》2016年12月15日，第5版。

既要关切当代中国政治、经济、文化等国家大事，又要关切学生的所思所想、所见所得，用身边事、热点事去摆事实、讲道理，让思想政治理论课内容不再晦涩难懂，让思政课教学更接地气。三是推进学科建设融入思想政治理论课教学建设中。针对实践中存在的学术研究与课程建设相分离，重学科的学术研究、轻思政课程的学术研究等现象，高校可以将思想政治理论课所涉及的重大理论问题和现实问题纳入学科建设的重要内容之中，通过学科优势反哺课程教学，用课程建设检验学科建设水平，使学科建设与课程建设同频共振、相互支撑、齐头并进。四是推进特色化思政课程融入常规思政课程建设中。构建思想政治理论课内容体系，既要在教材使用、课程设置等方面有统一要求，又要坚持因地因时因材施教。比如，高校所处的地理位置不同，地方历史文化资源也相异，汲取地方资源鲜活的养分，有效利用地方教学资源，开发有特色的思政课程，不仅能使思想政治理论课有特色、有灵气，更具有亲和力，也更易于被学生认同——上海高校的"中国系列思政选修课"实现了在上海高校的全覆盖；陕西师范大学在挖掘地方育人红色资源的基础上，着眼红色基因传承，探索以党的领袖的感人事迹教学拓宽习近平新时代中国特色社会主义思想"三进"实践路径，开设了"习近平的七年知青岁月"导读课程；等等，都为特色化思政课程融入常规思政课程建设提供了有益的参考。

第三，对标"六要"新要求，加强高校思想政治理论课教师队伍建设。高校思想政治理论课教师是思想政治工作开展的主体，是落实思想政治教育亲和力的一线人员，他们的基本政治素质和业务水平直接决定了亲和力建设的具体状况，因此，对标习近平总书记在全国学校思想政治理论课教师座谈会上提出的思政课教师"六要"新要求、新标准，加强思想政治理论课教师队伍建设成为高校思想政治教育的重中之重，具体包括以下几个方面。其一，要健全师资配置，完善队伍格局。目前，高校思想政治理论课教师队伍力量还比较薄弱，存在数量不足、结构不尽合理、科研能力偏弱等问题。面对这一严峻挑战，高校要多措并举，增加教师的数量，严格按照教育部规定的不低于1∶350的比例配备思想政治理论课教师；同时，坚持"政治素质硬、业务能力强"的队伍建设导向，优化教师队伍结构，提高教师科研能力，建立一支政治坚定、规模相适、结构合理、质量优良的师资队伍。其二，要聚焦教学能力提升，构建思想政治理论课教师发展支持系统。构建高校思想政治理论课教师发展的支持系统，并使之制度化，是提高思想政治理论课教师的基本素养和学术水平的重要保障。思想政治理论课教师发展支持系统的建设包括方向系统、条件保障系统和评价反馈系统等的建设。首先，政治强是对思想政治理论课教师的首位要求，是思想政治理论课教师的鲜亮本色，是方向系统的集中体现。而方向系统的建设由两方面组成：一方面是价值方向系统的建设，即要坚持科学和理性的方向，坚持以马克思主义为指导；另一方面是知识系统的建设，即坚持知识性与政治性相容的讲授方向，使得教师成为有深厚家国情怀、马克思主义理论情怀和履职担当情怀的引路人。其次，条件保障系统是实现"六要"的基础。构建思想政治理论课教师条件保障系统，一方面要加强制度建设，为思想政治理论课教师的专业发展提供足够的经费和时间支持；另一方面要完善并落实集体备课、教学示范、师资培训等制度，构建全面的培训制度，实施系统的"高校思想政治理论课教师专业发展培训项目"，有效落实国家级、省级、地市级和校本培训，实现思想政治理论课教师培训的全覆盖。再次，评价反馈系统是衡量思想政治理论课教师各方面能力和水平的重要指标。评价反馈系统包括价值观的变化、敬业态度的转变、教学话语的转化、教学方式的改进、教学互动的增强等方面，为提升思想政治理论课教师的亲和力提供了有效的参照，能使思想政治教育者完善自己的基本素养。其三，要完善考核聘用机制，提升思想政治理论课教师整体素质。高校要坚持正确的评价导向和科学的评价标准，突出对思想政治理论课教师政治素质、师德师风、能力业绩三个方面的考量，正确评估思想政治理论课教师在教学和学科中的贡献和作用，为培育人才提供准确参考。

第四，强化方法创新，通过"四个融入"提升思想政治理论课教学方法和教学模式的亲和力。现在的在校大学生群体多为"00后"，他们生长在中国发展和进步最快的历史阶段，得益于国家综合实力的提升和国际交流的深化，他们更加开放、自信、个性和国际化，对高校思想政治理论课的内容、方法、质量的要求必然更高。习近平总书记在学校思想政治理论课教师座谈会上的重要讲话，突出了思想政治理论课的重要功能，为高校思想政治教育发展指明了方向。为贯彻落实好习近平总书记的重要讲话精神，高校应当实施"四个融入"，推进思政课教学方法创新，让思政课成为一门集知识性与智慧性为一体的理论课。其一，将新颖的教学组织形式融入思政课教学。高校应当改善教学组织形式，让教师和学生按一定要求组合起来，创造可以推广的增加亲和力的有效手段。思想政治理论课要变教师"主演"为教师学生"合演"，通过小班教学、研讨式教学、分众教学等形式，让学生有效参与课堂，改变以往教师讲、学生听的传统教学模式；要通过探索以学为中心的翻转课堂，加强师生互动，实现信息的多向流转和深层互动，加强对学生的答疑解惑和知识传授，从而达到更好的思想政治教育效果。其二，将新媒体技术融入思政课教学。"'新媒体'主要指基于数字技术、网络技术及其他现代信息技术或通信技术的，具有互动性、融合性的媒介形态和平台。"[1] 当前，以网络信息平台为主体的校园媒体已深刻影响了大学

---

[1] 彭兰：《"新媒体"概念界定的三条线索》，载《新闻与传播研究》2016年第3期，第125页。

生的学习方式、生活方式和交互方式，这一方面为开展新形势下的思想政治教育带来了挑战，同时也为创新思想政治理论课的教学方式和教学模式提供了载体。将新媒体技术有效融入思想政治理论课教学中，可采取以下措施：充分利用大数据优势和互联网平台，建设一批高质量慕课，满足学生知识获取方式的多样化需求；在思想政治理论课堂中，引入超星学习通等平台，有效增强师生的交流互动，使教师根据学生的实时学习情况，随时调整课堂教学，真正做到有的放矢，从而提升教学效果和教学质量；打造一批主题鲜明、内容丰富、形式活泼、学生喜闻乐见的新媒体平台，拉近与学生之间的距离，增强思想政治教育的亲和力。其三，将实验化手段融入思政课教学。实验室教学不仅是自然科学和应用型社会科学的教学需要，也可以被思想政治理论课教学所借鉴，以提升思想政治理论课的亲和力。比如，虚拟现实技术的出现使得教学手段更丰富、更科学、更具吸引力，思想政治教育可将虚拟现实技术嵌入传统思想政治理论课课堂，开发系列课程，让学生在虚拟的环境中充分利用人的一切感知功能，实现"虚拟与现实的互补""线上与线下的互联"，增强思想政治理论课的体验感，使思想政治理论课"活"起来。其四，将第二课堂融入思政课教学。第二课堂活动形式新颖、参与性强、符合青年学生的特点和发展规律，是实施思想政治教育的重要途径之一，也是传统课堂的有效补充。支持第二课堂活动走进社区、走进社团、走进网络，不断拓宽思政课第二课堂在实践领域的宽度和广度，是新形势下开展思政教学的重要途径。高校应着眼于构建大思政格局的目标要求，创新第二课堂活动，促进角色互补，实现思政课教学与第二课堂的一体化建设，真正推动思想政治教育落到实处，取得成效。

四、机制建设：推进新时代高校"三全育人"工作

实现全员育人、全过程育人、全方位育人（简称"三全育人"），

既是加强和改进新形势下高校思想政治工作的战略需要,也是提升高校思想政治教育亲和力的保障。2017年2月,中共中央、国务院《关于加强和改进新形势下高校思想政治工作的意见》指出,要坚持全员全过程全方位育人,把思想价值引领贯穿教育教学全过程和各环节。2017年12月,教育部出台《高校思想政治工作质量提升工程实施纲要》,倡导以全面提高人才培养能力为关键点,一体化构建内容完善、标准健全、运行科学、保障有力、成效显著的高校思想政治工作质量体系,形成全员全过程全方位育人格局。2018年5月,教育部出台《"三全育人"综合改革试点工作建设要求和管理办法(试行)》。2019年3月,习近平总书记在学校思想政治理论课教师座谈会上指出,"要坚持显性教育和隐性教育相统一,挖掘其他课程和教学方式中蕴含的思想政治教育资源,实现全员全程全方位育人"[1]。2020年4月,《教育部等八部门关于加快构建高校思想政治工作体系的意见》出台。这些要求和举措,不仅反映了党和国家对立德树人工作的高度重视,也反映了教育部门推进和落实这种全新育人理念的力度。"三全育人"通过全员参与,全程、全方位育人,打通了育人工作"最后一公里",能够引导大学生在和谐的育人氛围中实现理性认知、情感共鸣与行为认同。

(一)推进新时代高校"三全育人"工作的价值意蕴

"三全育人"本质上体现了高等教育立德树人的根本要求,回应了信息化社会引发的时代价值需求,契合了"以人为本"的价值理念,深入研究与挖掘其价值意蕴,对全面建构"三全育人"工作体系具有前提性作用。

第一,体现高等教育立德树人的根本要求。"三全育人"通过全员全程全方位的育人模式,贯彻落实高校立德树人的根本任务。"三全育

---

[1] 习近平:《习近平谈治国理政》第3卷,外文出版社2020年版,第331页。

人"归根结底就是要把立德树人融入知识传授、道德教育、社会实践等教育教学的环节,这体现为高校教育体系、管理体系、服务体系各方面全员全过程全方位地培育时代新人。可以说,推进"三全育人",是以落实立德树人为价值旨归的。

第二,回应信息化社会引发的时代价值需求。进入21世纪,人类社会开始向现代信息化社会过渡,大数据、海量信息、云计算等等在一定程度上提高了人们处理各种事件的能力,但也带来了人们尤其是正处于"三观"重要形成期的青年学生在面对大量的信息时不知如何判断的问题,这就需要教育者在青年学生面对社会多元思潮与价值观念的冲突时帮助青年学生提高分辨真假是非的能力,学会独立思考,加强客观判断和理性选择的能力。思想政治教育效果不是在简单的"刺激—反应"模式下形成的,是在复杂的多维结构中生成的。同时,要使教育效果不被负面信息解构,全体教育者就要在教育教学和学生日常思想政治教育的全过程中输出正能量的信息,正如毛泽东同志曾指出的,"房子是应该经常打扫的……我们同志的思想,我们党的工作,也会沾染灰尘的,也应该打扫和洗涤"[1]。可见,推进"三全育人"工作,顺应了新时代思想政治工作的时代需求。

第三,契合"以人为本"的价值理念。"三全育人"既是对当下育人主体、资源、方式的协同,更是对长远育人格局、体系的系统规划和建构。"三全育人"的实践,从本质意义上讲就是对"以人为本"价值理念的认同,具体表现在以实体人作为开展思想政治教育活动的核心,全员在教育教学全过程和全环节重视人的存在,形成"十大育人"长效机制,这是"三全育人"的出发点与落脚点。对人价值的尊重与重视超越了对人以外因素的追求,这是思想政治教育与人相互联系与相互

---

[1] 毛泽东:《毛泽东选集》第3卷,人民出版社1991年版,第1096页。

统一的实现。推进"三全育人",使全员参与到育人中来,使思想政治教育渗透到生活的方方面面,既是对教育者作为人的价值主体性的重视与实现,也是对受教育者作为人的价值需求的尊重与突显,是"以人为本"价值理念取向在思想政治教育实践活动中的体现。

(二)推进新时代高校"三全育人"工作的实践路径

"三全育人"是新时代落实高校立德树人根本任务的必然要求,也是整合育人资源、发挥育人合力、提升育人质量的重要举措。这一举措可以理解为"一个中心,三个育人",即以立德树人为中心,实现全员全过程全方位育人。其中,"一个中心"是总体要求,高校全部工作都要围绕立德树人这个中心环节;"三个育人"是从主体维度、时间维度和空间维度对立德树人根本任务的展开和落实。

"三全育人"在实践中取得了一定成效,但还存在全员参与不够广泛、全程育人不够科学、全方位育人缺乏协同性等问题。这些问题可以通过搭建全员育人平台、构筑全程育人体系、打造全方位育人空间予以解决。

第一,搭建全员育人平台。首先,育人为什么要"全员"?育人之"全员"是对思想政治教育过程规律的科学把握。在思想政治教育过程中,教育者如教师、高校辅导员、管理者、其他社会群体都会对教育对象施加影响,通常情况下,不同教育主体施加的影响是同向同行的,起到相互补充的作用的,但某些情况下,不同教育主体所施加的影响可能会出现差异,甚至产生冲突。这就要求教育者树立全员育人理念,避免对教育对象的正向影响相互抵触,发挥育人合力。比如,思政课程是课程德育的主渠道,也是大学生思想政治教育的主渠道,而课程思政是"高校教育理念变革、思想政治教育自身复杂性本质和马克思主义教育思想发展的必然"①，这就要求无论是高校思想政治理论课教师，还是其他各门课教师，都要在课程中渗透德育教育，并且综合各种学科，提供丰富的教学资源和方法。其次，高校"全员"包括哪些主体？这里的全员指高校全体教职工，既包括思想政治理论课教师、哲学社会科学课教师、高校辅导员、班主任、高校党政干部、心理咨询教师等专兼职思想政治工作者，也包括其他学科的教师和研究人员，乃至教辅人员和后勤服务人员。全体教职工都要强化育人意识，自觉在各自的岗位上对学生实施同向的思想价值引领。再次，如何落实全员育人？全员育人要求，全体教职工树立起育人责任感，充分发挥教师群体在协同育人中的"引领力"和"话语权"，形成教师队伍、思政工作队伍、行政人员立体式育人模式，在不同岗位上发挥各自的育人功能，相互补充，形成合力，齐心构建协同育人格局；通过选聘优秀青年教师担任班主任、教师晚自习辅导等，加强对学生专业学习的指导；搭建平台，促进高年级的优秀本科生或研究生与低年级本科生或研究生的学业交流，充分发挥朋辈教育作用；建立日常沟通、寒暑假家访等多种形式的家校联系机制，加强学生成长引导。

第二，构筑全程育人体系。从时间维度看，任何人的思想品德都有其发生和发展的过程，有其自身的规律，积极向上的思想观念不是一天两天形成的，消极落后的思想观念也不是突然产生的，都有一个从量变到质变的过程。全过程是一个系统的教育过程，其要求是把思想政治教育贯穿教育教学全过程和学生成长成才全过程，并在这一过程中不断关注教育对象的思想观念变化，防止因某一阶段的"疏漏"而影响思想政治教育效果，形成长效育人机制。构筑全程育人体系，需要把握两个

---

① 何红娟：《"思政课程"到"课程思政"发展的内在逻辑及建构策略》，载《思想政治教育研究》2017年第5期，第60页。

关键点：其一，要将思想政治教育贯穿教育教学全过程。在这一过程中，既要尊重人才成长规律，又要将思政工作放在突出的位置。如此一来，就要深度挖掘不同学科教育教学中的思想政治工作元素和功能，构建德育与智育协同的学生工作模式，实现德育与智育有机衔接。其二，要将思想政治教育贯穿学生成长成才全过程。在这一过程中，要从培养目标、培养体系、培养评价三个方面推进全过程育人，针对不同年级学生的成长特点和规律，精心规划从低年级到高年级不同阶段育人的工作重点和方法措施，分年级、分时段有针对性地进行思想政治教育，满足青年学生成长需求和发展期待。具体来讲，就是要认真做好新生入学教育、日常课堂教学、教育实习、社会实践和就业指导等各个环节的教育和管理工作，使学生在大学期间的不同阶段都受到教育、提高素质。进一步讲，就是要"融通大中小学思想政治工作、本科生与研究生思想政治工作、学生在校期间的思想道德修养与毕业后的职业伦理建设和终身学习品质之间的内在关联"[1]，形成持续性育人机制。

第三，打造全方位育人空间。从空间维度看，作用于思想观念的信息不是特定的某个方面的，而是全方位的。育人之"全方位"就是要从空间维度加强对教育对象的思想引导，协同各方育人资源和力量，使教育对象的价值观不偏离正确的轨道。2017年12月，教育部发布《高校思想政治工作质量提升工程实施纲要》，要求各高校精心打造"十大育人"体系，就是要求高校从空间维度上协同各领域的育人资源和育人力量，形成全方位育人的合力，让思想政治教育全方位渗透到课程教育、校园文化、日常实践和网络空间中，让学生不仅在课堂上接受教育，在生活中体会践行，而且在文化中滋养浸润，在实践中淬炼坚守。

---

[1] 杨晓慧：《高等教育"三全育人"：理论意蕴、现实难题与实践路径》，载《中国高等教育》2018年第18期，第7页。

这一根本任务的实现奠基在显性教育与隐性教育并重,校内教育与校外教育、课内教育与课外教育、理论教育与实践教育、线上教育与线下教育的统一之上,并且需要构筑互补互动的多维立体思政格局,如此才能不断培养堪当民族复兴大任的时代新人。

主要参考文献

[1] 中共中央马克思恩格斯列宁斯大林著作编译局.马克思恩格斯文集：第1-10卷［M］.北京：人民出版社，2009.

[2] 中共中央马克思恩格斯列宁斯大林著作编译局.马克思恩格斯全集：第46，47卷［M］.北京：人民出版社，2006.

[3] 中共中央马克思恩格斯列宁斯大林著作编译局.列宁选集：第1-4卷［M］.北京：人民出版社，2012.

[4] 中共中央马克思恩格斯列宁斯大林著作编译局.列宁专题文集［M］.北京：人民出版社，2009.

[5] 毛泽东.毛泽东选集：第1-4卷［M］.北京：人民出版社，1991.

[6] 中共中央文献研究室.毛泽东文集：第1-8卷［M］.北京：人民出版社，1993-1999.

[7] 周恩来.周恩来选集：上，下［M］.北京：人民出版社，1980，1984.

[8] 邓小平.邓小平文选：第1-3卷［M］.北京：人民出版社，1993-1994.

[9] 江泽民.江泽民文选：第1-3卷［M］.北京：人民出版

社，2006．

[10] 胡锦涛．胡锦涛文选：第1－3卷［M］．北京：人民出版社，2016．

[11] 习近平．习近平谈治国理政［M］．北京：外文出版社，2014．

[12] 习近平．习近平谈治国理政：第1－3卷［M］．北京：外文出版社，2017，2018，2020．

[13] 习近平新时代中国特色社会主义思想三十讲［M］．北京：学习出版社，2018．

[14] 中共中央宣传部．习近平新时代中国特色社会主义思想学习纲要［M］．北京：学习出版社，人民出版社，2019．

[15] 中共中央文献研究室．习近平关于青少年和共青团工作论述摘编［M］．北京：中央文献出版社，2017．

[16] 教育部课题组．深入学习习近平关于教育的重要论述［M］．北京：人民出版社，2019．

[17] 人民日报社理论部．深入学习习近平同志关于宣传思想工作重要论述［M］．北京：生活·读书·新知三联书店出版社，2013．

[18] 中央档案馆．中共中央文件选集：第1－17册［M］．北京：中央党校出版社，1989－1992．

[19] 中共中央文献研究室，中央档案馆．建党以来重要文献选编：1921－1949［M］．北京：中央文献出版社，2011．

[20] 中共中央文献研究室．十四大以来重要文献选编：上，中，下［M］．北京：人民出版社，1996，1997，1998．

[21] 中共中央文献研究室．十五大以来重要文献选编：上，中，下［M］．北京：人民出版社，2000，2001，2003．

[22] 中共中央文献研究室．十六大以来重要文献选编：上，中，

下［M］.北京：中央文献出版社，2005，2006，2008.

［23］中共中央文献研究室.十七大以来重要文献选编：上，中，下［M］.北京：中央文献出版社，2009，2011，2013.

［24］中共中央文献研究室.十八大以来重要文献选编：上，中，下［M］.北京：中央文献出版社，2014，2016，2018.

［25］陈万柏，张耀灿.思想政治教育学原理［M］.2版.北京：高等教育出版社，2007.

［26］张耀灿，郑永廷，吴潜涛等.现代思想政治教育学［M］.北京：人民出版社，2006.

［27］张耀灿.思想政治教育学前沿［M］.北京：人民出版社，2006.

［28］刘建军，曹一建.思想理论教育原理新探［M］.北京：高等教育出版社，2006.

［29］沈壮海.思想政治教育有效性研究［M］.3版.武汉：武汉大学出版社，2016.

［30］沈壮海.思想政治教育的文化视野［M］.北京：人民出版社，2005.

［31］骆郁廷.当代大学生思想政治教育［M］.北京：中国人民大学出版社，2010.

［32］冯刚，郑永廷.思想政治教育学科30年发展研究报告［M］.北京：光明出版社，2014.

［33］刘德华.马克思主义思想政治教育著作导读［M］.北京：高等教育出版社，2001.

［34］陈先达.马克思主义十五讲［M］.北京：人民出版社，2016.

［35］潘强，许钟元，刘旭.高校网络思想政治教育生态系统构建

研究［M］．北京：中央编译出版社，2019．

［36］王学俭，刘强．新媒体与高校思想政治教育［M］．北京：人民出版社，2012．

［37］全晓松．新媒体文化与大学生思想教育研究［M］．北京：九州出版社，2018．

［38］季海菊．新媒体时代高校思想政治教育的解构与重塑［M］．南京：东南大学出版社，2014．

［39］刘振环．思想政治理论课教育途径与方式创新［M］．北京：社会科学文献出版社，2017．

［40］《中国共产党思想政治教育史》编写组．中国共产党思想政治教育史［M］．2版．北京：高等教育出版社，2018．

［41］王新山，王玉婷，纪武昌．中国古代思想政治教育史论［M］．武汉：武汉大学出版社，2016．

［42］王炎．党内思想政治教育制度建设的历史进程与经验研究［M］．北京：中央编译出版社，2016．

［43］沈震，杨志平．思想政治理论课教学与新媒体新技术相融合的若干思考［J］．思想理论教育，2017，（03）：69－74．

［44］刘震，曹泽熙．"翻转课堂"教学模式在思想政治理论课上的实践与思考［J］．现代教育技术，2013，（08）：17－20．

［45］冯刚．思想政治理论课与日常思想政治教育协同育人的理论思考［J］．学校党建与思想教育，2017，（21）：18－23．

［46］王双群．新媒体环境下思想政治理论课教学方法创新的思考［J］．思想理论教育导刊，2015，（11）：111－115．

［47］骆郁廷．高校思想政治理论课的"变"与"不变"［J］．思想理论教育导刊，2013，（04）：70－77．

[48] 吴潜涛, 王维国. 增强亲和力、针对性, 在改进中加强思想政治理论课 [J]. 思想理论教育导刊, 2017, (02): 7-9.

[49] 杨晓慧. 找准破解思想政治理论课实效性难题的关键着力点 [J]. 思想理论教育导刊, 2017, (01): 23-26.

[50] 雷骥. 提升思想政治理论课亲和力应着重培养教师的四种魅力 [J]. 思想政治教育研究, 2018, (02): 54-57.

[51] 周洲. 高校思想政治理论课亲和力提升路径探析 [J]. 思想理论教育导刊, 2018, (10): 107-110.

[52] 王淑荣, 王英吉. 新时代提升思想政治理论课亲和力和针对性的重要性及对策 [J]. 思想理论教育导刊, 2018, (03): 130-132.

[53] 罗会德. 提升思想政治理论课亲和力的路径分析 [J]. 思想理论教育, 2017, (10): 68-72.

[54] 邵西梅. 主体间性视角下高校思想政治理论课亲和力提升 [J]. 思想政治教育研究, 2018, (03): 101-104.

[55] 王学俭, 刘珂. 融入日常生活: 思想政治教育的微观建构 [J]. 思想教育研究, 2015, (02): 18-22.

[56] 崔建西, 邹绍清. 论大数据时代思想政治教育方法的创新 [J]. 思想理论教育, 2016, (10): 83-87.

[57] 李凡, 李德才. 关于网络思想政治教育方法创新的思考 [J]. 思想理论教育导刊, 2012, (06): 102-105.

[58] 徐玉生, 张云霞, 郑宇. 推进高校思政课与新媒体技术高度融合: 第二届全国高校思政课"江南论坛"研讨会综述 [J]. 思想理论教育导刊, 2018, (05): 157-159.

[59] 王霞娟, 陈海洲. 大学生思想政治教育情境创设的方法探究 [J]. 思想政治教育研究, 2014, (01): 82-85.

[60] 董杰.思想政治教育情境与思想政治教育环境三论［J］.湖北社会科学，2012，（03）：192-194.

[61] 王东.推动思想政治教育与信息技术的高度融合：评《全球化背景下的高校思想政治教育创新研究》［J］.中国教育学刊，2018，（9）：136.

[62] 陈豫岚.新媒体与思想政治教育的有机结合：评《新媒体与大学生思想政治教育研究》［J］.中国教育学刊，2018，（07）：140.

[63] 李建.论思想政治教育亲和力的结构层次［J］.学校党建与思想教育，2017，（15）：25-27.

[64] 陈桂蓉，练庆伟.反思与重构：思想政治教育亲和力价值和定位［J］.福建行政学院福建经济管理干部学院学报，2006，（05）：23-27.

[65] 庞桂甲.论思想政治教育亲和力［J］.思想教育研究，2017，（05）：15-18.

[66] 刘建军.论思想政治教育内容的基本形态［J］.思想理论教育导刊，2020，（09）：111-115.

[67] 刘建军.论高校思想政治理论课教育教学的"八个统一"［J］.教学与研究，2019，（07）：13-19.

[68] 刘建军.论高校思想政治理论课建设的"高、精、尖"［J］.思想教育研究，2018，（04）：87-90.

[69] 提升思想政治教育亲和力和针对性［N］.光明日报，2016-12-11（1）.

[70] 余一凡.开通直通心灵的思想政治教育［N］.中国社会科学报，2017-03-23（1）.

[71] 郑文涛.提升高校思想政治理论课的含金量［N］.中国社会科

学报，2017-09-05（1）.

［72］唐检云，张雄艳.遵循新时代精神加强思想政治理论课建设［N］.中国社会科学报，2018-12-05（10）.

［73］朱先平.推动高校思想政治教育创新发展［N］.中国社会科学报，2018-10-26（7）.

［74］把思政课办得越来越好：论学习贯彻习近平总书记在学校思政课教师座谈会上重要讲话［N］.人民日报，2019-03-19.

［75］办好思政课关键在教师：论学习贯彻习近平总书记在学校思政课教师座谈会上重要讲话［N］.人民日报，2019-03-20.

附　录

关于高校思想政治教育亲和力的调查问卷

亲爱的同学：

您好！我们是"新时代高校思想政治教育亲和力研究"课题组的研究人员，我们正在进行的这项问卷调查活动，旨在了解您本人关于高校思想政治教育亲和力的观点、意见和看法，从而为提升高校思想政治教育亲和力提供学理分析依据，您的回答对我们至关重要。本问卷不用填写姓名，答案也没有对错之分，请您根据自己的情况如实填写，我们将对调查内容严格保密。

谢谢您的支持与合作！

"新时代高校思想政治教育亲和力研究"课题组

第一部分　个人基本信息

1. 您的性别　　　　A.男（　　）　　B.女（　　）

2. 您的学历　　　　A.专科（　　）　　B.本科（　　）

3. 您的政治面貌　　A.中共党员（　　）　B.共青团员（　　）

　　　　　　　　　C.群众（　　）

4. 您所从事的学科门类

A.哲学（   ）　　　B.经济学（   ）　　　C.法学（   ）

D.教育学（   ）　　E.文学（   ）　　　　F.历史学（   ）

G.理学（   ）　　　H.工学（   ）　　　　I.农学（   ）

J.医学（   ）　　　K.管理学（   ）

5.您的年级　　　　A.一年级（   ）　　　B.二年级（   ）

　　　　　　　　　C.三年级（   ）　　　D.四年级（   ）

6.您是否但任学生干部　　A.是（   ）　　　B.否（   ）

7.您的学业成绩排名

A.前25%（   ）　　　　B.26%—50%（   ）

C.51%—75%（   ）　　D.76%—100%（   ）

第二部分　高校思想政治教育亲和力现状调研

一、您对高校思想政治教育亲和力的总体看法	非常认同—非常不认同				
1.思想政治教育对大学生成长具有重要意义。	5	4	3	2	1
2.您对高校开展的思想政治教育效果满意。	5	4	3	2	1
3.提升高校思想政治教育的亲和力对于增强高校思想政治教育有效性具有重要意义。	5	4	3	2	1
4.您所在高校开展的思想政治教育具有亲和力。	5	4	3	2	1
二、您对高校思想政治教育目标亲和力的看法	非常认同—非常不认同				
5.高校思想政治教育的根本目标是培养社会主义的合格建设者和可靠接班人。	5	4	3	2	1
6.高校的思想政治教育目标兼顾了个人目标和社会目标。	5	4	3	2	1
7.高校会针对学生个性特点制定符合个人实际的具体思想政治教育目标。	5	4	3	2	1
8.高校思想政治教育目标体现了鲜明的时代性。	5	4	3	2	1
三、您对高校思想政治教育者亲和力的看法	非常认同—非常不认同				

9. 您的思政课教师能清楚阐释基本理论问题，把道理讲深、讲透、讲活，具有深厚的理论功底。	5	4	3	2	1
10. 您的思政课教师有教育情怀，工作认真负责。	5	4	3	2	1
11. 您的思政课教师教学方法灵活多样，能综合运用现代化技术手段，"包装"时尚。	5	4	3	2	1
12. 您的思政课教师注重教学互动，课堂上能充分调动学生参与的积极性。	5	4	3	2	1
13. 您的思政课教师有人格魅力。	5	4	3	2	1
14. 您的思政课教师思辨性强。	5	4	3	2	1
15. 您对您的辅导员的工作满意。	5	4	3	2	1
16. 您的辅导员具有亲和力。	5	4	3	2	1
17. 您的辅导员具有高尚的教育情怀，工作敬业负责。	5	4	3	2	1
18. 您的辅导员具有积极的人格特质（例如开朗、幽默、充满正能量）。	5	4	3	2	1
19. 您的辅导员具有良好的职业素养。	5	4	3	2	1
20. 您的辅导员工作效率比较高。	5	4	3	2	1
21. 您的辅导员关心关爱学生。	5	4	3	2	1
22. 您的辅导员做事公平公正。	5	4	3	2	1
23. 您的辅导员懂得换位思考，理解学生的想法。	5	4	3	2	1
四、您对高校思想政治教育内容亲和力的看法	非常认同—非常不认同				
24. 您所在高校重视推动中华优秀传统文化融入思想政治教育。	5	4	3	2	1
25. 您所在高校的大学生思想政治教育内容贴近你们的生活。	5	4	3	2	1
26. 高校的思想政治教育内容能与时俱进，彰显了鲜明的时代特性。	5	4	3	2	1
27. 您所在高校重视用文化感染人、熏陶人。	5	4	3	2	1

28.高校思想政治教育内容能与时事政治紧密结合。	5	4	3	2	1
29.高校能针对学生关注的热点难点问题，制定有针对性的教育方案，解决学生的思想困惑。	5	4	3	2	1
五、您对高校思想政治教育方法亲和力的看法	非常认同—非常不认同			
30.您喜欢上思政课。	5	4	3	2	1
31.您上思政课有收获。	5	4	3	2	1
32.高校思政课课堂氛围轻松活跃，富有亲和力。	5	4	3	2	1
33.高校重视开展多样化的实践教学。	5	4	3	2	1
34.高校思政课教学方式灵活多样。	5	4	3	2	1
35.高校思政课学生参与度高。	5	4	3	2	1
36.您喜欢通过网络进行思想政治教育。	5	4	3	2	1
37.您所在高校网络思想政治教育效果良好。	5	4	3	2	1
38.您所在高校注重使用信息技术开展思想政治教育。	5	4	3	2	1
39.您愿意参加学校组织的校园文化活动。	5	4	3	2	1
40.您认为参加社会实践活动很重要。	5	4	3	2	1
六、您对高校思想政治教育情境亲和力的看法	非常认同—非常不认同			
41.您对学校的硬件环境满意。	5	4	3	2	1
42.漫步校园，您总能感受到强烈的文化气息。	5	4	3	2	1
43.您所在学校在进行教育活动时注重营造一个平等和谐温馨的场景或氛围。	5	4	3	2	1
44.您所在学校在进行教育活动时注重综合运用色彩、语言、新媒体等方法创设教育情境。	5	4	3	2	1

第三部分　您对提升高校思想政治教育亲和力的建议

您认为当前高校思想政治教育亲和力存在什么问题？如何改进？请您提出宝贵建议。